백제를 걷는다

• 윤용혁 尹龍爀

1952년 목포에서 출생하여, 광주고등학교와 공주사대 역사교육과를 졸업하였다. 고려대학교 대학원에서 석사와 박사학위를 받았고, 일본 쓰쿠바대학과 국립해양문화재연구소에 파견되어 각 1년간의 연구 경험을 가졌다. 1980년부터 공주대학교 역사교육과 교수로 재직하고 있으며, 공주대의 백제문화연구소장 · 박물관장 · 도서관장 · 대학원장 · 문화유산대학원장 · 공주학연구원장 및 호서사학회장, 한국중세사학회장, 국사편찬위원, 큐슈대학 객원교수를 역임하였다. 현재는 충청남도와 세종시 문화재위원, 충남역사문화연구원과 백제문화제추진위원회의 이사를 맡고 있다. 저서로서는 『공주, 역사문화론집』(2005), 『충청 역사문화 연구』(2009), 『가루베지온의 백제연구』(2010), 『공주, '강과 물'의 도시』(2014), 『공주, 역사와 문화콘텐츠』(2016), 『충남, 내포의 역사와 바다』(2016), 『고려 대몽항쟁사 연구』(1991), 『고려 삼별초의 대몽항쟁』(2000), 『여몽전쟁과 강화도성 연구』(2011), 『삼별초-무인정권 · 몽골, 그리고 바다로의 역사』(2014), 『한국 해양사 연구』(2015) 등이 있다. 법무부장관 표창(2007), 대통령 표창(2011) 및 충청남도문화상(2007)을 수상한 바 있다.

백제를
걷는다

초판인쇄일	2017년 2월 10일
초판발행일	2017년 2월 11일
지 은 이	윤용혁
발 행 인	김선경
책 임 편 집	김소라
발 행 처	도서출판 서경문화사
	주소 : 서울시 종로구 이화장길 70-14 105호
	전화 : 743-8203, 8205 / 팩스 : 743-8210
	메일 : sk8203@chol.com
등 록 번 호	제300-1994-41호
ISBN	978-89-6062-192-3 03900

ⓒ 윤용혁, 2017

정가 22,000

백제를 걷는다

윤용혁 지음

서경문화사

공주대학교에서 40년

2017년 2월로 모교 공주대학교에서의 40년 생활을 마치게 된다. 전임 임용은 1980년의 9월이지만 1978년 1월부터 사실상의 '근무'를 하였기 때문에, 학생시절을 빼더라도 햇수로 40년을 헤아리게 된 것이다.

어떤 느낌인가 하면, 먼 바다 항해를 마치고 이제 막 항구로 돌아와 정박하려는 것 같은 그런 느낌, 일종의 안도감 같은 것이다. 먼 바다 항해에 위험이 없을 수 없고, 고뇌가 없을 수 없는 것은 물론이려니와, 항해라는 것 자체가 나의 의지만으로 안전이 보장되는 것이 아니기 때문이다. 그만큼 주위 여러분께 많은 빚을 진 것이라 할 수 있을 것이다.

연구자로서 그동안 여러 권의 논문집을 간행한 바 있지만, 이 책은 학술적 정보와는 거리가 먼, 버려도 전혀 아깝지 않은 '잡문'들을, 갑자기 모은 것이다. 연말, 문득 생각이 미쳐 며칠 만에 정리한 것이어서 앞뒤가 제대로 맞지도 않은 채이다. 부끄러움을 무릅쓰고 나의 민낯을 그대로 그려내는 일, 그것이 오늘만은 작은 인사가 될 수도 있는 것은 아닐까 하는 생각에서였다.

함께 했던 역사교육과의 교수 여러분에게 깊은 감사를 드린다. 아내, 지현, 재각, 미안하고 고맙다. 최근 어떤 분이 한 말을 잠깐 빌려서 공주대에서의 마지막 인사를 드린다. "공주대에서의 교수 생활은, 저에게 큰 영광이었습니다."

2017. 2. 5
윤 용 혁

목차

해마다 꽃은 피었다 지는데　1

공주시의 지원으로 건축된 공주대학교 공주학연구원(2015)

해마다 꽃은 피었다 지는데

'공주학'에의 도전

공주의 무령왕릉과 공산성이 다른 백제 유적과 함께 유네스코 세계유산에 등재 되었다. 1971년 무령왕릉 발굴 이후 가장 기쁜 소식이 아닐 수 없다. 우리가 가지고 있는 자산, 그리고 우리 주변의 평범하게 생각되는 존재들이 실은 소중한 문화적 자산이며, 세계에 내놓을 자랑스러운 유산이라는 사실을 다시 한번 각인시키는 일이다.

• 공주, 풍부한 지역문화 자산의 보고

석탄이며 석유 같은 지하 자원이 중요한 자원인 것은 사실이지만, 그것만이 지역의 자원인 것은 아니다. 각종 공산품을 생산하며 고용을 창출하는 공단만이 자산이 아니다. 지역이 갖는 자원과 자산의 폭은 생각보다 매우 넓다. 지역에 거주하는 사람들, 지역의 역사, 문화 예술, 자연 경관, 민속 등이 모든 것이 지역의 자원이다. 유형의 자원만이 아니고 무형의 자원도 소중하다. 나는 지역이 갖는 이 다양한 자원을 총칭하여 '지역력(地域力)'이라는 이름을 사용한다.

지역은 다양한 자원의 보고이다. 다른 표현으로는 다양한 콘텐츠의 보고이다. 특별히 공주는 어느 지역보다 풍부하고 다양한 콘텐츠를 보유하고 있다. 이는 공주가 근대 1백 년을 제외한 역사 내내 충남의 정치적 군사적 문화적 구심점이었기 때문이다. 근년 충청남도에서는 지역 정체성 교육의 일환으로 '충남학' 운동을 역점사업으로 전개하고 있다. '충남학'이라 하지만, 충남학의 상당부분이 공주의 지역 지식이 중심이 되고 있다. 공주 이외에도 천안학, 아산학, 홍성학 등과 같이 인근 지역에서도 지역력을 지역 발전의 동력으로 활용하기 위한 다양한 시도를 일찍부터 가동하고 있다.

역사적으로 보면 공주는 백제의 왕도였고, 충청도의 감영 소재지였다. 그러한 역사가 무령왕릉과 공산성과 황새바위와 같은 다양한 문화유산을 존재하게 했다. 그리고 공주는 '공주'라는 이름 이상으로 아름다운 경관을 가진 도시이다. 금강과 계룡산 주변의 산들이 어울어져 수려한 경관이 연출된다. 공주는 60년이 넘는 백제문화제라는 국제적 축제의 장이기도 하다. 이러한 공주의 다양한 콘텐츠를 수렴하는 것이 바로 '공주학'이다. 이것은 새로운 것을 창의적으로 재생산하는 '지역력'의 발전소이다.

• 자료의 수집과 연구와 적용

2014년 4월 공주학연구원이 공주대 내에 학내기구로서 설치되었다. 공주시와의 상호 발전을 위한 협약에 의한 것이었다. 1년 후인 2015년 공주시에서 지원한 공주학연구원의 건물이 대학 구내 전나무 숲 옆에 들어섰다. 연구원은 앞으로 공주학의 자료 정리, 연구, 그리고 교육의 센터로서 활동을 전개하게 될 것이다.

자원이라는 것은 모아두지 않으면 무용한 것이다. 모아 두되 이용 가능하도록 정리되어야 한다. '서 말의 구슬'을 확보하는 일, 그리고 그 서 말을 꿰는 일을 함께 하게 되는 것이다. 공주학연구원은 이러한 다양한 공주의 자료를 수집, 정리하여 이용할 수 있도록 하는 '공주학 아카이브'가 그 첫 번째 과업이다. 자료는 물과 같다. 물은 모아두지 않으면 끊임 없이 흘러가버린다. 댐을 만들고 용수로를 설치함으로써 비로소 물은 필요할 때 소중한 자원으로 사용이 가능해진다. '공주학 아카이브'는 공주에 관한 '자료의 댐'을 만들어 필요할 때 필요한 것을 유용하게 사용할 수 있도록 하는 장치이다.

공주는 아직도 개발되어야 할 많은 자산들을 가지고 있다. 공주학연구원에서는 아직 기록되지 않은 '공주의 기억'을 되살리는 작업을 하고 있다. 사람들의 기억 속에 있지만, 정리되거나 공표되지 않은 묻혀 있는 자료들인 셈이다. 이러한 자료를 정리하면 공주의 문화적 콘텐츠를 풍부하게 하는 매우 유용한 자원으로 사용이 가능하다. 공산성, 제민천, 구도심, 시장, 골목길, 학교 곳곳에 켜켜히 쌓여 있는 역사를 사람들의 기억 속에서 되살리는 일은 매우 귀중한 일이 아닐 수 없다.

• 인문도시, 교육도시 공주에의 꿈

공주의 문화유산에 대한 스토리텔링, 백제음식의 개발, 백제문화제, 문화재의 활용 등 다양한 소재를 접목하는 것은 공주의 시정에 있어서도 중요한 과제이다. 세계유산 지정에도 불구하고 백제문화 유적은 관광객에게 보여줄 무언가를 갖추어야 하는 보완의 과제를 안고 있다. 그에 대한 대안의 하나가 스토리텔링 소재의 개발과 접목이다. 가령 공산성은 1천 5백 년의 역사를 통하여 다양한 역사가 축적되어 있지만, 현재 남겨진 유적은 이러한 다양한 내용을 보여주기에 충분하지 않다. 이를 보완하는 작업이 다양한 소재를 개발한 스토리텔링이다. 백제문화제 역시 지속적으로 백제 콘텐츠의 활용과 접목이 중요하다. 이에 의하여 백제문화의 역사 축제로서의 특성이 강화되며 축제의 활성화에도 기여하게 될 것이다. 공주학연구원은 이같은 작업에 기여하게 될 것이다.

공주학연구원이 중점적으로 추진하는 또 하나의 사업이 있다. 공주학 교육 사업이 그것이다. 개발된 자료를 이용하여 공주의 정체성 함양에 적극 활용할 수 있도록 해야 한다. 공주의 유형적 자원만이 아니고, 지역력을 신장하고 키우며, 시민들을 이에 합류시키는 작업이 공주학 교육이라 할 수 있다. 공주학 교재를 개발하고, 이를 체계적으로 교육하는 사업이 그 출발이다. 그러나 반대로 공주에 묻혀 있는 다양한 자료를 시민들 스스로가 개발하고, 정리한 자료들 자체를 시민중심의 교육으로 재현하는 것이 또 한 가지이다. 시민이 교육의 객체로부터 주체가 되도록 하는 것이 공주학 교육의 장기적 목표이며, 다른 지역과의 차별화된 목표이기도 하다.

공주학 제 2년을 맞는 지금, 이제 공주의 다양한 자료를 재료로 삼아 공주를 인문교육의 터전으로 삼는 작업을 준비하고 있다. 아울러 공주를 터잡아 새로운 문화적 일자리를 만들어갈 수 있도록 청년들의 문화 작업에도 관심을 가질 예정이다.

• 시민과 함께 가는 공주학연구원

공주대는 다양한 전문가의 풀을 가지고 있다. 적정한 전문성의 활용이야말로 성공에 이르는 과학적 요체이다. 그러나 이 일을 정책으로 옮기고 실행하는 것은 행정이다. 한편 행정은 시민들의 여론과 요구와 기대에 뒷받침되어 정책을 추진해 간다. 이러한 점에서 지금은 전문가와 공무원과 시민이 함께 협력해야 하는 시대가 되었다. 이에 의하여 정책의 전문성과 행정 효율성이 제고된다. 그러나 이러한 방향이 쉽게 이루어지는 것은 아니다. 이점에서 공주학연구원이 전문가와 공무원과 시민의 중간에서 서로가 갖는 힘과 역할을 조정함으로써 효율을 극대화하는 역할을 담당할 수 있을 것으로 기대하고 있다.

2015년 5월 12일 공주대 구내에 공주학연구원의 본관 건물이 개관하였다. 이는 공주시의 지원에 의한 것이다. 여기에서는 다양한 형태의 학술적 행사 혹은 시민 모임이 이루어지고 있다. 공주학연구원의 건물이 바로 이러한 전문성과 행정과 시민의 요구를 통합하여 새로운 지역 발전의 동력을 만들어가는 산실이 될 것이다.

공주학연구원에서는 시민연구원 제도를 채택하고 있다. 시민들이 연구원의 주체가 되도록 한다는 것이 장기적 목표이며, 이를 위한 특별한 준비가 '시민연구원' 제도인 것이다. 공주학에의 도전은 근본적으로는 지역을 활성화하는 공주학운동이라 할 수 있다. 그것이 바로 시민들과 함께 가는 공주학에의 새로운 도전이다.

(공주문화원, 『공주문화』312, 2015)

치킨을 앞에 놓고

개라면 혹 몰라도, 나는 닭은 별로다. 닭을 먹지 않는 것은 아니지만 그리 즐겨하지 않는다는 뜻이다. 이 때문에 가끔 집사람과 아이들의 불평하는 소리를 듣게 된다. 내가 걸림이 되어 집에서 닭 구경하기가 어렵다는 불평이다.

옛날에는 닭이 영양을 보충하는 중요한 수단이었다. 그래서 사위가 처갓집에 가면 씨암탉을 잡아준다던 말도 있지 않던가. 그때의 닭요리란 기껏해야 마늘을 한줌씩 까넣은 백숙이거나, 그렇지 않으면 고춧가루 일색으로 벌겋게 된 도리탕 정도였다. 그런데 어느날 치킨이라는 게 나오더니, 이후로 닭의 요리법이 매우 다양해지게 되었다. 그리고 닭도 요리하기 나름으로 꽤 먹을만한 것이라는 것을 나도 점차 인정하게 되었다.

• "가르치는 자는 … "

어떻게 하면 학생들을 잘 가르칠 수 있는가, 가장 일반적인 방법은 가르치는 사람이 그 내용에 대하여 많은 지식을 갖는 것이다. "가르치는 자는 배움을 게을리 하지 않는다"는 경구(警句)가 옛날 사범대학 캠퍼스에 걸려 있었는데 거기에서의 '배움'이란, 지금 생각하면 교과 내용에 대한 지식과 이해를 의미하는 것이었다고 생각된다. 교과 내용에 대한 연구와 이해가 훌륭한 교수법의 절대적인 왕도였고, 가르치는 방법에 대해서는 사실 관심을 쓸 필요가 별로 없었던 것이다.

그러나 좀 더 생각해보면 교과의 내용은 재료에 해당하고 교수법은 요리법에 해당한다. 요리법에 따라 닭 맛이 달라진다면 재료의 상태 못지 않게 요리법도 중요하다는 이야기가 된다. 특히 근년에 이르러서의 지식의 엄청난 폭발, 그리고 지적 정보가 다양한 통로를 통하여 공급됨으로써 단순한 양적 지식의 전달만으로는 한계가 오게 되었다.

먹거리가 적을 때는 요리법은 별 상관이 없었다. 고구마고 양파고 쌀이고 간에 그저 먹을 수 있는 것이라면 생 것이라도 집에서 남아나질 못했다. 그러나 먹거리가 풍부해진 요즘 같은 때에는 음식의 맛이 어떤가하는 것이 너무 중요한 일이 되고 말았다.

• 주방엘 들어가야 하나

문과의 경우는 강의실에 백묵만 있으면 일단 강의 설비가 다 된 것으로 여겼던 것이 과거의 통념이었다. 그러나 이제는 그것이 통용되지 않게 되었다. 새로운 학습기기가 도입되고 보편화되면서 이에 맞는 교수법을 개발하고 학습자료를 제작하며, 필요한 기기를 사용하여 강의에 연결시키는 학습법들이 요구되고 있는 것이다. 특히 컴퓨터의 등장과 보편화는 교수법의 측면에서도 상상하기 어려운 급격한 변화를 앞으로 가져올 것이 예상된다. 사범대학, 그리고 사범대학에서의 교과교육이나 교육공학적 기능의 중요성을 환기하게 되는 대목이기도 하다.

집에서는 주방에서의 가사 분담 압력이 높아지고, 학교에서는 강의의 요리법에 대한 관심이 높아지고 있다. 조금만 젊었더라면 일찌감치 변화에 적응해 있을 것 같고, 조금만 더 나이가 있다면 그냥 버텨라도 보고 싶은데 … 주방에를 들어갈 것인가 말 것인가, 그래서 40대의 교수는 괴롭다!

〈공주대신문〉 1996.5.15.〉

나의 오랜 친구인, 너에게

　어느날 낡은 책 사이에 끼어 있던 나의 옛날 사진 한 장을 보게 되었습니다. 그것은 30여 년 전 봉황동 하숙집에서 찍힌 어색한 포즈의 나의 독사진이었습니다. 제민천 가의 봉황동 하숙집에서의 그 사진은 필시 함께 하숙하던 친구가 찍어준 것이었습니다. 그 한 장의 사진 때문에 나의 생각은 문득 30여 년 전의 시절로 돌아가게 되었습니다.

　봉황동에서의 하숙 시절은 지금도 퍽 생생하게 떠올릴 수 있습니다. 하숙 생활에서 가장 관심이었던 반찬의 메뉴도 상당 부분 생각납니다. 들기름 바른 김이며, 검은 콩조림이며, 무친 콩나물이며, 그리고 항상 밥 옆자리를 차지하고 있는 콩나물국 등이 그것입니다. 지금은 세상을 떠난 지 오래일 하숙집의 할머니, 그때는 점심도 신관동 캠퍼스에서 봉황동까지 되돌아와 꼬박꼬박 챙겨먹지 않았습니까.

　왜, 무엇 때문에 사는가, 심각하게 고민하던 때도 있지 않았습니까. 막걸리 받아놓고, 되는지 안되는지 자신도 모르는 말들을 한 없이 쏟았던 그 날들이 생각납니까. 여자 이야기에서 시작해서, 학문으로, 대학으로, 세계로, 그리고 정의로, 이야기는 끝 없이 상승하다 결국은 여자 이야기로 끝을 맺는.

　그때 우리의 인생은 봄, 목련 꽃 그늘 아래서 베르테르의 편지를 읽는 4월이었습니다. 그런데 지금은 붉게 물든 10월 단풍 숲의 한 가운데 내가 서 있습니다. 가끔은 이 단풍이 아름답다고 느끼지만, 그것은 잠시 후 겨울이 시작된다는 신호이기도 한 것입니다. 지나간 봄과 여름과 가을을, 우리는 다시 보지 못합니다. 다만 추억할 뿐입니다.

　대학 시절 독일어 시간의 강의를 기억합니다. 독일의 속담에, "오래된 나무는 불 때기에 좋고, 오래된 책은 읽기에 좋고, 오래된 술은 마시기에 좋다"는 말이 있다는 것이었습니다. 이제 나는 거기에 한 마디를 덧붙이고 싶습니다. "오래된 친구는 편해서 좋습니다."

　함께 하숙하였던 당신의 얼굴을 졸업 이후 한 번도 나는 본 적이 없습니다. 30여 년 세월이 너에게는 정말 어떤 날이었을까, 정말 궁금합니다. 그래서, 보고 싶습니다.

(2005년 10월, 공주대 동창회의 졸업 30년 홈커밍데이 초청장)

부자 되세요?

"부자 되세요."

금년에 들어 나는 몇 차례 이런 인사를 듣고 조금 당황하였다. 처음에는 광고의 카피를 인용한 농담으로 생각했는데, 사실은 농담이 아니고 인사였다. 어떤 경우에는 '되세요'가 아니고 '되세여'였는데, 하여튼 그것은 '복 많이 받으세요'와 같은 인사를 대신하는 금년도의 유행어가 아니었나 싶다.

부자라는 말을 모를 사람은 없겠지만, 부자란 돈이나 재산이 많은 사람을 일컫는다. 그것은 많은 사람들이 선망하는 것임에 틀림없다. 나도 언젠가 그런 기도를 드린 것이 생각난다. 기왕이면, 가까운 이들에게 점심 정도는 살수 있는, 그리고 조금은 남을 도와가며 살 수 있는 호주머니의 여유가 있었으면 좋겠다는 그런 소망이 담긴 기도였다.

수천 년 전 아굴이라는 사람의 다음과 같은 기도는 오랫동안 많은 사람들에게 외어지는 잠언이었다. "나로 가난하게도 마옵시고 부하게도 마옵시고, 오직 필요한 양식으로 내게 먹이시옵소서."

오늘의 사회는 부의 추구를 노골적으로 선언하고 경쟁하고 있다. 회사나 사업체 같은 것이야 원래 처음부터 이윤을 추구하는 것이 목적이기 때문에 당연하다 할 것이지만, 교육이나 종교, 혹은 학문과 문화의 세계와 같은 다소간 돈 같은 것과는 거리가 있는 것처럼 느껴졌던 분야에서조차 근년의 사정은 달라지고 있다.

가령 공부도 돈 많은 집 아이들이 잘 한다거나, 연구비의 수주액이 교수의 능력을 가늠하는 중요한 척도가 되고 있다는 이야기도 그 예이다. 정부는 교육개혁을 재정 지원이라는 돈의 미끼로 조절하고 있고, 문화 진흥도 문화가 돈이 될 수 있는 것이라는 논리로 그 중요성이 설파된다. 이같은 물량 중심의 기준은 종교에 있어서도 예외가 아니라는 느낌이다.

전화기 같은 제품 중에는 '누드' 제품이 있다. 자신의 속을 가리지 않고 그대로 노출시키고 있는 이같은 제품도 솔직함의 미덕을 선호하는 현대사회의 한 측면을 반영한다. 나물 먹고 물마시는 것으로 겨우 끼니를 때우더라도 남에게 의연함을 잃지 않으려 노력하는 태도를 평가 하였던 예전의 시대와는 사뭇 달라진 것이다. '복 많이 받으세요'의 '복'은 사실 다소 막연하면서도 복합적인 표현이었는데, 오늘 우리들이 생각하는 그 '복'의 핵심이 무엇인가를 '부자'는 노골적으로 지적해내고 있는 것이다.

그러나 '부자 되라'는 인사는, '거지 되세요' 보다 얼마나 좋은 인사인가.

그래서 나도, 2002년의 봄에 나를 아는 여러 지인들에게, 처음이자 마지막으로, '솔직히' 이렇게 인사하고 싶어졌다. "부자 되세요."

(〈공주대신문〉 2002.4.15.)

일본 쓰쿠바에서의 365일

　　1996년 8월 18일부터 1년 간 일본 쓰쿠바대학에서의 연구 기회를 갖게
되었다. 1980년 역사교육과 부임 이래 처음으로 갖는 휴식과 재충전의 특별
한 기회였다. 쓰쿠바대학에서는 사회과교육연구실에서 역사과교육을 공부하
는 것으로 되었으며, 일한문화교류기금으로부터 재정적 지원이 있었다.

　　돌이켜 보면 쓰쿠바 1년은 하나님께로부터 나와 우리 가족에게 주어진 보
너스의 기간이었다. 일본 연수 기회는 오래전 기도로부터 시작 되었다. 경제
적 필요의 충족, 그리고 가족동반이 가능하도록 하는 것이었는데, 그러나 좀
처럼 그런 기회가 올 것 같아 보이지는 않았다. 기대했던 기회들도 나를 위한
것은 아니었다. 차츰 나는 기도를 포기하게 되었고 기도한 사실조차도 점차
잊어버리게 되었다.

　　1995년 나는 일본 연수를 다시 추진하였다. 그리고 거기에서 역사과교육
에 대하여 공부하고 싶다는 생각을 보다 절실하게 갖기 시작 하였다. 이 같은
문제를 가지고 국사편찬위원장으로 계시던 이원순 선생님께 상의를 드렸고,
이 선생님은 대상 대학의 추천과 지도교수를 소개해주셔서 쓰쿠바 행은 점차
기정사실화 되었다. 한 가지 걱정은 고물가의 일본생활을 위한 재정문제였는
데, 이원순 선생님께서는 뒤에 일한교류기금을 신청토록 추천까지 해주셨다.

　　교류기금의 재정 지원이 결정되어 그 통보를 받은 것은 출국 20여 일 전
인 7월 말이었다. 이로써 일본 생활 1년간의 경제적 부담은 크게 짐을 덜게

된 것이었다. 교사로 근무하는 집사람의 휴직 건은 불가능한 것으로 여겨졌으나, 마침 배우자와의 동반 해외 장기 출국 시 휴직이 가능하도록 법 개정이 이루어졌다. 그래서 아내는 국무회의 의결까지 필요로 했던 이 법 개정의 첫 번째 수혜자가 되어, 나보다 한 달 늦게 아이들과 함께 일본으로 들어와 합류하는 것이 가능하게 되었다.

• 쓰쿠바대학 사회과교육 연구실

쓰쿠바대학은 20년 전 동경교육대학이 동경의 교외 지역인 이바라키현(茨城縣)의 쓰쿠바시로 이전하여 종합대학으로 개편 된 것으로, 일본 내에서 조금 독특한 실험대학적 성격을 가지고 있다. 학제는 미국식을 많이 도입하여 여타 일본의 대학들과 차이가 많고 외국으로부터의 유학생이 어느 대학보다도 많은 곳이다. 말하자면 이 대학은 학문적으로 일본의 대외적 창구와도 같은 성격을 가지고 있다고 할 수 있다. 아름답고 넓은 캠퍼스로도 잘 알려져 있는데, 그 넓이가 일본에서 홋카이도대학 다음이라고 한다. 나의 아파트는 대학의 바로 남쪽 문 밖이었는데도, 캠퍼스가 넓다보니 연구실까지만도 족히 3킬로는 되었다.

대학이 위치한 쓰쿠바시는 현재 인구 16만으로 공주시와 면적이나 인구가 비슷한 규모인데, 대학과 첨단연구시설이 집중적으로 배치되어 있는 인공적인 계획도시이다. 시의 도심지역은 특별히 '학원도시'라는 이름으로 불리고 있는데, 그 이름처럼 거대한 규모의 첨단 과학 연구시설이 집중되어 있으며, 이 같은 배경에서 대전 엑스포 이전에 엑스포를 개최 하였던 지역이었다. 도시가 미국식이기 때문에 자동차는 생활의 필수이고, 자전거도 유익한 교통수단이 된다. 또한 시내에만 수십 개에 달하는 큰 공원들이 만들어져 있어 마치 도시 전체가 공원 안에 있는 듯한 느낌을 준다.

쓰쿠바대학 사회과교육연구실은 '인간학류, 교육학계, 학교교육전공'에 속한 연구실로서, 우리의 사범대학 사회교육과에 해당한다고 볼 수 있다. 그러나 학부에는 관련과가 없고 석사 박사과정만을 두고 있어서, 사범대학과 비슷하다고 보기도 어렵다. 하여튼 석사과정 수료자들의 다수가 교직에 취업하고 있다.

연구실에는 역사교육, 공민교육, 지리교육 전공 세 분 교수가 재직하고 있으며, 석·박사과정에서의 교과내용학은 타 대학(인문 혹은 사회 자연 등)으로부터 지원을 받아 이루어진다. 나의 '지도교관'은 역사교육 파트의 다니가와(谷川彰英) 교수였다. 역사 파트이기는 하지만, 그 전공은 오히려 사회과교육이라 할 수 있고, 특히 사회과의 수업에 대하여 지속적으로 학문적 혹은 교육적 작업을 해오고 있다. 한국에 대한 관심도 많아, 근년에는 연례적으로 대학원 석사과정생들과 함께 한국을 방문하여 시범수업을 실시하고, 그 결과를 학회에 보고하고 있기도 하다.

공민 파트의 에구치(江口) 교수는 한국에 가까운 큐슈 출신이라 소주와 김치를 좋아하는데, 한 달에 두 번가량은 야간에 테니스를 같이 쳤다. 연구실에는 10명 가까운 전업의 박사과정생이 있고, 교수와 박사과정생을 중심으로한 연구실은 매주 1회 정기적인 세미나를 가지며 마치 가족관계를 연상케하는 특별한 관계를 형성하고 있다. 마침 연구실에는 박사과정을 마칠 무렵의 이명희씨가 있어서 개인적으로 많은 신세를 지게 되었다. 서울사대 역사교육과 출신에 국악고교 교사로 재직 중 도일한 지 6년, 연구실의 '선배'로 자리를 잡고 있었기 때문이다.

• 일본어도 역시 외국어

일본에서 생활하면 금방 일본어가 능숙하게 되리라는 기대는 전혀 착각이었다. 쓰쿠바대학에는 외국인 유학생의 언어교육을 위하여 일본어 강좌를 운영하고 있다. 이를 수강하기 위해서는 소정의 절차가 필요한데, 신청서를 낸

후 평가를 실시하여 수강능력 미달자는 제외하고, 4단계로 수준을 나누고, 문형·문법, 듣기, 회화, 독해, 한자, 작문 등 강좌가 개설되어 필수 혹은 선택으로 수강하도록 되어 있다. 나는 '유학생' 신분이 아니었기 때문에 유학생 센터의 강좌를 듣기 위해서는 별도의 승인 절차를 받아야만 했다. 학기 초 3시간 이상이 걸린 평가에서 나는 '레벨 4'로 분류되었다. '레벨 4'는 수준이 가장 높은 등급이었다(가장 낮은 등급이 아니고). 지필에 의한 평가는 일본어의 제반 실력을 평가하여 합산한 것인데, 아마 독해, 한자 등의 점수 때문에 실력보다 레벨이 높게 책정되었던 것 같다. 이 때문에 실제 강의 수강에는 어려운 점이 많았지만 자기 마음대로 레벨을 낮추어 수강하는 것은 허용되지 않았다.

유학생을 위하여 대학에서 운영하는 일본어 강좌 이외에, 시내에는 여러 단체들이 봉사적으로 행하는 일본어 강좌가 많이 있다. 나는 가족들과 함께 쓰쿠바 도시진흥재단에서 야간에 운영하는 일본어 강좌를 같이 수강 하였다. 이곳도 역시 레벨이 나누어지는데 나는 중급반, 식구들은 입문반에서 일본어를 배우기 시작 하였다. 갑자기 '주부'가 된 처는 낮에 주 2회 별도의 일본어 강좌를 수강 하였으며, 중1과 초등학교 4학년의 아이들은 각각 학교에서 정규 수업과 함께 별도로 특별지도를 받았다. 학교에는 외국인 자녀의 일본어 습득을 돕는 전담교사가 있고, 거의 개인지도에 준하는 실제의 학습은 학부모들의 자원봉사에 의하여 이루어졌다.

중1의 큰아이 지현이를 처음 학교에 데리고 갔을 때의 일이다. 학교 측의 선생님이 준비물 등에 대하여 친절하게 이것저것 안내해주었는데, 교복, 체육복 같은 준비물 중에 '브래지어'를 말하는 것이었다. 도무지 이해가 되지 않아 되풀이 확인해 보았지만 여전히 '브래지어'였다. 듣는 것 말하는 것이 모두 아주 서툴 때였기 때문에, 도무지 불가사의한 일이었다. 나중에 알고 보니 그것은 상의겉옷을 말하는 것이었다. 하마터면 나는 엉뚱한 물건을 학교 준비물품으로 가져가게 할 뻔 했다. 그러나 때로는 일본어를 잘못하는 것이 도움이 되는 경우도 있었다. 가령, 신문 구독을 부탁하는 보급소에서의 방문

때에는, 서툰 일본어를 더듬거리다 보면 두말없이 돌아가기 때문이다.

유학생센터 일본어 강좌, 수요 일본어 강좌, 정기적인 강의 수강 등 이외에 '듣기공부'를 위하여 TV 시청도 '열심히' 했지만 일본어는 좀처럼 늘지 않았다. 결국 나는 일본어 실력 향상에의 기대를 포기하게 되었다. 그리고 다음과 같은 변명을 일삼기 시작했다. '외국어는 역시 어려서 해야 해, 그리고 남자보다는 여자 쪽이 언어능력이 발달되어 있다는 것이 맞는 말 같아'. 일본생활이 시작되었을 때, 가족 중에 일본어가 조금이라도 가능했던 것은 나뿐이었다. 그러나 귀국준비를 할 무렵에는, 나의 일본어 공인 실력 '레벨 4'는 4인 가족 중의 '네 번째 레벨'이 되어 있었다.

• 일본의 상표, '친절', 그러나

일본사람들의 '친절'은 세계적으로 정평이 있다. 특히 식당에서의 종업원의 과도한 친절은 도리어 불편하게 느껴질 정도이다. 때문에 관공서의 출입 시나 물건을 살 때에, 망신당할 염려가 없다는 점에서 부담이 없었다. 또 상대편의 면전에서는 강한 부정어의 사용은 거의 금기로 되어 있다. 음식을 먹을 때는, 특히 대접 받는 입장에서는 반드시 '맛있다'는 인사를 잊지 않는다. 이것은 가능한 상대방의 마음이 다치지 않게 하려는 것이며, 이점 매사를 '솔직히' 분명히 표현하는 경향이 있는 우리와는 문화적 차이가 있다. 말에 있어서도 직접 화법보다는 간접화법이 매우 발달해 있으며, 동일한 말이 상황에 따라 OK도 되고 NO도 될 수 있다. 목욕탕에서는 반드시 중요한 부분을 가리는 것도 비슷한 맥락이 아닌가 한다.

일본인의 겉 친절은 '솔직함'을 미덕의 하나로 생각하는 한국 사람에게는 답답하게 생각될 때가 많고, 때때로 표리가 부동한 이중인격으로 비추어지기도 한다. 사실 우리의 대화에는 대화가 조금이라도 진지해지게 되면, 금방 이런 말이 나오게 된다. '솔직히 말하면 말이지…' 하고. 그러나 원래 '예의'나

'예절'이라고 하는 것은 많은 경우 겉모양을 요구하는 경우가 많다. 마음속으로는 불쾌하지만, 꾹 참고, "아니 괜찮아요, 그럴 수도 있는 거죠" 하는 것이 사람의 '예의'가 아닌가. 불쾌한 일을 당했는데도, 불쾌함을 느끼지 않는 사람이라면, 그런 있기 어려운 성인군자에게는 처음부터 '예의'라는 건 불필요한 것이니까. 그런 의미에서 나는 일본인의 '친절'에 대해서 긍정적인 생각을 가지고 있다.

직접 운전하여 동경 디즈니랜드에 갔던 적이 있다. 새벽 일찍 출발하여 밤 10시 폐장시간까지 종일을 구경하고 귀가하는데, 도중에 고속도로의 길을 잃어버렸다. 갈 때는 그려준 약도대로 무사히 도착에 성공 했지만 귀로는 올 때와는 감이 전혀 달랐던 때문이다. 가다 보니 행선지와는 정반대 방향인 하네다 공항 부근까지 이르고 말았다. 동경 시내의 이른바 '도시고속도로'는 초행자에게는 매우 복잡하여 방향마저 종잡을 수 없었다. 마침 도로 갓길에 정차하여 휴식중인 사람들에게 길을 확인하기로 하였다. 길이 복잡한 데다 듣는 것 또한 서툴기 때문에 몇 번 되물으며 대충의 방향을 잡고 있는데, 말끝에 그 사람은 자기가 차안에서 이용하던 지도를 참고하라고 건네주는 것이었다. 내가 이렇게 길을 알아보고 있는 사이, 집사람도 또 다른 젊은 부부에게 길을 묻고 있었다. 설명을 마치자 그들은 자기들이 사용하던 두터운 관동지방의 지도책을 아예 우리에게 주는 것이었다. 그날 우리는 친절한 설명에 더하여, 사용품이지만 한 장의 지도와 한권의 지도책을 각각 받고, 무사히 귀가할 수 있었다.

일본인들은 대체로 친절이 몸에 배어 있지만, 그러나 개인적으로는 사귀는 일이 퍽 어렵다. 같은 고향 출신이라는 이유로, 또는 같은 학교 출신이라는 이유로, 또는 성씨가 같다는 이유로, 취미가 같다는 이유로 등등, 가지가지 온갖 이유로, 금방 마음을 열어주고 쉽게 친구가 되는 한국인들로서는, 이 때문에 일본인은 친절하지만 차갑다는 느낌을 갖게 되는 것이다.

• 잦았던 경찰서 출입

쓰쿠바 1년 생활 중에 쓰쿠바 경찰서에 3번이나 출입하였다. 첫 번째는 자동차의 접촉사고 때문이었다. 일본의 도로교통은 방향이 우리와 반대이다. 자동차는 좌측통행, 사람은 우측통행이기 때문이다. 영국식의 이 같은 교통체계에 익숙해지는 데는 한 달 이상의 기간이 소요 되었고, 그 후에도 가끔 차선을 착각하는 때가 있었다. 사고는 아직 이 같은 차이에 익숙해지기 전에 일어났다. 상대편도 운전이 좀 서툰 것 같았는데, 비교적 가벼운 차체의 접촉이었다. 경찰서에 가서 사고 신고를 하고 사고경위를 진술하였다. 이어 보험사에 연락하여, 보상처리는 양쪽의 보험사에서 합의하여 처리하였기 때문에 쉽게 정리 되었다. 나중에 보험사로부터 통보 되어온 처리 결과에 의하면 사고는 90%가 나의 책임이었다.

두 번째로 경찰서에 가야 했던 것은, 무단 주차로 인한 도로교통법 위반 때문이었다. 스티커를 직접 현장에서 발부받는 것이 아니라 붙여진 딱지를 경찰서에 가서 떼고 동시에 벌금판정을 받는 것이었다. 경찰서에 갔더니 마침(?) 담당자는 여자경찰이었고, 또 일본생활이 얼마 되지 않은 외국인 인지라 정상참작을 당연히 기대하게 되었다. 경찰은 친절했지만, 그러나 벌금 판정은 에누리가 없었다. 1만 5천 엔, 대략 12만원 정도였다. 그 후에는 불가피하게 주차해야할 경우는 반드시 10분 이전에 되돌아와 경찰이 있는지를 확인하였다. 10분은 '관찰시간'으로 딱지를 붙이지 않은 채 시간을 잰다는 상식을 알았기 때문이다.

세 번째는 또 교통사고였다. 친구네 집에 자전거로 놀러가던 재각이(둘째)가 횡단보도에서 차에 충돌한 완전한 교통사고였다. 그 때 이웃에는 공군사관학교 신 교수가 나처럼 1년 간 가족과 함께 체류하고 있었는데, 그 집 둘째 아이 동주와 방과 후 노는 것을 '유일한' 낙(?)을 삼고 있었던 터였다. 사고 연락은 소방서에서 왔는데, 사고지점이 마침 소방서 앞이었기 때문이다. 급히 나가보니 119 구급대 차가 소방서를 빠져나가는 것이었다. 자전거는 앞쪽이 완전히 망가졌지만, 아이는 진단 결과 특별한 부상이 없었다. 아마 자전거가 부닥칠 때 몸이 튕겨, 몸은 직접 차와 닿지 않았던 것 같다. 이 사고 때문에 경찰에서 피해자 조사가 있었다. 출두를 통보한 경찰서에서의 전화에, 경찰서의 어디로 가면 되느냐는 질문에, 그 쪽에서는 자꾸 경찰서의 위치를 가르쳐주는 것이었다. 두 번의 사전 경험으로 경찰서 위치야 이미 익히 잘 알고 있는데, 위치를 모를 것으로 생각했기 때문인 것 같다.

다른 사람의 사고 때문이기는 하였지만, 쓰쿠바에서 약간 떨어진 쓰치우라시(土浦市)의 경찰서에도 간적이 있어 1년간으로서는 과분하게 경찰서 출입이 잦았던 셈이다.

• 강의 수강과 학회참석

일본생활이 막 시작하는 8월, 연구실의 다니가와(谷川) 교수가 창립, 주관하는 '연속세미나-수업만들기'의 연례대회에 연구실 팀들과 함께 참석하였다. 이틀간에 걸친 96년도의 대회는 치바현(千葉縣)의 죠난정(長南町)에서 개최되었다. '연속세미나-수업만들기회'는 연 4회의 집회를 가지며, 학생 참여 중심의 새로운 수업 개발을 위한 연구 실천모임이다. 학교 수업에 대한 전문적 연구와 논의의 기회가 없는 우리의 실정에 비추어 퍽 인상적인 모임이었다.

11월에는 일본 사회과교육학회 전국대회가 이바라키현의 현청소재인 미토(水戶) 소재 이바라키대학에서 있었는데, 마침 충북대의 전순동 교수(본교 역사교육과의 선배)가 초청되어 함께 조우하기도 하였다. 관동지방 교육학부의 사회과교육 전문 교수들의 협의회는 1991년 2월에 관광지 닛코(日光)에서 가까운 도치키현의 우츠노미야(宇都宮)대학에서 개최 되었다. 부속학교의 사회과 공개수업의 참관과 함께 현안의 문제를 서로 협의하는 모임이었다.

동경에서 열리는 조선사연구회의 월례회는 여러 번 참석 하였다. 센슈대학

(專修大學)에서 월 1회 토요일 오후에 여러 연구자들을 만날 수 있었으며 연구차 온 한국학자들과도 만날 수 있었고, 이때에는 부근의 삼성당(三省堂) 서점, 간다(神田)의 고서점가를 둘러보곤 하였다. 2월에는 쓰쿠바대학 사회과 연구실 출신들이 중심으로 되어 있는 쓰쿠바 사회과교육학회에서 초청강연 형식으로 '몽고의 고려침략과 일본'이라는 제목으로 강연을 하였다.

대학에서의 강의는 다니가와(谷川) 교수의 학부 수업인 '수업만들기' 강의를 1년 내내 수강하였다. 다른 대학과 달리 쓰쿠바대학은 3학기제였고 강의는 학기 단위가 아니고 1년 단위였다. 이 강의는 특히 만화를 소재로하는 수업만들기를 주제로 하여 제1학기에는 파트별로 만화를 선택하여 수업안을 구성하고, 제2학기에는 수업안을 다듬을 수업실습을 하고, 마지막 제3학기에는 현장 학교를 방문하여 직접 수업을 실시하는 것이었다. 학부수업이었지만, 이 수업에는 석, 박사과정의 대학원생 연수 케이스의 초중고 교사 참관자가 많았다.

마지막 학기에는 여기에 더하여 교육연구과 석사과정 강의인 교육문화론을 수강하였다. 담당교수는 사회학계 소속, 미혼의 한국인 황 교수였는데 강의 주제는 현재 일본교육의 한 특징을 역사적으로 탐구하는 일종의 일본교육사였다. 일본 학교 교육에서 매우 중시하고 있는 체육중심의 특별활동에 주목하여 그 연원이 에도시대의 무사문화와 어떻게 연결되고 있는 지를 밝히는 흥미 있는 내용이었다.

• 학교 방문

일본에 있는 동안 일본의 학교 방문 기회를 많이 가졌다. 부속학교 등에서는 년 1회 이상의 전교 규모의 연구수업을 실시한다. 수업 참관자는 보통 우리 돈 1만원 이상의 참관료를 내야 한다. 당일 수업의 지도안 등 자료대의 명목이다. 다니가와 교수의 강의와 관련된 수업 실습에도 자주 참석하였다.

학부모로서의 학교 방문의 기회도 퍽 많았다. 적어도 년 3회 정도의 학부모 대상 공개 수업이 있고, 그밖에 학부모회 모임이나 담임과의 면담이 정기적으로 있기 때문이다. 학부모회는 실제로 학교의 여러 일에 참여하고 자녀 교육문제에 대하여 교사들과 대화를 비교적 자주 갖는다.

일본의 학교는 한국에 비하여 분위기가 더 자유로운 것 같다. 그러나 실제 규율은 엄격하다는 느낌이었다. 아이들이 다녔던 아즈마(吾妻)중학교와 아즈마(吾妻)소학교는 도보로 10분, 15분 정도의 거리인데, 처음에는 자전거로 학교에 다녔다. 그런데 알고 보니 이 자전거 통학이 규율 위반이었다. 자전거 통학을 하기 위해서는 먼저 학교의 허가가 있어야 하는데, 허가는 장거리 통학생에만 한정되었다. 허가받은 자전거 통학생은 반드시 학교에서 지급하는 헬멧을 착용하고 다니게 되어 있었다. 기왕에 마련한 자전거였기 때문에 학교 부근까지 자전거 무단통학(?)을 하고, 적당한 곳에 자전거를 세워둔 다음 '입을 씻고' 걸어서 학교를 들어가면 되는 것 아닌가 했는데, 학교나 아동들의 분위기가 그런 것이 아니었다.

일본의 학교에서 가장 인상적인 것 중의 하나는, 정규 수업시간 이외의 '부 활동(部活動)' 즉 우리의 특별활동 운영이다. '부 활동'은 음악, 미술 같은 것도 포함되어 있기는 하지만, 농구, 배구, 탁구, 연식정구, 검도, 수영 등 체육 관련의 것이 중심이다. 활동은 각 부별로 매일 방과 후 몇 시간씩 실시하며 토요일이나 공휴일, 그리고 방학 중에도 일정기간을 학교에 출석시켜 부활동을 한다. 따라서 '부 활동'에 소요하는 시간은 영어나 수학과목보다 훨씬 많으며, 그 강도도 극히 높다. 중고교 6년을 이렇게 집중적으로 '부 활동'에 투자하게 되면, 보통은 높은 수준의 스포츠 습득이 가능해지며, 성장기에 있어서 매우 강한 체력의 확보가 가능해진다. 앞의 쓰쿠바대학 황 교수에 의하면, 이 같은 부 활동은 '문무양도(文武兩道)'라는 에도시대 이래의 전통에 기초한 것이며, 동시에 청소년의 관리측면에도 매우 효과적인 한 방편으로 인식되고 있어, 학교교육에서 정착 되었다는 것이다. 엘리트체육을 지향하고 있는 한국의 경우, 청소년들의 체력 면에서의 열세에 대해서는 깊이 생각할 점이 있는 것 같다.

•곰팡이와의 전쟁

일본의 표준시는 한국과 같다. 그러나 해 뜨는 시각과 해지는 시각은 퍽 차이가 있다. 쓰쿠바의 경우는 대략 1시간 반 이상 빠른 것 같다. 그러니까 아침과 저녁이 그만큼 빨리 시작되는 것이다. 우리는 아침을 빨리 시작하기 때문에 날이 일찍 새는 것이 퍽 좋았다. 새벽에는 거의 매일 1시간씩 테니스장에 출근하여 운동을 하였는데 날이 일찍 새기 때문에 겨울에도 가능하였다.

쓰쿠바는 위도 상으로 따져 공주와 거의 비슷하다. 그러나 해양성 기후이기 때문인지 겨울에도 영하로 기온이 내려가는 일은 별로 많지 않다. 이 때문에 겨울은 매우 따뜻할 것이라는 생각을 갖지만, 물어보면 꽤 춥다는 것이었다. 지난 겨울에도 눈은 두 번 밖에 오지 않고 얼음도 거의 얼지 않았는데, 한마디로 겨울이 꽤 추웠다. 그것은 을씨년스러운, 유쾌하지 않은 추위였다. 그리고 그 추위는 3월까지 갔다. 집사람은 오자마자 곧 가을이 시작되어 쓰쿠바의 아름다운 가을에 매료되었다. 그러나 가을보다 더 긴 겨울로 인하여 크게 고통스러워하는 것이었다.

얼음도 없는 쓰쿠바의 겨울이 추운 이유는 아마 난방시설이 없는 가옥구조 때문일 것이다. 난방은 석유스토브였는데, 취침 중에는 스토브를 꺼야 했기 때문에 난방이 전혀 없는 상태가 되어 버린다. 한국에서 가져간 낡은 전기담요가 유일한 난방기구였는데, 일본의 집은 창도 모두 홑창이라 유리창 한 장 사이로 바로 밖이기 때문에 외풍이 무척 심한 것이다. 이처럼 외풍을 방치하는 것은 높은 습도 때문에 불가피한 모양이다.

일본의 높은 습도는 우리 기온과 퍽 다른 조건이다. 처음 무척 놀랐던 것은 곰팡이였다. 심지어 겨울에도 장이며 욕실이며 옷이며 마구 곰팡이가 돋기 때문에 특별조치를 취하지 않으면 안 되었다. 맑은 날에도 좀처럼 빨래는 마르지 않는다. 건조기를 별도로 사용해야하는 것이다. 한국에서 보내준 김은 맛은 있지만, 상에 놓자마자 습기 때문에 곧 눅눅해지기 시작한다. 아마도 이 같은 기후의 차이가 한국인, 일본인의 성격 차에 주는 영향도 적지 않을 듯싶다.

• '자유주의사관'과 역사교과서 논쟁

일본에서의 1년 기간 중, 역사교과서 논쟁이 가열되어 있었다. 이는 이른바 '자유주의사관'을 표방하는 국가주의적 역사관으로부터의 교과서 공격으로서, 언론과 잡지사 일부로부터 적극적 지원을 받아 일본을 논쟁의 소용돌이에 몰아넣은 것이다. 작년 이후 이 논쟁은 특히 1997년도부터 사용되는 새 중학교 역사교과서의 기술, 특히 종군위안부의 기술을 둘러싸고 집요한 공격이 이루어졌고, 이 같은 교과서 공격을 비판하고 우려하는 목소리 또한 작지 않아 그 논쟁은 매우 치열하게 전개되었다.

자유주의사관의 교과서운동의 선봉은 동경대 교수 후지오카(藤岡)이다. 교육학자인 그는 원래 홋카이도대학 출신으로 1994년 이래 명치도서에서 출판되는 『사회과교육』 잡지에 일본근대사를 다시 보는 글들을 연재하여 커다란 반향을 얻고 이에 힘입어 운동을 더욱 가열시켜왔다. 씨의 논점을 요약하면, 전후의 일본 역사교육은 한마디로 '자학사관', '암흑사관'의 반일적 역사교육을 자행하고 있으며 학생들에게 부정적인 역사인식과 국가의식을 고취하고 있다는 것이다. 이 같은 관점에서 역사교과서의 근현대사의 기술을 비판하고, 최근에는 중학교 역사교과서의 '종군위안부' 기술을 집요하게 공격함으로써 커다란 파문을 야기하였다.

이 같은 국가주의적 사관은 이전에도 끊임없이 논의되어 왔던 것이지만, 자유주의사관의 경우는 교육현장에 대한 영향력의 조직적 파급에 심각성이 있으며, 동시에 다른 어느 때보다 일부 언론의 적극적 뒷받침을 받고 있다는 점에서 경계심을 갖게 된다.

그의 주장은 무엇보다도 우익세력으로부터 많은 지지를 받고 있다. 언론의 일부에서도 그에 동조하고 있다. 가장 적극적인 것은 산케이(産經)신문인데, 같은 계열의 주간지『사피오』, 월간지『정론(正論)』등이 그 대변지와 같은 성격을 가지고 있다. 문예춘추사의 경우도 잡지『제군(諸君)』을 통하여 이를 지원하고 있으며, 유명한 교육전문출판사인 명치도서(明治圖書) 역시 적극적 후원자이다. 그러나 이에 대한 반대세력과 반론 또한 만만치 않다. 언론사에서는 아사히(朝日)신문이 그 전면에 있다. 주간지『금요일』과 월간지『세계』,『시오(潮)』등이 적극적인 반론에 앞장서고 있다. 동시에 역사학계와 시민단체에서도 조직적으로 이에 반론을 제기하고 있다.『근현대사의 진실은 무엇인가』『전후역사학과 자유주의사관』같은 반론서는 이 같은 토대 위에서 나온 것이지만, 이른바 '자유주의 사관'의 교과서 논쟁은 앞으로도 상당 기간 지속될 것 같다.

• 닛코, 후지산, 그리고 하코네

일본의 초·중등학교는 3학기제이고, 여름방학은 대체로 우리와 같지만 겨울방학이 거의 없고 대신 봄방학(3월)이 있다. 또 토요일은 격주로 쉬는 날이라 주말에는 가벼운 나들이가 가능했다. 공공 복지시설과 박물관 등의 사회교육 시설은 가장 부러운 것이었다. 또 각 지역별로 특색 있는 복지시설·편의시설을 구비하느라 경쟁하기 때문에, 꼭 유명한 곳이 아니라도 가볼 만한 곳이 많았다. 지도와 관련 자료를 구입해서 틈 날 때마다 가까운 공원이며 박물관이나, 식물원, 휴식시설, 온천 등을 찾았다. 또 사회교육 프로그램이나 대학에서의 여러 행사 등에도 가능한 많이 참석해 보았다. 엑스포센터에서의 여름하늘의 천체관측, 자연 관찰회, 주거지 발굴현장, 첨단의 쓰레기소

각장, 그리고 대학에서의 석사과정생 논문발표회, 정년퇴임식, 졸업식 등도 일부러 참관하였다. 연구실에서의 공부만이 공부는 아니라고 생각했기 때문이다.

그러나 여행을 나서는 것은 쉽지 않았다. 여러 날 가족이 함께 움직일만한 시간도 시간이려니와, 대중교통요금과 숙박비가 너무 비싸기 때문이다. 전철로 동경에 다녀오면 철도운임만 1일당 최소 우리 돈 2만원이고, 나리타공항에서 쓰쿠바까지의 버스요금은 1시간 반 거리에 편도 2만원 정도가 든다. 장거리 택시 승차는 생각하기 어렵다. 숙박비도 방 별로 계산이 아니라 머릿 수 따져서 계산하기 때문에 가족 여행이란 쉽지 않은 것이었다. 그래도 1년 있는 동안 유명한 관광지는 몇군데 가보는 것이 좋을 것 같았다. 비교적 가까우면서 유명한 곳이 쓰쿠바에서 북쪽으로 3시간 거리에 있는 닛코(日光)와 동경의 서쪽에 있는 후지산, 하코네(箱根) 등이었다.

10월과 이듬해 6월, 두 차례 여행을 하였다. 10월 닛코와 나스다케(岳)에서의 2박 3일은 공사 신 교수, 전남대 김 교수 가족과 함께한 여행이었다. 닛코는 도쿠가와막부(德川幕府)의 도쿠가와 이에야스(德川家康)의 무덤이 있는 곳으로 역사유적과 아름다운 자연, 그리고 온천이 겸해진 일본의 대표적 관광지이다. 이에야스의 무덤이 있는 동조궁(東照宮)은 17,8세기 일본을 방문한 조선통신사들의 공식 방문처이기도 하였다. 가족들과 막 합류한 때였기 때문에 이 여행은 일본생활의 시작과 같은 의미를 가지고 있었다.

귀국이 가까운 이듬해 6월, 후지산과 하코네에의 여행은 대학의 연수소를 숙소로 이용한 3박 4일 일정이었다. 연수소는 후지산 부근의 산중호(山中湖)라는 호숫가에 위치하여 후지산의 경관이 적당하게 배경이 되고 있는데 대학의 시설이라 요금은 퍽 저렴하였다. 이 숙소를 이용하여 후지산과 온천으로 유명한 하코네, 그리고 이즈(伊豆)반도에까지 둘러보는 스케줄이었다. 여행은 주마간산이었지만, 이로부터 남은 두 달의 일본생활은 귀국준비를 시작해야 하였기 때문에 말하자면 일본 정리여행이었던 셈이다.

• 쓰쿠바 동경교회와 쓰치우라 메구미교회

일본의 기독교 인구는 1% 미만의 소수로 알려져 있다. 가장 일반적인 종교는 역시 전통적인 일본신앙인 신도(神道)와 일본불교라 할 수 있다. 이 때문에 사원이나 신사, 특히 신사(神社)는 도처에 산재하여 있다.

기독교의 인구는 적지만, 일본의 기독교는 우리와는 달리 엘리트들의 종교이고, 소수종교인 탓으로 크리스챤으로서의 정체성이 분명하기 때문에 인구대비의 사회적 영향력은 매우 큰 것으로 알려져 있다. 사실 유명한 무교회주의자 우치무라(內村鑑三) 등을 배출한 만큼, 교단교회를 배척하는 무교회적 분위기가 많은 것은 사실인 것 같다.

쓰쿠바에는 유학생 등 한국인들이 많기 때문인지 한국인 교회가 몇 개 있는데, 그중 가장 규모가 큰 쓰쿠바동경교회에 출석하게 되었다. 나리타공항에의 출영(出迎) 등 1년간 요모조모 생활상의 도움을 주었던 본교 체육교육과 출신의 박인규군이 이 교회의 청년회장을 맡고 있었던 탓으로 자연스럽게 교회에 연결되었던 것이다. 출석교인의 대부분은 쓰쿠바대학의 유학생들이고, 나와 같이 연구 등의 목적으로 단기간 체류하는 한국인들이 약간 포함된다. 설교도 물론 한국어로 이루어지기 때문에 소재는 일본이지만, 말하자면 한국교회라 할 수 있다.

이 교회에 출석하면서 한국 유학생들과 그 생활에 대해서도 보다 깊이 알수가 있었다. 박군과 같이 자비 유학생의 경우도 있지만, 일본 문부성의 장학생으로 선발되어 박사과정을 이수하는 경우도 다수 있고, 1년 남짓으로 교사 혹은 학생연수로 오는 경우도 있었다. 그러나 역시 학위 취득을 목적으로 한 유학의 경우는 언어문제, 학업문제, 경제문제, 향후의 취업문제 등 나름대로 무거운 짐과 부담 속에서의 생활의 연속인 듯하다. 이 교회에서의 몇 달간은, 집사람이 성가대의 지휘를 맡고, 나 또한 과분하게 성가대원에 소속되었다. 유학생 중심의 구성상, 봉사자가 부족하였기 때문이다.

귀국 전 두 달, 하코네에 다녀온 이후로는 목사님의 허락을 받아 일본인 교회에 출석하였다. 일본에서의 교회 생활과 예배를 직접 체험해 보는 것이 필요하다고 생각되었기 때문이다. 그리하여 공사 신 교수가 나가고 있던 쓰치우라시(土浦市) 소재의 메구미(은혜)교회에서 두 달간을 일본교회 체험을 하였다. 예배 출석교인 약 2백 명의 메구미교회는 외국인이 다수 출석하는 비교적 개방적인 분위기의 교회이고, 이바라기현 전체에서 가장 큰 규모의 교회였다. 한국 유학생은 많지 않았으나 영어와 함께 한국어 동시통역에 의하여 예배가 가능하였다. 일요일은 아침부터 저녁예배까지 3회의 예배가 있는데, 우리는 일본어 공부를 겸하여 매주일 아침부터 저녁에 이르는 3회 전 예배에 참석하고, 거기에 점심 후 있는 성경공부반이나 특별프로그램까지 참석하였다.

성경공부반의 인도는 쓰쿠바대학 교수인 쿠보(久保) 선생 담당이었다. 이제 50대 중반인 그는, 나이 40에 회심(回心)하여 크리스찬이 되었다는데, 농담도 매우 좋아해서 격의 없이 말을 건네고는 하였다. 한번은 성경 공부 중 다음 주 저녁예배 설교시간에 할 자신의 간증을 미리 우리에게 연습 삼아 하는데, 나이 40에 회심한 것에 대하여 성경의 구절에 빗대어 '12시 반쯤에 포도원에 들어왔다'고 표현하는 것이었다. "나이 40은 12시 반이 아니라 오후 3시쯤 되는 겁니다. 하마터면 큰일 날 뻔 하셨습니다"고 했더니 폭소를 터뜨리며, 그 후론 두고두고 만날 때마다 다른 사람에게 그 이야기를 소개하는 것이었다. 교회에서 두 달만의 송별회 때는 그는 우리를 위한 송별의 말을 해주기도 하였고, 구역예배를 특별히 소집하여 자택에서의 구역송별회를 열어주기도 하였다.

• 인생이란 …

귀국 전에는 최종연구보고서를 재단에 제출해야만 했다. 연구보고서의 제목은 「한일 역사교과서에 있어서 중·근세 한일관계사 서술」이었다. 내용은 1945년까지의 일본의 소학교 역사교과서, 전후 일본의 고교 일본사 교과서, 그리고 한국의 국사교과서중의 중·근세사 한일관계 서술을 분석한 3부로 작성하였다. 말하자면 3편의 논문을 작성한 셈인데, 귀국 후에 실제 각각 여러 학회지에 게재하였다.

자료 수집은 사회과 연구실과 대학도서관 이외에 동경에 있는 동경서적 부설의 교과서도서관 및 교과서센터의 부설도서관을 통하였는데, 일본어로 작성이 요구되었기 때문에 작업이 쉽지 않았고 많은 시간이 소요되었다. 작업을 위하여 컴퓨터의 마련이 불가피 했으며, 거기에 일본어 워드를 익혀가며 작업을 해야 했으므로 퍽 쉽지 않은 과정이 되었던 것이다. 제출 이전에는 연구실의 세미나에서, 보고서의 제3부에 해당하는 「한국 국사교과서에서의 중근세 한일관계사 서술」을 구두 발표하였다.

보고서 제출의 마무리 작업과 함께 귀국준비는 서둘러졌다. 나름대로 열심히 배우고자 애썼지만, 이럭저럭 1년의 세월은 신속히 지나가버리고 말았다. 사회과 연구실에서는 한적한 산촌에서 싱싱한 은어구이 파티로 송별회를 해주었다. 1시간 반 이상 떨어진 산골짜기 강가에서였는데, 비가 억수로 쏟아져 여름 같지 않게 날씨는 을씨년스러웠다. 우리보다 며칠 일찍 귀국하는 공사(公土) 신 교수 가족과의 자축송별은 맥주와 불꽃놀이까지 준비하여 집 옆 가쓰라기 공원에서 했다. 한여름 저녁 그 넓은 공원의 잔디에는 한국으로 돌아갈 우리들 밖에 없었다.

귀국하는 날에는 뜻밖에도 많은 이들이 집까지 와서 전송을 해주었다. 공항까지 동행한 박군과 이명희 씨 이외에, 쓰쿠바동경교회의 목사님, 교회에서 알게 된 유학생들, 테니스장에서 아침나절에만 만났던 유학생들 부부, 그리고 지현이의 학교 친구들.

지나간 시간에게는 결코 긴 시간이란 없는 것이지만, 쓰쿠바에서의 1년은 짧고 빨랐다. 열심히 사노라 분주하기는 했지만, 일본어도 미진하고, 전공공

부도 미진하고, 체험도 미진하여, 마치 겨우 시작한 일을 중도에서 손 털고 일어나는 느낌 그것이었다. 그래서 생각하였다. 인생이란 바로 이런 것이 아닐까하고.

1년간 완전히 머릿 속에서 지우고 있었던 한국에서의 나의 일들, 그리고 사람들에 대하여, 김포로 향하고 있는 대한항공 비행기 안에서, 나는 비로소 생각들을 떠올리기 시작하였다.

• 프롤로그

학생들이 회지에 실을 글을 달라하여 이 글을 정리하고 있는 즈음에, 1년을 늦추어 초등학교 4학년으로 복학한 재각이는 어느 날 문득 이렇게 나에게 말하는 것이었다. "아빠, 일본에 갔다 온 것이 마치 '하루 일'처럼 생각돼요."

어쩌면, 나의 마지막 날에 나도 그렇게 말하게 될지 모르겠다. "주여, 주께서 주셨던 지난 모든 날이 마치 하루였던 것만 같네요."

(공주대 역사교육과 학생회, 『곰나루』14, 1997)

1

나의 하루, 나의 인생
서기 2000년을 앞에 두고

오래전 나의 학창시절, 나는 서기 2000년의 미래에 대하여 생각해 본적이 있다. 그 2000년은 아스라한 미래, 그런 날이 올런지 어떨런지도 알 수 없는 그런 날이었는데, 그 2000년이 불과 40일 정도 밖에 남지 않았다. 그 때의 계산으로 서기 2000년은 내가 50 직전의 나이가 되는 것으로 기억한다. 당시로서 그것은 상상할 수 없는 나이였는데, 서기 2000년을 목전에 둔 지금, '곰나루'의 요청으로 나의 오늘, 나의 하루생활을 돌아보게 되었다.

• 운동으로 하루가 시작된다

새벽 5시, 기상이다. 나이가 들면 새벽잠이 없어진다고 하는데, 아직 그정도 나이는 아니라 자명종 도움 없이는 이 시간에 기상이 되지 않는다. 11월의 5시는 아직 깊은 새벽이다. 수은주는 점차 내려가, 꽤 쌀쌀한 느낌이 체감되는 새벽의 시간이다.

공설운동장의 테니스코트에 도착하는 시간은 5시 30분, 나이테의 전기불이 코트를 밝히고 있고 나이들어 아침잠이 적은 이들이 먼저 나와 뛰고 있다. 7시까지면 보통 두 게임 정도의 운동이 아침에 가능하다. 한 게임에 소요되는 시간은 게임에 따라 다르지만 대략 35분. 나의 테니스 복식 파트너는 조금 전까지 나와 함께 이부자리에 있었던 나의 아내이다.

테니스를 시작한지는 10년 쯤 되었다. 1988년에 박사학위를 끝낸 다음, 건강을 위하여 무언가 해야할 형편이었다. 1980년대 말 나는 학과장을 맡고 있었고, 학내외 상황이 매우 어려운 때였기 때문에 스트레스도 무척 많았던 시기였다. 지금은 대기과학과로 옮긴 소선섭 교수의 권유로 아침 테니스장에 나가 배우게 된 것이 그 시작이었다. 주말 여유 있는 시간에는 주로 테니스장에 나왔기 때문에, 그 결과 집에 있는 시간이 줄게 되었고, 한 2년을 참아오던 아내가 테니스장까지 따라오는 바람에 이후는 함께 테니스를 배우게 되다. 그리고 이제는 학교의 교수 대표로 종종 시합에 출전하기도 하고, 학내 대회에서 우승이나 준우승을 하기도 한다. 지난번에는 내가 살고 있는 예산군의 선수로 도 대회에 출전하기도 하였다.

나의 테니스 경력을 잘 아는 교수들은 나를 '교육적 표본'으로 자주 이야기하곤 한다. 나는 원래 운동에는 소질이 없을 뿐아니라 학생 시절 이후 운동이라는 운동은 해본 적이 없는 사람이다. 느즈막에 테니스를 시작하여 수년을 열심히 쉬지 않고 하더니 학내 대회에서 우승까지 하는 것을 보고, "타고난 능력 없는 사람도, 열심히만 하면 이런 정도는 될 수 있다"는 그러한 의미의 교육적 표본이다. 칭찬인지 비아냥인지는 잘 구별이 안되지만, 사실은 사실이다.

나의 아내는 나와는 달리 운동에 소질이 있고, 그것을 매우 즐겨하는 스타일이다. 대학진학 때 체육과를 가고 싶어 했을 정도였다니까. 나의 테니스 바람을 견디다 못해 따라나섰던 나의 아내는 지금은 예산군의 대표로 도민체육대회, 도 대회에 여러 번 출전하였고 도 대회에서 우승하여 전국대회에 출전한 경험까지 있다. 지난달 보령에서 열린 도민체육대회에서도 예산대표로 나가 동메달을 따왔다. 아내가 나보다 테니스 실력이 낮다는 소문도 있지만, 이것은 사실이 아니라는 점을 확실히 해둔다. 다만, 게임 진행 중에 내가 코치를 받는다는 것은 사실이다.

어느 날 같이 앉아서 식사를 하던 친구가 말끝에 갑자기 내 하체 허벅지를 만져보더니, 좀 의외였던지 "어, 딴딴한게 아직 쓸만하네"하는 것이었다. 어디다 쓸만하다는 것인지는 잘 모르겠지만, 하여튼 지난 10년 간 내가 이만큼 건강할 수 있었던 것은 테니스 덕이 매우 크다는 점을 부인할 수 없다. 시간 여유가 있는 휴일에는 어떤 경우 하루에 10게임을 하는 경우도 있다. 10게임이면 대략 6시간을 뛴다는 계산이다. 쉬지 않고 연속으로 뛴다면 4게임 정도가 적당하다.

• 가끔은 도고온천에서 시작될 때도 있다

"비오는 날은 공치는 날"이라는 유행가 가사가 있다. 나에게 있어서 아침 비오는 날은, "공치는 날"이 아니라, "공을 못 치는 날"이다. 비오는 날 아침에는 테니스를 할 수 없기 때문이다. 그래서 이날은 도고온천으로 목욕을 간다. 물론 아내와 함께 간다. 들어가는 곳은 다르지만.

도고온천은 내가 사는 신성아파트에서 차로 15분 거리, 1인당 목욕료는 4,500원이지만 20장을 단체권으로 구입하면 2,500원씩에 할인이 된다. 파라다이스호텔은 옛날 도고호텔로서, 1979년 10월 26일 삽교천 방조제 공사 준공식에 왔던 박대통령이 마지막으로 들렀던 곳이다. 헬리콥터 편으로 귀경한 박대통령은 그날 저녁 불귀의 객이 되고 말았는데, 생전에 박대통령은 이곳 도고호텔을 종종 들렀다고 한다. 몇 년 전 '제3공화국'이라는 드라마가 엠비씨에서 방영될 때, 10월 26일 도고온천에서의 행적을 촬영하는 현장을 이곳에서 우연히 목격한 적이 있다. 도고는 행정구역상으로는 아산시에 속한다. 온양, 유성은 왕들이 일부러 행차할 정도의 옛날부터 널리 알려진 온천이지만, 도고는 일제 때 개발된 온천인 듯하다. 다만 조선시대의 기록에 보면, 신라 이래로 이곳에서 질병 치유력이 뛰어난 '약수'가 유명한 것으로 되어 있다. 아마 그 '약수'가 이 온천수가 아니었나하는 생각이다.

욕장에의 입실은 아침 6시부터 가능하다. 도고온천은 유황온천이다. 유황

온천은 계란 썩은 냄새와 같은 다소 독특한 냄새가 나는데, 목욕 가는 날은 온천수를 떠 가지고와 음용한다. 요즘 아침 시간 욕장에서는 아는 사람들을 자주 만나게 된다. 예산에 살게 된 지 6년이 지났기 때문이다. 때로는 외지에서 오신 분을 욕장 안에서 만나는 경우도 있다. 지난 겨울엔가는, 고려대에서 정년하신 대학원에서의 은사 강만길 선생님(지수걸 교수의 지도교수)을 탕 안에서 뵈었고, 여름에는 탕 밖에서이기는 하지만 고려대 한국사학과의 최덕수 교수를 만나기도 하였다. 최덕수 교수는 1982년부터 10년 훨씬 넘게 우리 과에 함께 있었던 선생님인데, 그 처가가 도고이기 때문이다. 한번은 아침 일찍 탕 안에서 뽀빠이 이상룡씨를 만난 적도 있다. 그러나 최덕수 교수고 뽀빠이 이상룡이고 간에, 어떻든 아침 7시에는 집으로 돌아와야 한다.

• 아침 시간은 내가 가장 필요한 때이다

나의 출근 시간은 8시이다. 그리고 나의 아이들도 같은 시간에 학교에 간다. 좀더 정확히 말하면, 내가 아이들을 등교 시켜주고 공주의 대학으로 출근하는 것이다.

나의 아이들은 예산여중 3학년에 다니는 지현이와 금오초등 6학년의 재각이, 합하여 둘이다. 내년에는 예산여고와 예산중학에 각각 진학하게 된다. 내가 1년 간 일본에 가 있을 때 휴학 처리를 하고 일본에서 지냈기 때문에 중간에 1년씩이 늦어졌다. 지현이는 아빠 쪽에 가깝고, 재각이는 엄마 쪽에 가깝다. 그러나 좀 더 정확히 말하면 제 각각이다. 혈액형이 이것을 증명한다. 나는 AB형, 아내는 O형인데, 지현이는 B형, 재각이는 A형이다. 4인 가족에 이렇게 각각인 경우도 쉽지 않을 것 같다. 제일 문제는 4인의 식성이 모두 제각각이라는 것이다. 때문에 뭘 '먹여야할지' 모르겠다는 것이 아내의 상습적 불평이다. 불평이라기보다는 핑계인 것 같기도 하다.

그러나 아침에는 식성을 고려 할 만큼 여유롭지가 않다. 출근 혹은 등교

준비와 식사까지가 8시 이전에 모두 끝나야하기 때문에 가장 간단한 것이어야만 한다. 토스트 빵 한 쪽씩, 거기에 예산 사과나 배, 쥬스나 커피, 계란 후라이, 때로는 요구르트나 오뎅, 구운 고구마나 감자, 하여튼 눈에 뜨이는 것으로 대충 채우기로 하는데, 중요한 것은 속도이다. 그런데 대개 이것들을 식탁 위에까지 옮기는 것은 내가 감당해야할 일련의 업무이다. 아이들은 7시 이후 억지로 깨워 일어나고 아내도 출근을 준비해야하고 하니까 말이다. 아침 식사준비와 아이들 등교, 이것이 매일 아침 가족들에 대한 정해진 나의 업무이다. 때문에 내가 일찍 나가야하는 날이나 집에 없는 날 아침은, 그날은 남은 가족들에게는 비상사태의 기간이 된다.

가끔은 아이들이 준비물을 잊고 학교에 가는 경우가 있다. 그런 경우는 내가 황급히 집에 되돌아가 이것을 챙겨주어야 한다. 이 때문에 간혹 재각이 교실에까지 내가 들어가는 경우가 있다. 어느 날, 예와 같이 잊은 물건을 챙겨 교실에 막 들어섰는데 한 아이가 지르는 소리가 내 귀에까지 들리는 것이었다, "재각아, 너희 할아버지 오셨다."

그때의 소감은 여기에서는 논외로 하기로 하고, 하여튼 이런 경우 나의 공주 출발은 좀 더 늦어진다. 재각이는 심지어 책가방을 잊고 등교한 경우도 있는데, 요즘은 단체 급식 때문에 도시락 잊을 염려가 없어서 내가 교실에까지 입실하는 경우는 크게 감소하였다.

• 잡상과 묵상의 사이에서

내가 아이들 학교를 거쳐 공주의 대학으로 들어오는 시간은 대략 9시 20분경이 된다. 나의 집에서 공주대까지는 55킬로, 바로 오면 1시간 거리이다. 요즘에는 거의 매일 출근하는 데다 학외의 일까지 있어 한 달이면 기름 값만 어림잡아 40~50만원에 이른다. 그래서 15만 킬로의 5년된 차를 처분하고 한달 쯤 전, 휘발유 대신 LPG가스를 사용하는 카렌스로 바꾸었다. 그랬더니 연료비는 3분의 1로 줄었는데, 내년부터는 가스비를 대폭 인상한다는 정부 방침이 신문에 보도되었다. 그리고 거기에는 우리나라 휘발유 가격의 대부분이 세금이라는 사실이 함께 언급되어 있었다.

예산과 공주 사이에는 차령산맥의 줄기가 가로질러 있고, 유구에서 공주까지는 금강의 지류인 유구천이 흐르고 있다. 바깥 경치는 좋은 편이고 거기에 봄, 여름, 가을, 겨울, 계절의 변화 때문에 1시간의 통근이 생각처럼 지루하지는 않다. 이 같은 통근이 어언 6년이 되었다. 장기 통근으로 인한 사고도 없지 않았고, 특히 겨울은 위험하다. 예산 통근 이후, 통근 과정에서 대소 3회의 사고가 있었는데, 그중 1회는 인사사고였고, 2회는 겨울의 적설상태에서 발생한 사고였다. 통근 시에 교통단속에 걸려 중앙선 침범으로 1달간 운전면허 정지를 먹은 경우도 있다.

공주에 살던 내가 예산으로 이사를 간 것은 1994년 3월 2일의 일이다. 공주여중에 근무 하던 아내가 홍성여고로 이동되었기 때문이다. 봄 방학 기간 중에 홍성에서 집을 알아보다 여의치 않아 예산으로 주거를 정하게 된 것이다. 마침 예산의 산업대학이 본교에 통합된 상태였기 때문에 다소 의지가 될 수 있으리하는 기대도 있었다. 그 봄방학 1주일 사이에 이사를 결정하고, 예산 아파트 구입, 공주 아파트 전세 놓고, 주소 옮겨서, 아이들 둘 학교 전학 조치시키고, 그리고 3월 2일 1학기 등교일에 이사를 실행한 숨 가쁜 1주일이었다. 이후 예산을 거점으로 삼아 나는 공주로, 그리고 아내는 홍성으로 통근한 것인데 이 때문에 신관국민학교에 다니던 아이들도 모두 예산에서 학교를 다니게 되었다. 공주에서 살던 이들이 아이들 '교육을 위하여' 대전으로 옮겨가는 세태 속에서, "부모를 잘 만나야 하는 거여"라는 말이 나의 아이들에 대하여 간혹 생각되곤 하였다.

1시간의 통근시간동안 나는 테이프를 듣거나 라디오를 듣게 된다. 라디오는 대개 대전의 극동방송에 맞추어져 있다. 최근 며칠은 매주 기도모임에서 만나는 영어교육과 서 교수가 빌려준 집회 테이프를 듣고 있는데, 수량이 여러 개지만 찻 시간이 길기 때문에 금방 다 듣게 된다. 그러나 라디오나 테이프를 항상 골똘히 듣고 있는 것은 아니다. 생각해야할 것, 정리해야 할 것들이 머릿속에서 계속 움직이기 때문이다. 집중이 잘 되지는 않지만, 어렵고 답답한 것들을 기도로 고백하는 시간이기도 하다. 통근에는 퇴근의 시간도 있고, 거기에 다른 외부 일로 인하여, 일상적인 하루의 운전 시간은 최소 2시간, 보통 3시간, 많으면 4시간에 이른다. 결코 적은 시간이 아니다.

• 강의, 그리고 학교에서의 생활

교수로서의 강의 책임 시간은 9시간, 따라서 적어도 한 학기 강의는 9시간 이상을 담당해야한다. 1학기에 10시간, 그리고 이번 학기에는 9시간의 강의를 맡고 있다. 1학년 '한국중세사'와 2학년 '국사교재연구 및 지도법', 그리고 대학원 강의 1강좌이다. 어떤 이들은 대학 교수의 일이 강의 만으로 끝나는 줄로 알고 있는 분들이 있다. 방학 중에는 강의가 없기 때문에 그냥 '놀고 먹는' 것쯤으로 여기는 것이다. 그러나 방학은 방학대로 교사 연수, 교육대학원 강의와 원생지도 등 강의와 여러 업무를 여전히 감당해야만 한다.

솔직히 말하자면, 나이가 들수록 강의 업무에 대한 부담감이 점차 늘어가고 있다. 변화된 학문적 결과들을 충분히 파악하고 이를 적절히 재구성하여 끊임없이 학생들의 학문적 욕구를 자극해야만 한다. 그런데 근년에 들어 정보의 폭발로 인하여 소화해야할 지적 정보가 급격히 증대되었다. 게다가 이러한 자료를 처리할 시간적 여유는 점차 줄어들고, 하드웨어(머리를 말함)는 도리어 그 기능이 저하되고 있기 때문에 그 틈바구니에서 나름대로의 갈등이 적지 않다. 거기에 강의의 방법론까지 고려해야하는 작금의 추세를 생각하면, 그 부담감이 가중되지 않을 수 없다. 강의로부터 해방되었던 1년 간의 일본 생활 중 전화로 어떤 교수에게 했던 농담이 생각난다. "강의 없으니까, 교수도 할 만한 것 같네요."

강의가 교수에게 요구되는 주요 업무의 하나이기는 하지만, 그 이외에 연구와 사회봉사, 그리고 학생지도 등도 매우 중요한 업무로 되어 있다. 강의는 업무의 일부분인 셈이다. 그러나 강의가 학생들과의 공식적인 학문적 장이라는 점에서 매우 중요하다고 할 수 있다.

강의실 밖에서 학생들과 만나는 시간은 개인 면담이나 학생들의 행사에서의 일이다. 학생들과의 개인 면담을 별로 하지 못하는 것이 근년 나의 형편이다. 이점 학생들, 특히 내가 담임교수를 맡은 2학년들에게 크게 미안한 생각을 항상 가지고 있다. 간혹 학생들로부터 면담을 요청받는 경우는, 시간 약속을 하고 반드시 중요한 일의 하나로 임하고 있다. 그러나 학생들의 일이란, 나에게 정식 면담을 청하여 상의할만한 일이 많을 수 없기 때문에 내가 학생들에게 적극적으로 다가가지 않는 한 학생들과의 가까운 관계는 퍽 어렵다고 생각하고 있다. 나에게도 학생들에 대한 개인 면담을 꼬박꼬박 챙겨하였던 시절이 있었음을 밝히고 싶다. 80년대, 교수와 학생이 함께 숨이 막혔던 시절의 이야기이다. 지난 여름 방학에는 휴대전화를 가진 2학년 학생들에게 일부러 전화를 한 적이 있다. 학생회에서 애써 만들어준 학생연락부 카드를 써먹어 볼 겸해서. 그러면서, 경우에 따라 전화를 통한 대화와 면담도 차선이기는 하지만 매우 유익할 수 있겠다는 생각을 하게 되었다.

• 공주에서 둔산으로

금년 2학기에 들어 내가 더 여유 없게 된 이유 중의 하나는 대전의 둔산에 있는 충남발전연구원 일 때문이다. 금년 7월에 연구원에는 역사문화부를 확대하여 역사문화센터로 개편하였는데, 그 센터장 일을 맡게 되었기 때문이다. 센터에는 역사문화팀과 고고조사 팀이 있는데, 역사팀은 본부에 있고, 고고팀의 사무실은 동학사 부근 학봉리, 옛 충남자연학습원 건물의 일부를 사용하고 있다. 역사팀은 역사문화 관련의 프로젝트와 관련 도정의 자문에

응하는 것이고, 고고팀은 발굴 등 유적조사를 담당한다. 요즘에는 논산지역의 문화재 지도 작업, 천안지역 문화예술정책 수립, 예산 임존성 지표조사 등이 센터에서 수행하고 있는 일들이다. 이들 일은 연구원들에 의하여 수행되는데, 센터에는 3명의 연구원과 5명의 위촉연구원이 현재 일을 수행하고 있다.

센터는 아직 과도적인 단계여서 이 기구가 앞으로 어떤 성격으로, 어떤 구조로 확정되어 발전될 것인지는 미정이다. 앞으로의 과제로 남겨져 있는 것이라 할 수 있다. 센터의 일은 둔산의 사무실이나 학봉리 사무실을 들르는 일이외에 작업 현장이나, 시군청 혹은 도청이나 문화재청, 관련 전문가들과의 관련을 갖는 것이어서 시간이 많이 소요되고 다소 복잡한 점이 있다. 그래서 항상 이 일들이 머리를 무겁게 하고 있다. 넉달이 지난 요즘, 나는 내 능력에 걸맞지 않은 일을 지금 맡아 하고 있는 것이 아닌가, 그런 생각에 사로잡히는 경우가 종종 있다. 정말이지, 그날 나는 더욱 착잡한 마음이 된다.

• 1999년 11월 24일, 11월 25일

어제 수요일에는 아침에 치과에 들른 후 출근하였다. 요즘 1주일에 한번씩 예산의 삼달치과에 가는데 거의 두 달 쯤 지난 것같다. 전체적으로 '내부 수리 중'인 셈이다. 어제는 위쪽으로 작업이 옮겨갔는데, 왼쪽 사랑니의 충치를 긁어냈고, 다음 주에는 이를 수리하는 동시에 오른쪽 사랑니를 빼내는 '발치' 작업을 하게 된다. 11시 30분 연구실에 돌아와 몇 가지 전화를 한 다음, 12시에 교육대 유 교수 등과 몇 가지 일로 상의 겸하여 점심, 2시에 맞추어 학교로 돌아온다. 2시에는 교육대학원 논문심사가 있기 때문이다. 내가 지도를 맡았던 논문인데, 심사는 3시 20분에 끝났다. 연구실에 돌아오자 충청매장연구원으로부터 독촉전화가 왔다. 3시부터 회의가 예정되어 있었기 때문이다. 공주여고 부근의 사무실에 있는 연구원의 회의에 참석, 회의는 6시에 끝났다. 저녁식사에 함께 가야하지만, 6시에는 센터의 논산 작업 때문에 중국성에서 연구원들의 식사를 겸한 회의가 있다. 다시 회의가 끝난 것은 8시 반, 밖으로 나오니 겨울을 재촉하는 찬비가 뿌리고 있다. 밤 9시 경 다시 연구실로 돌아온다. 요즘 매주 수요일 밤에는 9시 반이나 10시에 나가게 된다. 이 시간에 아내가 연구실에 등장한다. 아내는 금년에 본교의 특수교육대학원(야간)에 입학하여, 수요일 밤과 토요일 오후에 수업이 있기 때문이다. 서류 정리나, 이메일을 잠깐 보고나면 10시가 되고, 예산의 집으로 돌아오면 11시이다. 아무래도 취침은 12시가 넘게 된다. 이날 집에 있는 아이들의 저녁 식사는 자기들의 몫이다.

오늘 목요일은 11시에 충남발전연구원의 이사회가 있다. 10시 반쯤 도착하여 회의에 배석한다. 12시 30분, 회의 참석자들과 점심, 식사가 끝나기 전 공주대로 들어온 것은 2시. 공주대에서는 충남의 '기록보존' 문제와 관련한 세미나가 진행 중이다. 실무는 대학원 기록보존과정 주임인 지수걸 교수이다. 이해준 교수와 함께 두 사람이 발표자로 되어 있고, 마지막 정리토론 사회에, 구색 맞추기 위해서이기는 하지만 내 이름이 들어가 있어서 신경이 아니 쓰일 수 없다. 5시 끝난 다음에는 함께 저녁식사 참가, 6시에는 먼저 일어나 예산으로 간다.

예산에서는 삼우식당에서 신입생 유치와 관련, 고교 교사 초청 간담이 있는데, 식사 종료 전에 잠깐 얼굴이라도 내밀기 위해서이다. 9시 가까이 귀가. 9시 뉴스를 보면서 워드를 편다. 공주역사에 관한 글 약속이 남아 있기 때문이었는데, 갑자기 학생회에서 부탁한 〈곰나루〉의 원고가 생각이 나서 다시 화면을 새로 한다. 워드 작업을 하면서, 뉴스 시청, 옷로비가 어떻게 되었나, 9시 반에는 '순풍산부인과'가 시작된다. 오늘의 줄거리를 소개하는 것은 생략하고, 그 다음에는 NHK 위성방송을 틀어놓고 일본어 듣기공부를 겸하면서, 워드 계속 … 하여튼 〈곰나루〉 원고는 아직 남았는데 12시가 넘어 있다.

• 잡무로 소홀해진 더 중요한 것들

모든 것을 하면서 산다는 것은 어차피 가능하지 않다. 그렇다면 나는 나에게 더 중요한 일을 선택하여 행하지 않으면 안 된다. 강의와 학생지도 이외에도, 나에게 매우 중요하면서도 소홀히 되는 것들이 있다. 하나는 연구이고 다른 하나는 신앙적인 일이다. 근년, 아무래도 연구의 일이 전보다 약화되고 있다. 『고려 대몽항쟁사 연구』의 속편으로, 지금까지 발표했던 삼별초 관련 논문을 묶어 간행하려는 생각을 한지 벌써 몇 년이 되었으나, 아직껏 제대로 손을 대지 못하고 있는 것이다. 논문을 새로 쓰는 것이 아니라 그동안의 논문을 정리하는 것이므로 작업량이 많지 않은 것이지만, 이것조차 벌써 몇년 째 미루어지고 있다. 금년에는 저서 간행을 위한 학내 연구비를 신청하여 지난 달에 확정되었다. 이렇게 해서 내년 여름쯤에는 꼭 출간하지 않으면 안 되도록 하였다. 이렇게라도 억지로나마 선을 그어나가야만 할 것 같아서이다.

나의 주 연구 분야는 고려시대, 그중 대몽항쟁사이다. 공주에 근무하는 탓으로 공주지역사라든가, 문화재, 백제문화 혹은 발굴 등의 업무에까지 관여하는 경우가 생긴다. 거기에 사범대에 근무하는 탓으로 역사교육 쪽에 대해서도 어쩔 수 없이 관심을 갖게 된다. 맨 앞이 주 전공이라면, 뒷 쪽의 둘은 부 전공 쯤으로 볼 수 있다. 앞에서 말한 것처럼 대몽항쟁사에 대해서는 내년에 두 번째 논문집이 나오게 될 것이다. 그러나 그동안 쓴 공주, 충남, 문화재, 향토사 등에 대한 글이나 논문의 양도 꽤 많다. 역사교육에 대해서는 근년에 몇 편의 조잡한 논문을 발표하였다. 조잡하지만, 발표하지 않는 것보다는 유익한 점이 있기 때문이다.

학문적으로 이처럼 관여 하거나, 논문을 쓰는 범위가 다소 분산되어 있기 때문에 결과적으로는 연구의 깊이가 다소 중구난방이라는 느낌을 내 스스로가 갖는다. 그나마 근년에는 주 전공 분야에 대한 새로운 진전도 별로 없고, 글을 쓰는 전체 작업량도 점차 줄고 있다. 일본에 다녀 온 후, 사실은 역사교육에 좀 더 많은 힘을 집중할 생각을 가지고 있었지만, 가져온 자료조차 거의 펴보지 못하는 처지가 되어 있다. 다음 주말에는 동국대에서 한일 사회과 교육과정에 대한 세미나의 토론 사회를 맡기로 하였고, 그 다음 주말에는 충주에서 열리는 항몽전승지 충주산성에 대한 세미나의 지정 토론을 하기로 되어 있어 그 사이 몇 가지 준비할 부분이 있다. 그러나 어떻든, 연구에 제대로 시간을 갖지 못하고 있는 것은 사실이다.

조금 다른 문제이지만, 신앙생활에 사용하는 시간이 매우 적어졌다는 점도 문제로 생각하고 있다. 신앙생활의 기본인 성경 읽기와 연구, 기도 생활 등에 대한 시간 사용이 많지 않다는 것이다. 이 역시 회복되어야하는 문제로 여기에 적어두고자 한다. 내가 이 세상에 태어난 이후, 나에게 일어났던 가장 중요한 사건이 무엇이었는가라고 묻는다면, 나는 내가 신앙을 갖게 된 1980년의 일을 주저 없이 들게 될 것 같다. 충실하지는 못했지만 그리스도를 모시기로 한 삶의 결정은 나에게 매우 중요한 갈림길이었다. 그리고 그분이 나에게 베풀어주신 은혜에 대하여, 사랑에 대하여 지금도 감사하고 감격하고 있다. 그러나 은혜를 덧입은 자로서의 의무를 감당하지 못하고 있는 것에 대한 죄스러움이 한켠에 자리하고 있다.

• 휴일은 짧고, 평일은 길다

나의 인생에는 삼각의 공간이 있다. 그 삼각의 꼭지점을 나는 가정, 학교, 교회라고 생각한다. 그 이외의 여러 가지는 이 세 가지보다 중요성이 다소 떨어지는 것들이다. 그러나 실제에 있어서 이 삼각의 꼭지점이 가장 중요시되고 있는 것은 아니다. 여기에서 갈등이 있다. 더욱이 나는 여러 사람들과 함께 사회를 구성하는 일원으로 있기 때문에, 때로는 자의반 타의반으로 덜 중요한 일에 더 많은 시간을 쏟기도 한다.

몇 년 전 1년간의 일본 생활을 통하여 나는 두 가지 중요한 사실을 알기되었다. 첫째는 1년이라는 세월이 매우 짧은 시간이라는 점이고, 둘째는 내가 학교를 1년 간이나 비웠음에도 불구하고 그 사이 학과 운영에는 아무 문제가 없었다는 점이다. 나는 이것이 그 '1년'의 일이 아니라, 바로 나의 삶 전체에 해당하는 일이라는 사실을 생각하게 되었다. 내가 나의 삶을 정리할 무렵이 되면, 나의 몇십년이 무엇을 하기에는 원래 너무 짧은 기간이었다는 사실에 직면할 것이다.

휴일로 되어 있는 일요일은 1주일에 한번 씩 돌아온다. 이날의 가장 중요한 일은 예배이다. 예배는 11시에 시작하지만, 성가대에 속해 있기 때문에 교회에 가는 시간은 10시가 된다. 예산으로 이사한 후 부근에 있는 상동 감리교회에 출석하고 있는데, 아직 교인의 수는 많지 않다. 주일 예배 참석자가 80~90명 정도이다. 내가 성가대에 속한 것은 아내 때문이라고 할 수 있다. 아내가 성가대에 속해 있기 때문에, 예배 출석 시간을 서로 맞추기 위하여 성가대에 들어간 것인데, 그것은 공주에서부터의 일이다. 세상은 반드시 능력있는 자만이 살도록 되어 있는 것은 아니다. 능력 없는 사람도 약한 사람도 마찬가지로 동등한 삶의 권리를 가지고 있다. 대신, 나의 파트는 항시 베이스이다. 이 파트야말로 소리가 잘 드러나지 않기 때문이다. '가만히 있으면 중간은 간다'라는 말을 나는 성가대 활동의 금과옥조로 생각하고 있다.

내가 처음 교회에 출석할 때는 일요일의 예배출석이 자유를 구속받는 매우 부자유한 일로 여겨졌다. 그러나 일요일의 예배출석은 정말 축복이다. 이날 하루는 예배를 이유로, 혹은 핑계로 하여, 안식할 수 있기 때문이다. 따라서 대개 일요일에 있게 되는 결혼식에는 거의 참석하지 못하는 편이다. 휴일 오후에는 비로소 집안을 좀 정리하거나, 밀린 일 급한 일에 조금 손을 댄다. 그러나 '휴일은 짧고, 평일은 길다.'

• 역사는 밤에 이루어진다

사람이 사는 데에는 일상적이고 평범하지만 그러나 매우 중요한 일들이 있다. 먹고 자는 일도 그중의 하나이다. 나는 대개 밤 11시에서 12시 사이에 잠자리에 든다. 가능하면 12시를 넘기려하지 않는다. 그것은 "오늘 일을 내일로 미루는" 일이 될지 모르기 때문이다. 신혼부부가 제일 좋아하는 생물(곤충)이 '잠자리'라고 하는데, 나는 신혼은 아니지만, 그래도 잠자리를 좋아한다. "역사는 밤에 이루어진다"라는 말이 있다. 그래서 나는 잠자리에 들면서 생각하곤 한다. "역사는 밤에 이루어진다는데 …."

(공주대 역사교육과 학생회, 『곰나루』16, 1999)

'해마다 꽃은 피었다 지는데'
안승주, 그분과의 인연

　은사되신 우재 안승주 선생께서 세상을 뜨신 지 12년 세월이 지났다. 안승주 박사는 1936년 충남 연기에서 태어나 공주고등학교, 고려대 사학과를 졸업하고 1960년 공주에서 교직생활을 시작, 1968년부터 공주대에서 30년을 봉직하였으며 백제 연구는 그의 평생의 연구 작업이었다. 그는 무령왕과 같은 나이인 62세를 살았는데, 음력 6월 23일에 태어나 1998년 양력의 같은 날짜에 영면하였다.

　나는 1970년 3월 공주사대에 입학하여 선생님을 처음 뵙게 되었으며, 4년 간의 가르침을 받고 서울의 대학원에 진학한 후, 1978년부터 다시 선생님의 훈도하에 모교에서 강의를 담당하고 이후 줄곧 선생님과 같은 학과에서만 20년을 모시게 되는 각별한 영광을 입었다.

• 무령왕릉이 발굴되다(1971)

　1971년 7월 무령왕릉이 발굴되고 그해 가을에는 무령왕릉 발굴 이후 처음으로 공주에서 왕릉 출토유물에 대한 긴급 전시회가 열렸다. 장소는 공주박물관 전시실로 사용되던 선화당 건물이었다. 당시 나는 다른 역사교육과의 학우와 함께 전시물의 설명과 안내를 맡았다. 그 기간중 '교련복'을 착용한 상태로 선생님과 함께 사진을 찍은 것이다. 아마 군복을 물들였을 검은 옷을

1971년, 국립공주박물관 전시실 앞에서

입은 또 하나의 인물은, 사학과에 재직하고 있는 이해준 교수이다.

학부 시절 선생님은 학생들에게 매우 엄격한 분으로 학내에 소문이 나 있었다. 영명학교와 부속학교 교사시절 학생들을 장악했던 이야기도 그렇고, 대학에서도 역시 그 '명성' 그대로였다. 손과 입이 거칠던 선배들조차 '안' 앞에서는 의관을 다소곳이 하고 조심하던 터였다. 사대 교수님들 가운데 학생들이 부르는 '3안'이 있었는데, 선생님은 당연 그 '3안' 중에서도 '제1안'이었다.

선생님께서 다른 사람에게 다소 엄격하셨던 것은 사실이지만 이러한 엄격함은 자신에게도 적용되는 것이었다. 선생님께서는 전공상 많은 유물을 접하게 되는데도 절대 유물을 집으로 들여 놓지 않는다는 원칙을 가지고 계셨다. 사람들의 오해를 불러 일으킬 꼬투리를 만들 필요가 없다는 생각 때문이었다. 평생을 유물을 만지면서 생활하셨으나, 정말 댁에는 옛날 기와 조각 하나 놓지 않으셨다.

선생님의 인상은 얼른 보면 '두주 불사'의 호주가(好酒家) 형이다. 그러나 알

콜이라고는 전혀 입에 대지 못하셨다. 또 다른 은사이신 같은 과의 창해 박병국 선생이야말로 음주계(飲酒界)의 신화적 인물이셨는데, 지금 생각하면 창해 선생께서 안선생님의 몫까지 대신하신 것이라는 생각이 든다. 술은 그렇고, 대신 선생님은 담배는 많이 피우셨다는데, 그나마 건강상의 이유로 중도에 금연을 단행하셨다. '금연'이라면 보통은 자주하는 것이 금연이다. '작심3일'이라는 말도 있고 그래서 금연과 흡연을 반복하게 되는 것이 보통인데, 선생님께서는 정말 딱 한번 금연으로 담배와의 인연을 끊으신 것으로 알고 있다. 그분의 엄격함이 자신에게도 그대로 적용되고 있었던 것이다.

• 웅진동 고분 작업 시대(1979)

선생님의 뛰어난 점은 맡은 일에 대한 책임감과 추진력이다. 목표를 정하면 중도에 쉽게 포기하지 않고 목표를 향하여 최선의 노력을 다하는 것이다. 선생께서 백제사 연구로 학계에서 일정한 위치를 확보하게 된 것, 그리고 대학의 총장에까지 이르게 된 것도 이같은 자수성가적 노력의 소산이었다. 그러한 과정에서 어려운 일에 봉착하게 되는 경우도 종종 있었다.

1979년 여름 웅진동 조폐공사 예정부지에 대한 발굴 작업은 선생님께는 퍽 뼈아픈 사건이었다. 한 달 동안의 작업 끝에 조폐공사 설립 계획이 백지화되면서 지역민의 원성이 선생님께 일거에 집중되고 말았기 때문이다. 이때 선생님이 당하신 '곤경'은 중앙 일간지에까지 보도될 정도였다. 왕릉 부근 백제 고분이 밀집한 이 부지를 뭉개고 공장을 건설한다는 것은 지금의 기준에서 본다면 있을 수 없는 일이다. 그러나 반대로 문화재 때문에 공장을 짓지 못한다는 것 역시 당시로서는 생각하기 어려웠다. 백제고분이 밀집한 웅진동에 조폐공사 부지가 확정되자 선생님은 당연 문화재 사전 조사의 필요성을 역설하셨다. 그러나 그 주장을 주의 깊게 생각하는 사람은 아무도 없었다. 문제는 시공식 때 일어났다. 시공식 행사를 위하여 현장에 진입로를 내는

데 몇 미터 사이에 백제무덤 여러 기가 파헤쳐졌고 파괴된 백제 무덤의 현장이 행사에 참석한 기자들에 의해 언론에 보도되었던 것이다. 이렇게 해서 공장 건축 공사는 문화재 조사 이후로 미루어지고 현장에 대한 긴급 발굴 조사가 이루어졌다.

사실 선생님께서는 공장의 건설 자체를 반대하신 것은 아니었다. 당시 공주의 실정이 워낙 지역발전을 위한 기관의 설립을 바라고 있었기 때문이다. 그러나 중요 문화재를 조사하여 이를 기록으로 남겨두기는 해야 한다는 것이 선생님의 입장이었다. '선조사 후공사'를 주장하신 것이다. 엄밀히 말하면 조폐공사 공장 설립의 백지화는 언론의 보도 경쟁, 그리고 1979년 당시 정치적 시국의 불안정성 때문이었다. 공장의 설립 계획이 돌연 취소된 것은 문화재의 보존을 위한 것이라기보다는 사설까지 동원된 언론의 매일 같은 비판보도에 신경이 거슬린 권력층의 충동적 결정이었던 것이다. 체제와 정부비판이 봉쇄된 상황에서 이 비판보도는 정부에 대한 비판으로 번지는 느낌이 있

1979년, 웅진동고분 발굴중에

었기 때문이다.

무더웠던 웅진동의 여름으로부터 불과 두 달 후 궁정동 안가에서 10.26의 총성이 울렸다. 이듬해에는 서울에만 아니라 공주에도 짧은 '봄'이 왔었고, 그 봄이 끝나면서 필자는 역사교육과의 전임교수가 되었다. 사진은 1979년 웅진동에서의 작업 기간중 현장을 방문한 큐슈대학 니시타니 선생과 선생님의 댁에서 식사하던 장면이다. 니시타니 선생은 나중에 일본고고학협회장을 역임하기도 하고, 퇴임 이후로도 지금까지 한일고고학계에서 왕성한 활동을 지속하고 있는데, 최석원 총장 재임시 공주대에서 명예박사를 수여받기도 하였다.

• 스승과 제자, 총장과 관장(1993년)

선생님은 교수협의회장을 거쳐 1990년 공주대 학장에 선임되고, 곧바로 종합대 승격을 관철시켜 다음해 초대 총장에 다시 선임되셨다. 선생님의 학, 총장 재임과 거의 같은 기간, 나는 대학에서 박물관장의 보직을 맡게 되었다. 1991년 마침 무령왕릉 발굴 20주년에는 충남도를 통하여 20주년 행사를 할 수 있도록 주선하여 주셨다. 그리하여 무령왕릉 발굴 이후 처음으로 큰 규모의 국제학술세미나가 열리고 30명 전문가가 동원되어 집필한 『백제 무령왕릉』을 간행할 수 있게 되었다. 선생께서는 총장 업무 수행중 쌓인 피로를 종종 박물관 혹은 발굴현장에서 해소하시곤 하였다.

사실 학, 총장에 이르기까지 그리고 그 재임기간 중에는 많은 어려움들이 있었다. 교원 임용고사 실시, 종합대학 체제로의 전환, 예산 캠퍼스 통합 등 급변하는 학내외의 여건 때문에 극심한 불안정과 소요가 지속되었고 그러한 어려운 과정과 세월 속에서 선생님의 성품은 이제는 원칙을 중시하는 엄격함보다는, 많은 사람을 포용하고 서로 다른 의견들을 이해하는 관대함으로 나타났다. 학, 총장 재임 기간 중 지금도 깊이 인상에 남겨진 것은 격무에도 불

1993년, 공주대 캠퍼스에서

구하고 재임 기간 내내 학부 강의를 담당하셨던 일이다. 생각하면 그것은 참
으로 쉽지 않은 학생들에 대한 배려였다. 사진은 학생들과의 졸업 기념사진
에 찍히기 위하여 잠시 짬을 내셨을 때, 촬영된 것이다.

 금년은 세계대백제전이 예정되고 있으며, 백제 문화재의 세계유산 등재,
역사도시 사업 등 많은 일들이 목하 진행되고 있다. 선생님께서 좀 더 오래
계셨더라면 그동안의 일련의 '백제 사업'이 훨씬 큰 힘을 받았을텐데 하는 아
쉬움을 느낄 때 많았다. 무엇보다 지도력의 빈곤에 시달리는 우리사회 우리
시대에, 선생님의 리더십을 더욱 그리워하게 되는 것은 비단 나 혼자만의 생
각은 아닐 것이다.

 마지막으로 생전의 우재 선생과 자별하셨던 동초(冬初) 조재훈 선생님이 지
은 추모시의 한 구절을 다시 새겨본다. "이 서리 찬 강산에 / 해마다 꽃은 피
었다 지는데 / 허허 더불어 웃을 사람이 없구려"

(공주문화원, 〈공주문화〉 280, 2010년 3+4월호)

더해서 곱하기

몇 년 동안 힘들여온 공주대학교와 천안공업대학과의 통합이 최근 교육부의 정식 승인을 받게 되었다. 이에 의하여 2005학년도, 바로 내년부터 양교는 통합 체제를 전제로 한 신입생 모집에 들어가게 되며, 공주대는 조직상 공주를 중심으로 예산, 천안 등 도합 4개 캠퍼스를 운용해야 하는 방대한 규모를 갖게 된다. 행정수도에 대한 기대가 무산된 상황에서, 공주대는 나름대로 대학 발전의 새로운 활력을 얻는 계기가 될 것으로 기대 되고 있다.

• 교원 양성에서 지역 거점 대학으로

공주대학교는 지난 11월 1일부로 개교 56주년을 맞았다. 해방과 독립의 대한민국 정부 수립 직후인 1948년 도립의 공주사범대학으로 개교한 이래, 이제 회갑을 준비해야하는 연륜을 갖게 된 것이다. 마침 금년 2004년은 공주사대 23회 졸업생들의 졸업 30주년이 되는 해여서, 개교기념일에 맞추어 모교방문의 행사를 치르기도 하였다. 당시의 졸업생은 총원이 280명, 대학 전체 학생을 합하면 1천 여 남짓이었는데 지금은 1만 7천의 규모에 이르고 있다.

지역대학으로서의 공주대학교에 대하여 흔히 간과하고 있는 사실이 몇 가지 있다. 첫째는 1948년 설립된 공주대학교는 충청지역에서 가장 오랜 역사를 갖는 최초의 대학이라는 점이고, 다른 한 가지는 전국의 국립종합대 가운데 지역 인구 대비의 입지가 가장 열악한 대학이라는 사실이다. 게다가 공주대는 바로 인근 30분 지적의 거리에 2개, 50분 거리에 2개 등 4개의 국립대에 인접하여 있는 실정이다. 원래 공주사대는 의무 발령 등의 임용 여건으로 지역적 기반과는 무관하게 중등교원 양성이라는 목적대학으로서의 역할이 가능하였다. 그러나 임용 방식의 변화로 대학이 경쟁 체제로 들어서자, 대학의 지역적 기반이 대단히 중요한 관건이 되었다. 혹자는 양보다 질 관리의 중요성을 강조하지만 그러나 일정 규모의 기초가 전제되지 않고서는 질 관리를 도모할 수 없는 것이 현재의 대학의 여건이다. 따라서 양질의 교육력을 확보하기 위해서도 대학에 있어서 일정한 규모 확보, 지역 기반의 확립은 필수적 기초가 된다.

공주대가 갖는 이같은 문제를 극복하는 방안이 지역 대학의 통합이었다. 그리하여 공주대는 1992년 예산의 농과대학을 시발로 공주의 문화대학, 그리고 금번 천안의 공과대학과 각각 통합을 이루어 왔던 것이다. 원래 충남 지역은 공주를 중심으로 한 금강권(백제 고도권), 예산·홍성을 중심으로 한 내포권, 그리고 천안·아산을 중심으로 한 북부권 등으로 대별되어 왔다. 인근 대학과의 통합에 의하여 공주대는 명실공히 충남 전체를 아우르는 지역 기반을 확보하게 된 것이다. 더욱이 고속철의 개통에 의하여 천안이 수도권에 사실상 편입됨으로써, 천안 캠퍼스의 확보는 곧 수도권에의 교두보 확보라는 매우 유리한 입지를 갖게된 것이 사실이다.

중등교원 양성이라는 특수목적 대학에서 일반 대학으로 전환하면서 공주대는 지역적 기반을 확대하면서 동시에 대학의 규모를 늘리는 이중의 작업을 해온 것이다. 이에 의하여 공주대와 비슷한 시기 종합대로 체제 개편을 한 이른바 후발의 국립대 중에서 공주대는 이미 가장 큰 규모를 갖게 되었고, 선발의 국립대를 따라 잡아 10위권의 규모에 진입하여 있다.

이같은 대학의 확장 전략은 기본적으로 지역대학으로서의 지역 기반 확보를 전제한 것으로서, 대학의 발전 여건 조성에 매우 중대한 것이었다. 그동안 공주대가 인근 대학과의 통합에 주력하지 않을 수 없었던 사정은 이상의 특수한 여건에 의한 것이었다. 나는 이것을 더해서 곱하는 전략, 문자를 만들어 쓰자면, '가승(加乘)의 전략'이라고 표현하고 싶다.

• 더해서 곱하지 않으면

후발대학의 입장에서 더하기만으로는 항상 후발을 벗어날 수 없는 근본적 한계가 있다. 더하기는 마치 1년에 나이를 한 살씩 먹는 것처럼 모두가 더해가고 있기 때문이다. 더해서 곱하기, 이것이야말로 그 굴레를 벗어나는 길이다. 그것은 단순한 대학 간의 통합이 아니라, 그 지역적 기반을 함께 아우르면서 통합의 시너지 효과를 극대화하여 대학 발전에 연결시키는 전략이다. 이것이 종합대 변신 이후 공주대의 생존 전략인 셈이다.

근년 여러 지역에서 대학 통합의 논의가 고조되어 있는 것은 사실이지만, 대개는 말잔치를 즐기고 있는 수준에 머물고 있다. 그럴 수 밖에 없는 것이, 통합을 위해서는 서로가 자신의 것을 포기하는 부분이 전제되어야 하고, 여기에는 구성원 간의 희생적 결단이 필수적이기 때문이다. 희생적 결단을 감수하지 않는 이상, 사실 대학 통합은 거의 가능하지 않은 일인 것 같다. 이러한 점에서 대학 구조의 개편에 상응하는 상호 이해와 협조가 어느 때보다 절실히 요구되는 시점이다.

앞으로의 대학은 지역과의 상호 협조가 상호 발전에 깊이 연계되어 있다. 지역에서 유리된 대학의 발전이란 가능하지 않고, 대학과 유리되어 지역 발전을 도모하는 것도 불가능하다. 2005년의 새 출발을 바라보며, 대학에 몸을 담고 있는 입장에서, 앞으로도 지역으로부터의 변함없는 애정과 협조를 부탁드리고 싶다.

(〈공주신문〉 2005.1.1.)

배우고, 또 때로 익히면

긴 겨울 끝에 2008년 신학기가 시작되었습니다. 그리고 졸업생을 대신하여 23명의 신입생이 새로 역사교육과의 가족으로 함께 출발하게 되었습니다. 끊임없이 진행되는 이같은 '출입'의 흐름이 금강물의 흐름 같기도 하고, 역사의 흐름과도 같다는 느낌을 갖게 됩니다.

금년은 공주대학교 개교 60주년을 맞는 해입니다. 1948년 정부수립과 함께 중등교사 양성의 목적으로 개교한 공주대에 역사교육과가 개설된 것이 1962년, 금년으로 46년이 되었습니다. 이제 반 세기 역사를 내다보는 역사교육과는 성년 학과로서의 긍지와 함께 더욱 내실을 다지며 새로운 변화의 시대에 도전해야 할 시점이 된 것입니다.

공주는 특별히 역사를 공부하는 학생들에게는 천혜의 지역적 조건을 가지고 있습니다. 강의실 밖으로 바로 공산성이 내다 보이고, 금강물의 흐름이 지척에 펼쳐지고 있습니다. 이곳이 백제시대 왕도의 터전이었던 것은 주지하는 바와 같지만, 지금도 바로 지척에서 행정도시의 건설 공사가 진행되고 있는 것을 보면 역사의 과거성과 현재성을 동시에 느끼게 됩니다.

4년간의 주어진 기간 동안 여러분은 무엇보다 후회 없는 젊음을 불태우기 바랍니다. 그리고 이 기간이 여러분의 귀중한 삶에 초석을 놓는 기간이 되기를 바랍니다. 역사교육 학도로서의 전문적 지식의 연마, 건강한 신체를 위한 육체적 운동, 건전한 정신과 영혼을 위한 신앙, 이 세 가지가 우리의 삶에 초석이 되는 요소라고 나는 생각합니다. 그리고 무엇을 하든지, 무엇을 만나든지, 긍정적인 마음과 태도를 잃지 않고 적극적으로 도전하는 것이 필요할 것입니다.

이제 봄꽃이 만개하고 죽은듯한 가지에서 새 생명이 움트게 될 것입니다. 새 학년 새 학기에 약동하는 봄의 고동을 여러분이 만들어가기 바랍니다. 배우고 또 때로 익히면 그것이 우리에게 행복이 아니겠습니까.

(2008.3.13, 역사교육과 학과장의 신입생에 대한 인사)

말과 소리

바야흐로 말과 소리가 넘치는 시대이고, 또 그런 시기이다. 권위주의 시대
에는 말하는 사람과 듣는 사람의 구분이 있었지만, 민주주의 시대에는 모든
사람이 말하고 모든 사람이 듣는 역할을 쌍방향으로 동시에 수행하게 된다.
민주주의 자체가 권위나 힘보다는 언어라는 수단을 통하여 운영되는 것이라
할 수 있기 때문에, 우리의 시대에 있어서 언어의 범람이란 어차피 피할 수
없는 것이 현실이라 할 것이다.

사람의 생각만큼 다양하고 미묘한 것이 없다. 이 때문에 수 만 단어가 존재
하더라도 정확한 언어 전달이란 불완전한 것인데, 거기에 말하는 사람이 의
도적으로 사실을 왜곡하거나 사실과 상반하는 메시지를 전달하기 때문에, 언
어의 전달이란 처음부터 엄청난 한계를 가지고 있는 것이 사실이다. 그런데
말은 단어의 뜻으로만이 아니라 소리로도 전달이 된다는 사실이다. 흥부가
형수 되는 놀부 처에게 귀싸대기 얻어맞은 이유가 "나 흥분데"라고 했기 때문
이라는 우스개 이야기가 있다. 단어의 뜻이 소리와 함께 전달되면서 또 다른
혼동과 오해를 야기할 수 있다는 것을 지적하고 있는 것이다. 그래서 잘 말하
는 것도 중요하지만, 말을 잘 알아듣는 것도 아주 중요한 일이 된다.

물리적 폭력은 줄고 있는 듯하지만, 이를 대신이라도 하듯 언어의 폭력은
날로 범람하는 추세이다. 폭력이 사람에게 상처를 내듯, 언어 역시 마음에 치
명적인 상처를 줄 수 있는 도구이다. 언어의 사용은 칼을 사용하듯 조심하며

할 일이고, 제 주장만이 아니라 종종은 듣는 책임을 다할 필요가 있다. 참외 밭을 지날 때는 신발 끈을 고쳐 매지 않는다는 옛 분의 말씀도, 불필요한 오해와 갈등을 예방하기 위하여 말과 소리의 세계에서 새겨들을 지혜이다.

민주주의 시대에 있어서 언어는 꽃이 되기도 하고, 독이 되기도 한다.

(〈대전일보〉 한밭춘추, 2008.4.3.)

4월, 희망에 대하여

정초, 케이프타운 희망봉에 올라 인도양과 대서양을 한 눈에 넣고 보는 기회가 있었다. 리빙스턴이 발견한 잠비아의 빅토리아폭포와 남아프리카의 테이블마운틴을 거치는 짧은 아프리카 여정의 끝물이었다. 대륙의 땅 끝에 해당하는 그 희망봉은, 바스코다가마를 비롯한 위험천만 미지의 먼 대양으로 항해를 하는 숱한 이들에게 희망의 표적이었다. 먼 항해의 중간 쯤에 위치한 희망봉은, 항해의 중간 목표지이기도 하였고, 최종 목표에 이르는 새로운 출발점이기도 하였던 것이다.

• 희망봉에 올라

세상에서 가장 소중하고 필요한 것이 무엇이냐고 묻는다면, 사람마다 그 답이 다를 것이다. 혹은 믿음이라고 하고, 사랑이라고도 하고, 또 뭐니 뭐니 해도 그래도 '머니'라는 이도 있을 것이다. 나는 생각하기를, 세상에서 가장 소중하고 우리에게 필요한 것은 '희망'이 아닐까 생각한다. 희망이야말로 우리를 고독한 세상에서 여전히 서 있게 할 수 있는, 그리고 새로 맞는 시간을 기대하게 하는 그 무엇이 아닐 수 없기 때문이다.

역사교육과 학생들을 인솔하여 강화도의 선원사 절터를 갔다. 봄 가을로

일 년에 두 차례 씩 치르는 현장학습이다. 40년 몽고 전란기에 전시수도였던 강화도에 세워진 선원사는 팔만대장경의 제작을 총지휘하였던 본산이었다. 몽고군 침입으로 대구 팔공산에 두었던 대장경이 불타버리자, 16년 간의 작업 끝에 완성한 것이 지금 해인사에 있는 팔만대장경이다. 지리산 줄기에서 자작나무와 돌베나무 같은 나무를 잘라 남해도 등지의 바닷가에서 경판을 만들어 강화도 선원사로 가져온 것이었다. 이제는 터만 남은 절터에서 그런 내용을 한참 설명하던 학과의 교수는, 문득 옆에 있던 나에게 질문을 던지는 것이었다. "그런데 그 전란의 북새통에 이 엄청난 대장경을 만들고 있다는 것, 좀 이상하지 않아요? 새로운 무기를 만들든지, 몽고군을 물리칠 전략에 골몰해야 되는 거 아닌가요?"

갑작스러운 질문의 화살이었는데, 나는 학생들 앞에서 그렇게 되물었다. "대장경을 만든다는 것은 단순한 일이나 작업이 아니었거든요. 그것이 하나의 거대한 '기도'였다고 생각되지 않나요?" 그렇다. 대장경이란 것은 40년 외침의 시달림 속에서 새로운 시대의 도래, 그리고 평화와 안녕을 희구하던 사람들의 간절한 기도였던 것이다.

• 결코 놓아서는 안 될 것

기도라는 것은, 말하자면 희망의 한 표현이다. 그리고 그것은 절망적 상황에서 여전히 희망이라는 끈을 놓지 않고 있다는 것을 표현하고 있는 것이다. 우리가 희망이라는 끈을 놓지 않는 한, 여전히 우리에게 희망이 있는 것이 아닌가. 그런 점에서 우리가 두려워해야 할 가장 무서운 것은, 희망의 끈을 스스로 놓는 일이 아닐 수 없다.

긴 겨울을 지내고 이제 4월, 바야흐로 '잔인한' 계절이 오고 있다. "죽은 땅에서 라일락을 키워내고, 추억과 욕망을 뒤섞고 잠든 뿌리를 봄비로 깨운다"

고 하는 달이다. 죽은듯한 나무 가지에서 생명의 싹이 다시 돋는 것처럼, 그
4월과 함께 희망도 오고 있다.

(〈무한정보〉 2011.4.4.)

나도 '공주'가 좋다 2

강과 물의 도시, 공주

'공주 역사 2천 년'

2012년 7월 1일은 '세종특별자치시'가 출범한 날이다. 대한민국의 제2수도라 할 세종시의 정부청사까지는 공주대 신관캠퍼스에서 불과 15분밖에 걸리지 않는 거리이다. 돌이켜 보면 한강에서 '금강'으로 수도를 옮긴 것은 1천 5백 여 년 전에 이미 있었던 일이었다. 서기 475년 백제의 왕도가 한성에서 웅진으로 옮긴 것이 그것이다.

• 서울의 대안, 백제 공주(475)

475년 10월(음력) 백제의 수도가 공주로 옮겨진 것은 잘 알려 진 바와 같이 고구려 군에 의한 한성(서울)의 함락 때문이다. 한성의 함락으로 백제는 개로왕은 물론 왕족과 대신이 거의 멸살됨으로써 사실상 나라의 운명이 끝난 것이었다. 당시사람들이 "백제는 이제 망했다(時人皆云 百濟國 雖屬旣亡)"라고 했다는 것은 당시 사정에 대한 절실한 표현이다. 공주로 천도한 것이 음력 10월이라면, 바야흐로 초겨울이 목전에 닥친 시점이었다. 서기 475년 10월은 양력으로는 11월 14일부터 12월 13일에 걸친다. 바야흐로 '겨울'인 것이다. 475년 공주에서 맞은 첫 겨울은, 문주왕과 이주한 한성 사람들에게 가장 추웠던 겨울이 되었을 것이다.

9월 고구려의 공격이 시작되자 문주는 개로왕의 요청에 의하여 바로 신라에 원병을 구하기 위하여 나갔다. 당시 그의 직위는 최고의 지위인 상좌평으로 개로왕을 뒷받치고 있었던 강력한 정치적 인물이었다.『삼국사기』에는 개로왕의 아들이라고 적혀 있지만,『일본서기』에 개로왕의 '모제(母弟)' 즉 친동생이라 기록된 것이 일반적으로 받아들여지고 있다. 이 '모제(母弟)'의 의미에 대해서는 친동생이 아니고, '어머니의 동생'이라는 또 다른 의견도 있다.

문주가 신라 군 1만을 얻어 한성으로 돌아왔을 때, 한성은 이미 고구려군에 의하여 초토화되어 있었다. 고구려의 군사적 위협이 여전한 상태에서 한성에서의 백제 재흥은 불가능한 것이었다. 이에 문주왕은 목협만치 등의 도움을 받아 남쪽 금강변의 중류, 웅진에서 새로운 백제의 출발을 시작한 것이다.

웅진으로 천도한 문주왕의 가장 중요한 일은 웅진의 도시 건설, 그리고 고구려에 대한 방어시설을 구축하는 한편 백제를 재건하는 작업이었다. 476년 2월, 새 수도 웅진을 외호하는 대두산성을 수리하고, 중국 남조(宋)에의 사신 파견을 시도하고, 477년에는 왕궁을 중수하였다. 그러나 왕권은 극히 취약하였다. 477년 동생 곤지를 내신좌평으로 임명하고, 큰 아들 삼근을 태자에 봉한 것은 이같은 왕권의 취약성을 보완하고자 한 것이었다. 그러나 곤지는 바로 같은 해 7월에 곧 사망하고 말았다. 곤지는 동성왕과 무령왕의 아버지로서 471년 일본에 사신으로 파견되어 일본 오사카 남부 가와치(河內)지역에서 일정한 세력을 확보하고 있었던 인물이다.

477년 7월 곤지의 죽음은 문주왕의 백제 재건에의 길이 실로 험난한 상황이었음을 암시한다. 과연 그로부터 두 달 후 문주왕마저 병관좌평 해구가 보낸 자객에 의하여 살해되고 말았다. 다행히 태자 삼근이 왕위를 계승하였지만, 그 역시 3년을 넘기지 못한다. 문주왕의 장남 태자 삼근의 즉위 당시 나이가 13세였던 점에서 생각하면, 문주왕은 아마 30대의 젊은 나이였을 것이다.

475년 공주(웅진)로 천도를 단행한 백제 22대 임금 문주왕(?~477)은 흔히 비운, 단명의 임금으로만 인식되어 있다. 이러한 인식 때문에 도시로서의 공주의 출발을 열었던 인물로서의 문주왕의 존재는 제대로 부각되지 못하였다.

그러나 웅진이라는 도시는 이 천도에 의하여 비로소 역사에 실체를 드러낼 수 있었다. 문주왕의 475년은 말하자면 도시로서의 공주 역사의 실질적 출발점이었다고 할 수 있다.

문주왕이 한강 이후 새로운 거점으로 공주를 택한 이유는 어디에 있었을까. 첫 번째는 방어상의 이점이고, 둘째는 내륙수로를 이용한 교통의 편의성이다. 거기에 웅진은 육로 교통에 있어서도 남북을 연결하는 요충이며 그 남쪽에는 넓은 평야가 존재하여 생산성 높은 지역을 지척에 끼고 있다는 점에서 퍽 유리한 곳이기도 하였다. 방어와 교통과 생산성이라는 세 가지 요소가 만나는 공간인 것이다. 최근 수촌리 유적의 발굴은 웅진천도 이전 공주 지역에 상당한 정도의 지방 세력이 실재하였다는 사실을 입증해주고 있는데, 천도 초기 왕실 유지와 도시 건설에는 이같은 공주지역의 재지 세력의 도움이 필수적이었을 것이다.

금강은 한강보다는 규모가 작지만 이른바 '4대강'의 하나에 속하는 강이다. 1천리 금강 중에서 원래 '금강(錦江)'으로 칭해진 것은, 남과 북 두 줄기의 강물이 합수하는 세종시에서부터 공주 고마나루에 이르는 구간이다. 이 공주 인근의 금강으로의 천도 시도는 백제 이후에도 여러 차례의 시도가 있었다. 조선 건국 초인 1393년 조선왕조의 새 서울을 공주 인근 계룡산의 신도안으로 정했던 것도 그 하나이다. 1970년대, 제3공화국 말기 북한으로부터의 안보 위협에 대한 대처를 이유로 공주시 장기면 일대를 행정수도로 내정하여 천도 작업을 극비리에 진행하였던 예도 있다. 이것은 한강으로부터 도읍을 옮길 경우, 금강의 중류 공주 인근에서 그 대상지를 구할 수 밖에 없었다는 점을 입증 한다. 세종시의 입지 선정 역시 이러한 범주에서 벗어나고 있지 않은 것이다.

문주왕의 웅진천도는 웅진이라는 도시의 새로운 건설을 의미한다. 문주왕 3년(477)의 기록에 "궁실을 중수(重修) 했다"는 것은 처음 급하게 조성한 궁실을 다시 손보아 일정한 격식을 갖추었다는 의미이다. 동시에 궁실만이 아니라 도시 전반의 새로운 시설이 지속적으로 조성되고 있음을 암시하는 것이기도 하다. 공주는 좁은 분지형의 공간에 긴 하천이 관통하고 있어서 대지의 가용 면적이 매우 협소한 특징이 있다. 부여에서는 나성을 인공적으로 구축하여 방어상의 허점을 보완해야 했지만, 공주는 동서남 3면이 산으로, 그리고 북쪽은 금강이 둘러싸고 있어서 부여와 같은 나성이 없이도 충분히 방어 효과를 가질 수 있었다.

문주왕의 웅진도성의 건설에 있어서 가장 중점이 두어졌던 것은 아마 공산성을 중심으로 왕성을 구축하는 일, 그리고 제민천 연변의 저습지를 개척하여 도시 기반 시설을 갖추는 일이었을 것이다. 3년 여의 짧은 재위기간으로 그의 치세에 도성의 모습이 완성되지는 못하였을 것이지만, 웅진도성의 전체 윤곽은 바로 문주왕대에 잡혀진 것이라 보아야 한다. 이점에서 공주 도시사의 출발이라는 그 역사의 중심에 문주왕이 있다는 점을 간과해서는 안될 것이다.

문주왕의 인물에 대해서는 역사기록의 소략함으로 알만한 것이 거의 없는데 『삼국사기』에는 문주왕의 인물에 대하여 두 가지 사항을 적고 있다. 문주왕은 우유부단한 인물이었다는 것, 그리고 그럼에도 불구하고 백성들을 사랑한 인물이라는 것이다. 그러나 그가 일찍이 개로왕의 정치적 후견 인물로서 이미 상좌평의 지위에 있었던 것을 생각하면 그는 능력 있는 정치인이었음에 틀림없다. 또 고구려의 절대적 위협 하에서 백제 재건의 새로운 거점으로 공주를 착안하고 이를 바로 실천에 옮긴 것에서 생각하면 정치적 결단력을 겸비한 인물이기도 하였다. 그럼에도 불구하고 그를 우유부단한 인물이라 한 것은, 천도 초기 권신의 발호 속에서 전혀 운신할 수 없었던 당시의 정치적 사정을 반영하는 것이다.

금강 유역에서의 백제 중흥은 반 세기 후 무령왕과 성왕에 의하여 이루어졌지만, 그 백제 중흥을 처음으로 꿈꾸고 터전을 마련한 인물은 문주였다. 이러한 점에서 문주왕은 한 마디로 '공주의 개조(開祖)'라 칭할 만한 인물이다.

특히 그가 백성을 사랑한 인물이었고 백성들도 왕을 사랑했다는 것은, 그가 따뜻하고 훌륭한 인품의 인물이었음을 의미한다.

우리 역사에서 첫 나라를 연 것은 단군 임금이지만, 도시로서의 공주의 역사는 문주왕에 의하여 이루어진 셈이다. 이러한 점에서 비록 그 치세는 짧고 간단했지만, 공주에 있어서 문주왕의 의미는 반드시 재평가되어야 한다. 그리고 서기 475년의 그 추웠을 첫 번째 겨울의 추위도 우리가 결코 잊어말아야 할 공주의 역사이다.

• 일천 백년 고려 공주(940)

9세기 말 이후 신라사회는 심한 분열의 소용돌이 속에 휩쓸리며 경주정부의 통제력은 상실되었다. 호남지역에서 견훤은 전주에 도읍하고 백제의 부흥을 공언하며 후백제를 건국하였다. 892년의 일이다. 뒤이어 901년 철원의 궁예는 후고구려를 세웠다. 이른바 후삼국시대가 전개된 것이다. 견훤과 궁예가 대결하는 후삼국기, 공주는 양대 세력이 부닥치는 접점에 위치하여 있었다. 이 때문에 공주는 때로는 남쪽의 견훤에, 그리고 때로는 북쪽의 궁예나 왕건의 세력권에 들어 있었다.

견훤의 건국 초기 공주는 후백제의 세력권에 있었다. 당시 공주의 실제적 지배자는 '공주장군'으로 지칭된 홍기(弘奇)라는 인물이었다. 그러나 중부지역에서 궁예가 흥기하고 그 세력을 남부지역으로 확대해가자 공주는 궁예의 휘하에 들게 된다. 905년 궁예가 경상도 상주 등지까지 그 세력을 확대하자 공주는 궁예에 귀부하였다. 이때 궁예의 휘하에 있던 이흔암(伊昕巖)은 공주를 습격하여 장악하였다. 그러나 918년 궁예가 왕위에서 축출되고 왕건의 고려가 건국되자 공주는 다시 후백제권으로 넘어갔다. 927년 즉위한 지 10년이 된 왕건은 공주를 공격하였으나 실패하였다. 태조 17년인 934년 왕건은 충남 서부의 요충인 홍주를 장악하였다. 이에 따라 충남의 많은 지역이 고려에 붙게 되었는데, 아마 이때 공주도 고려의 세력권에 들게 되었던 것같다. 935년 신라의 고려 귀부에 이어 936년 태조 왕건은 논산에서 후백제군을 대파하여 후삼국의 통일, 민족의 재통일이라는 위업을 달성하였다.

근년에 고려 태조 왕건에 대한 역사적 재평가에 새삼스럽게 관심이 모아지고 있다. 지역분할 구도의 청산, 남북 대립정권의 통일 등 오늘날 우리가 처한 당면적 과제와 현실이 후삼국의 분란기와 유사한 측면이 있고, 이같은 난세를 청산하고 새로운 시대를 연 인물이 왕건이었다는 점 때문이다. 공주의 태조와의 관련성은 940년(태조 23) '웅주'의 지명이 '공주'로 바뀌었다는 점이다. 오늘날까지 사용되고 있는 '공주'라는 이름은 통일 이후 태조의 지방제도 정비라는 정책의 일환으로 서기 940년, 지금으로부터 1075년 전에 처음 등장하여 지금까지 사용되고 있는 것이다.

지금으로부터 1천여 년 전인 고려 태조년간에 등장하는 '공주'라는 이름은 어디에서 나온 이름인가. 곰 전설에서 '고마나루'가, 그리고 '고마나루'가 '웅진', '웅천'으로, '웅진', '웅천'이 '웅천주', '웅주'로 바뀐 것은 이해가 된다. 그런데 고려초에 등장하는 '공주'의 이름은 기왕의 이름과는 연관이 없는 새로운 이름처럼 보인다. 이에 대하여 『동국여지승람』에서는 공주의 진산인 '공산'의 산 모양이 '공(公)'자와 같은 형태인데서 유래하였다고 하여, 공주 지명이 '공산'의 '공(公)'에서 유래되었음을 말하고 있다. 이에 대하여 국어학자들은 공주 혹은 공산의 '공'이 필시 '곰'에서 나온 말일 것으로 추측한다.

'공주'라는 이름은 고려 초부터 지금에 이르는 이름이지만 짧은 기간 행정적으로 지명이 달라진 적이 없지 않다. 995년(성종 14) 종래의 전국 12목을 절도사 체제로 개편하면서 '안절군(安節軍)'이라는 군사체제의 행정구역명이 바꾸었다. 이 때 전국을 10도로 나누는 이른바 10도제가 시행되었는데, 오늘날의 도(道)와는 다르지만 어떻든 지방제도와 관련하여 우리나라에서 도 제도가 처음 시행되는 시원이 된다. 이에 의하여 공주(안절군)는 하남도에 위치하였다. 이 10도제는 미구에 소멸하고 중기 이후로는 5도 양계 체제가 확립되어 공주는 양광도(양광충청주도)에 속하였다.

고려시대(10~14세기) 공주의 일반적 상황은 기록의 인멸로 거의 파악하기 어렵다. 이 때문에 이 시기는 500년이라는 긴 역사에도 불구하고 거의 잊혀진 역사로 되어 있다. 그러나 이 시기에 있어서도 공주는 중부지역의 거점으로서 발전하고 있었음을 유의할 필요가 있다. 이같은 공주의 당시 위상과 분위기를 고려 말, 14세기의 식영암(息影庵) 스님은 다음과 같이 묘사하고 있다.

> 지금 공주는 옛날의 절도사가 있던 부(府)이다. 계룡산은 동남간에서 일어났고 웅진강은 서남간으로 둘려 있다. 지방이 신령하고 수려한 정기를 배태하여 여러 세대가 바뀌면서 점점 커졌다. 옛날부터 떨쳐서 지금에 이르도록 큰 고을을 이루었다.

고려 초는 공주 이외에도 많은 지역의 지명이 바뀌거나 만들어진 해이다. 1018년 '홍주', 919년 '예산', 930년 '천안' 등도 이러한 예에 속한다. 홍성에서는 2018년 '홍주 천년', 예산에서는 2019년 '예산 천 백년'에 대한 논의가 진행되고 있다. 공주에서는 2011년에 고려 현종의 공주 방문을 기념하여 '천년 기념비'를 한옥마을에 세운 바 있다.

• 감영 도시, 충청 공주(1602)

임진왜란 직후 1602년 충청감영의 공주 개영은 공주의 역사성과 지리적 거점성이 다시 부각된 중요한 시점이다. 다만 감영 개영의 정확한 시점에 대해서는 1600년(선조 33), 1602년, 1603년 등의 논의가 있었다. 1600년 설은 충청감사를 지낸 허지(許墀)의 「선화당이건기」에 '만력 경자년' 즉 1600년에 관찰사 권희(權憘)가 "감영을 설치하고 건물을 지었으나 그것은 오래되었다(立監營 營廨之創 厥惟舊哉)"는 것이 그 근거가 된다. 권희의 재임 기간은 불과 2개월 남짓이었으며, 그는 '감영을 사립(私立)'하려 한 것이 문제되어 암행어사의 보고에 의하여 교체되고 말았다. 감영의 '사립'이 어떤 상황을 일컫는 것인지 정확히 알 수 없으나, 아마 공적인 행정 절차를 생략한 채 감영의 유영(留營)을 공주에 두려고 하였던 것을 의미한 것으로 보인다.

공주의 감영 설치 필요성이 대두된 것은 임진왜란이 그 계기가 되었다고 볼 수 있다. 임진왜란시 호남, 호서의 방어에 공주의 중요성이 대두되면서 이에 대한 성곽의 재수축과 함께 공주에의 '설영(設營)'의 논의가 제기된 것이다. 1602년 설영(設營)이 공식 조치되고 1603년 공산성 안에 감영 건물을 세움으로써 공주 감영의 설치는 일단락 되었다. 따라서 감영의 설치 연대는 1602년으로 보는 것이 적절하다. 감영의 입지는 그 후 여러 차례 변전(變轉)을 거듭하였으며, 봉황산 아래의 현 공주대 부설고교 자리에 감영이 들어선 것은 1세기가 지난 1707년(숙종 33)의 일이었다.

1602년 공주감영의 설치 이후 1707년 봉황산 아래 신감영이 완공되기까지 1세기동안 감영은 공산성의 안팎으로 이전을 되풀이하였다. 충청감영의 건물이 공산성에 설치된 이후 봉황산 아래 반죽동에 들어서기 전까지의 과정은 다음과 같다.

① 공산성 1기(1603~1604) ; 감사 유근이 감영을 공산성에 설영
② 제민천변 1기(1604~1645) ; 공산성 내 공간의 협소함, 시내와의 거리로 인한 불편 때문에 목 관아 근처로 나옴
③ 공산성 2기(1646~1652) ; 유탁(柳濯)의 난으로 감사 임담(林潭)이 감영을 산성으로 옮김
④ 제민천변 2기(1653~1706) ; 감영을 성 밖 구감영터에 다시 건축하여 이전함

봉황산 아래 공주대 부설고교 자리의 감영은 1706년에 감사 이언경(李彦經)

에 의하여 건물 경영이 착공되어 이듬해 1707년 감사 허지(許墀)에 의하여 완공되었다. 당시의 경과에 대해서 「선화당 이건기」에 의하면 공사를 시작하여 선화당이 겨우 지어져가고 있는데, 이언경의 돌연한 파직으로 공사의 중단 위기에 처한다. 이에 신임 감사였던 허지(許犀)가 어려운 여건을 불구하고 환곡 경영을 통한 재정 절감을 해가며 일을 계속 추진하여 나갔다고 한다. 감영 건축의 실무공사는 중군 최진한(崔鎭漢)이 담당하였으며 특히 이 일은 감영 건물의 신축이라는 의미 이외에 흉년을 당하여 발생한 빈민들에 대한 구제책으로서의 기능을 갖도록 각별히 배려되었다. 그리하여 충청감영 건물은 주민들의 호응 속에서 그리고 이들에 의한 임금노동에 의하여 이루어지게 되었던 것이다. 이상의 내용을 통해서 현재까지 남아 전하는 감영 관련의 두 건물, 즉 선화당과 포정사 문루가 1707년(숙종 33)에 건립된 것임을 확인하게 된다.

그런데 여기에서, 봉황산 하의 새 감영으로 자리 잡기 이전 공산성내와 함께 번갈아 감영으로 사용 되었던 옛 감영의 자리는 어디였는가 하는 의문이 야기된다. 이에 대해서는 이미 윤여헌 선생에 의하여 "1707년 완성된 신감영(현 공주대 부고 일대)보다는 동쪽 대천변(大川邊, 제민천변)에 있었다고 보아야한다"고 논증된 바 있다. 즉 제민천변의 자리가 자주 홍수로 범람함으로써 여기에서 더 서쪽, 지대가 보다 높은 지점을 새로 정지(整地)하여 신감영을 경영하게 되었다는 것이다.

신감영 이전의 구감영터로 지목된 제민천변 일대는 김갑순 가옥 등이 있는, 사실상 '대통사지(大通寺址)'로 알려진 구역 일대를 의미한다. 백제시대 성왕대에 건립되었던 대통사의 터가 아직 확인되지는 않았지만, 이 대통사가 신라를 거쳐 고려 말까지는 전승되었을 것이다. 아마도 구감영의 부지는 조선조 이후 폐사된 이 대통사의 절터가 아니었을까 추측된다. 구감영에서 가장 심각한 문제가 된 것은 하천의 범람으로 인한 수재였고 이것이 신감영 건축의 불가피한 이유가 되었다. 추정 대통사지 주변, 제민천변에서의 이같은 수재는 백제나 신라시대에 비하여 제민천의 하상(河床)이 매우 높아진 결과라고 생각된다. 신감영은 구감영으로부터 수재를 피할 수 있는 위치로 이전한 것이다. 이렇게 보면 공주의 충청감영이 봉황산 아래에 자리잡게 된 것은 결국 대통사지의 존재로 말미암은 것이었다. 최근 대통사의 위치를 시내의 남, 혹은 북의 다른 곳으로 비정하는 견해가 나오고 있지만, 이같은 논의는 대통사지의 실체 파악에 도움이 되지 않는, 시기 상조의 논의라는 생각이다.

웅진동으로 이전한 선화당은 조선시대 충청감영의 동헌으로서, 정면 8칸 측면 3칸으로 구성된 웅장한 건축물이다. '선화'라는 이름은 관찰사의 임무인 "백성들의 풍속과 고락을 관찰하고 왕화를 펼친다(觀民風俗 察民苦樂 宣布王化)"는 뜻에서 나온 것으로, 조선시대 각 감영의 동헌을 일컫는 일반 명칭으로 되었다. 1932년까지 충청남도 도청으로 사용되었으나 도청의 대전 이관 이후인 1937년 동월명대(東月明臺)의 높은 대지(臺地)로 건물을 이전하여 현재의 국립공주박물관 건물 신축 이전까지 공주박물관의 전시실로 이용되었다. 1993년 이후 현재는 공주시 웅진동에 공주목 동헌 건물, 포정사 문루와 함께 복원되어 있다.

『충청감영읍지』에 의하면 선화당 앞에 관문(官門)으로서 내삼문(內三門)이 있고, 『여지도서』에는 내삼문과 함께 '중삼문(中三門)'까지 기재되어 있다. 이로써 보면 당시 충청감영은 외문(外門)으로서의 포정문루와 함께 삼문으로 된 중문(中門)과 내문(內門)을 갖춤으로써 선화당까지는 3개의 문을 통과하도록 되어 있었음을 알 수 있다. 외문인 포정문루가 시내쪽으로 돌출하여 있는 것도 3개의 문을 시설한 이같은 구조와 관련이 있음을 알 수 있다.

포정사의 문루는 일제 때에 '금남루(錦南樓)'라는 이름으로 개칭되어 상층의 구조에 유리창을 시설하여 충남 도청의 사무실로 사용하였다. 1932년 도청의 대전 이관으로 민가 중에 돌출된 이 건물은 교동, 지금의 시청 별관 공간으로 옮겨졌으며 '금남사(錦南寺)'라는 이름의 일본 절로 사용되었다. 그리고 이때 건물을 옮기면서 아예 하층부분을 절단, 상층만 살려 개조하여 일반 건축물의 공간으로 사용한 것이다. 1953년부터 한동안 공주중앙감리교회 예배당, 공주군청의 사무실 등으로 사용되다가 1993년 건물을 다시 복원하여 웅진동에 선화당과 함께 배치하였다.

대전으로 이전되었던 충남 도청은 2012년 말 홍성·예산 경계의 내포신도시로 이전하였다. 충남 도청은 80년 만에 충남으로 돌아왔지만, 공주로 돌아오지 않았던 것이다. 도청 환청에의 소망이 실현되지 않은 것은 공주 주변에 자리한 대전광역시와 세종특별자치시의 존재 때문이었다. 따지고 보면, 대전광역시가 가능했던 것, 그리고 세종특별자치시가 가능했던 것은 공주 때문이었다. 이제는 대전과 세종의 존재가 공주의 도시 발전에 기여할 수 있도록 지혜를 모아야 할 때이다.

• 역사 도시, 지금 공주(2015)

1895년(고종 32) 지방관제 개정에 의하여 산내면, 구즉면, 천내면, 탄동면, 현내면, 유등천면을 회덕군에 이양 되었다. 1914년 명탄면(22개리), 양야리면(33개리), 삼기면 일부(노은, 나성, 송담, 종촌 등 16개리), 반포면 일부(8개리)를 연기군에 이양하고, 현내면(50개리), 유등천면(36개리)을 대전군에 이양, 반탄면 2개리(서원, 정곡)를 부여에 이양하였다. 연기군 남면 3개리(제천, 월현, 소야), 노성군 월오면 소평리, 소사면 대정리, 부여군 초촌면 세동, 몽도면 신대리, 정산군 목면 2개리(석화, 건지)는 공주에 편입 하였다.

1932년 충남 도청의 대전 이전을 계기로 공주는 새로운 활로를 모색한다. 그 출구는 역사도시로서의 자원 개발, 그리고 교육도시로의 출발이다. 1938년 공주여자사범학교의 개교는 영명학교와 공주고의 개교 이후 공주를 교육도시로서 새롭게 부각 시키는 계기를 마련한다. 1948년 공주사범대학의 개교는 1991년 공주대학교로 이어져 예산, 천안 등 4개 캠퍼스를 운영하는 대규모 국립대학으로 발전하였다.

1932년 공산성과 송산리 고분군지역에 진입도로가 개설되었다. 이는 두

유적이 갖는 역사 자원으로서의 가치를 주목한 것이라 할 수 있다. 그 과정에서 5호분과 6호분이 확인되어 왕릉으로서의 송산리 고분군의 위치가 정착하였다. 그리고 1971년에 6호분의 바로 뒤쪽에서 무령왕릉이 발견되었다. 무령왕릉의 발견은 백제왕도로서의 공주의 입지를 분명하게 하는 중요한 사건이었다. 그리고 바로 이 무령왕릉이 갖는 가치에 토대하여 2015년 7월 백제지역의 8개 유적이 유네스코 세계유산에 지정되기에 이른 것이다.

2012년 공주에 인접한 연기군이 개편되어 세종특별자치시로 출범 하였다. 세종시의 출범에 의하여 공주는 의당면(5개리)과 반포면(5개리)의 일부 그리고 장기면(11개리)이 세종시로 편입하였다. 기회와 위기에 동시에 봉착한 셈이다. 공주에 있어서의 기회는 세종시에 집중된 새로운 인구를 공주의 관광 문화 교육의 수요층으로 확보하는 일이다. 2013년 이후 백제문화제의 성황은 이들 세종으로부터의 방문이 상당한 비중을 차지하는 것으로 보인다. 이를 위해서는 공주가 갖는 세종시에의 기여를 근거로, 상생을 위한 협력 체제를 강화해 가야 할 것이다. 세종시를 새로운 수요 창출의 보고로서, 공주 활력의 자산으로 끌어들여야 하는 것이다.

공주 중심의 교통 체계의 재편도 공주의 새로운 발전에 기여할 것이다. 근대에 이르러 공주는 교통이 불편한 궁벽한 고장이었다. 그러나 지금 공주는 전국에서 가장 편리한 교통의 거점이 되었다. 475년 백제의 공주 천도, 그리고 이후 1천 5백 년 간의 충청의 거점도시로서 도시 발전이 가능했던 중요한 배경은 사실 교통의 편의성이었다. 원래 충남은 공주를 중심으로 편제 되어 교통체계 역시 공주 중심의 방사선 구조로 만들어져 있다. 거기에 천안 · 논산간 고속도로(2002년)에 의하여 서울과 호남에의 접근성이 크게 개선되었고, 대전(영덕)—당진(2007년) 및 공주—서천(2009년) 고속도로에 의하여 충남의 서부 혹은 호남 서해안, 경상도 지역과의 교통이 원활하여졌다. 공주에 5개의 IC와 2개의 JC가 있다는 사실은 교통 거점으로서의 공주의 편의성을 입증한다. 거기에 2015년 KTX 공주역사가 완공되어, 공주는 숙원이던 철도교통에 의한 서울, 호남의 연계가 가능해졌다.

2015년 '지금 공주'는 기회와 위기의 조건에 함께 당면해 있다. 공주가 가지고 있는 역사 문화 자연 자원을 기반으로 변화된 여건을 십분 활용한다면, 옛 것과 새것, 문화와 자연을 함께 가진 공주의 새로운 도시적 발전도 충분히 기대할 수 있는 일이다. 공주 관광의 주요 수요층으로서는 세종·대전의 주변 대도시 주민, 일본 관광객, 그리고 전국 초중등 학생을 꼽을 수 있다. 대상을 구체화한 맞춤식의 준비가 무엇보다 필요한 시점이다.

(2015년 공주시청 특강 원고)

공주, 고마나루로부터

  국립공주박물관이 새 문을 열었다. 월명대(月明臺) 공원에 선화당 건물 하나를 달랑 옮겨놓고 박물관 건물로 사용하던 것을 보았던 나로서는, 참으로 금석지감을 느끼지 않을 수 없다. 더욱이 새 박물관은 유서 깊은 고마나루 왕릉의 언덕 기슭에 자리하고 있어서, 나는 이것이 공주 발전에 있어서 고마나루 시대의 개막이라는 특별한 의미를 갖는다는 생각을 하게 되었다.

• 고마나루에서

  금강의 물길이 꺾여 내려가는 지점에 있는 고마나루는 공주사람에게 있어서 아주 특별한 공간이다. 그곳은 공주의 영원한 고향, 어머니의 품안 같은 곳이기도 하다.

  고마나루가 공주에 있어서 특별한 의미를 갖는 이유는 무엇일까. '공주'의 이름이 멀리는 '고마나루'로부터 나왔고, 공주가 고대왕국의 왕도, 1천 수 백년 호서지방의 거점 도시라는 화려한 역사적 전통을 가지게 된 것도 따지고 보면 고마나루가 있었기 때문에 가능한 것이었다. 고마나루는 신에 제사를 드리는 '공주의 성소(聖所)'였으며, 세계로 뻗어가는 '인천공항'이었고, 시골마을 구석구석을 연결하는 종합터미널이기도 하였다.

  475년 서울에서 옮겨온 백제의 왕과 귀족이 뱃짐을 부린 곳이 고마나루였고, 난리통에 공주를 들른 고려 현종과 조선 인조 역시 이 고마나루를 통하여 공주시내에 들어왔었다. 부여를 탈출한 의자왕, 그리고 이 의자왕을 잡으러 온 소정방의 군대가 상륙한 곳도 고마나루였다. 그리하여 이 고마나루는 곧 공주의 이름이 되었다. 중국의 기록은 백제의 수도가 '고마성'이라 하였고, 일본에서는 공주를 '구마나리'라고 적었다. 중국의 양나라, 송나라를 오가던 사신들은 이 고마나루에서 승선하여 해외출장길에 나섰다. 고마나루에서 승선한 사람은 현해탄과 긴 내해(內海)를 거쳐 '노리카에' 없이 오사카에 도착할 수도 있었다. 지금은 오사카의 도심이 된 '난바'라고 하는 곳이 그곳인데, '난바(難波)'라는 이름이 그 긴 항해의 고단함을 시사한다.

　최근 공주에서 발견된 중요한 백제 유적들, 수 컬레의 금동신발과 중국제의 고급도자기로 주목을 끌었던 의당면 수촌리 고분이나 일본과의 교류관계를 뒷받침하는 듯한 우성면 단지리의 횡혈묘 등도 고마나루와 무관하지 않다. 고마나루에서 유구천을 따라 조금만 올라가면 단지리의 횡혈묘이고, 정안천을 따라 북으로 조금만 올라가면, 수촌리 유적에 이르기 때문이다. 이들 지역은 모두 고마나루의 물길로 쉽게 연결되는 곳이었다. 무령왕릉에 버금하는 새로운 사적지로서의 중요성이 높은 이들 유적의 조사와 개발이 이루어지면 백제문화권의 중심거점으로서의 공주의 위치는 훨씬 달라질 것이다.

　• 고마나루로부터

　공주에서 도청이 떠나고, 뱃길은 끊기고, 그래서 종내는 사람들이 떠났을 때, 고마나루는 솔나무 사이 모래바람만이 스산한 한적하기 그지없는 곳이 되고 말았다. 공주에서 가장 후미진 곳 고마나루, 그래서 고마나루는 오랫동안 공주사람들의, 빛좋은 '마음의 고향'이기만 하였다. 부여의 구드래지구가 '국가사적 및 명승'으로 지정된 지 오래건만, 고마나루는 아직 문화재가 아니다. 공주 상징의 곰이라 할 백제시대 돌곰상이 아직 문화재의 지정을 받지 못하고 있으며, 고마나루의 곰 전설과 관련한 곰굴 역시 주목하는 이가 별로 없다. 고마나루의 얼마 남지 않은 솔밭조차도, 그냥 '조마조마한 솔밭'인 채이다. 어느 날 아침 일어나 보니 없어져버렸더라, 혹 이러지나 않을까 하는 조바심 때문에 항상 마음이 조마조마한 솔밭.

고마나루는 한동안 공주의 가장 후미진 곳이었다. 그러나 이제 바야흐로 공주의 문화적 관문으로서의 새로운 기능을 회복하려고 하고 있다. 얼마 전부터 공주신문사에서는 고마나루 살리기 운동을 전개하고 있다. 그 성과는 아직 작은 것처럼 보이지만, 그나마 고마나루에 대한 유일한 시민적 관심의 표현이라는 점에서 의미가 적지 않다. 공주박물관의 고마나루 이전 개관이, 역사문화 도시로서의 공주 발전의 새로운 계기가 되기를 기대하면서, 그러한 의미를 담은 공주 사람들의 다짐과 캐치프레이즈를 나는 다음과 같이 표현하고 싶다.

'공주, 고마나루로부터!'

(〈공주신문〉 2004.5.31.)

공주, 곰이로소이다

"재주는 곰이 부리고 돈은 때놈이 번다"는 속언이 있다. 묵묵히 성실하게 일하는 사람은 인정받지 못하고, 적당히 요령 부리는 사람이 잘 된다는 비판적인 의미로 사용되는 말이다. 그러나 여기에서는 '미련한 곰'을 재주 넘게 한 '때놈'의 아이디어와 기술에 대한 가치 평가가 배제되어 있다.

• 공주곰 되살리기

심포지움 발표 관계로 제주에 갔다가 서귀포 중문단지의 '테디베어 뮤지엄'이라는 곳에서 충격을 받았다. 테디베어 뮤지엄을 우리말로 풀자면 '곰 박물관' 정도가 될텐데, 실제로는 곰을 소재로 만든 곰인형 등 각종의 소품을 판매하는 미국계 회사의 매장이다. '테디'라는 명칭이 앞에 붙게된 것은, 미국의 대통령 데오도르 루즈벨트를 지칭하는 것이라 한다. 고가의 입장료와 함께 각종 곰 소재의 소품 판매를 통해 이중의 수익을 올리고 있는데, 더욱 놀라운 것은 매장을 매운 적지 않은 인파이다. 곰을 소재로 제주도의 남쪽 해변가에서 성공적인 사업을 하고 있는 것이다.

테디베어 뮤지엄의 곰인형 제작이 시작된 계기를 거기에서는 루즈벨트 대통령의 일화와 연결짓고 있다. 사냥을 좋아했던 루즈벨트 대통령은 어느 날 곰 사냥을 나갔다가 한 마리도 잡지 못한 채 빈손으로 돌아가게 되었다. 이에

측근들이 아기곰 하나를 잡아 루즈벨트 대통령에게 이를 쏘도록 하였으나, 대통령은 이를 거부하였다. 당당하지 못한 행동이라는 것이었다. 이후 사람들은 루즈벨트 대통령을 정직한 사람으로 더욱 칭송하게 되었고, 그 상징으로 곰인형을 만들기 시작하였다는 것이다. 실제로 있었던 이야기인지는 알 수 없지만, 사실 대단스러운 이야기도 아니다. 결국 곰인형을 위하여 유명한 대통령까지를 사업에 끌어들이고 있는 셈이다.

제주도에서 곰을 가지고 장사를 한다면, 공주에서는 그 이상으로 곰을 팔아야 한다. 곰은 공주의 대표 상징이고 공주의 오랜 문화적 자원이기 때문이다. 그러나 공주에서 곰을 활용하는 것은 물론이고, 곰을 만나는 일조차 쉽지 않다. 곰 전설의 근원지라 할 금강 가의 곰나루는 사유지로 매각된 채 방치 상태여서, 곰 전설을 누구에겐가 소개하는 일조차 쉽지 않다. 왕릉 부근에서 출토되었다는 공주박물관 소장의 돌 곰상도 공주의 곰과 관련한 흥미 있는 소재이지만, 박물관의 전시실에서 추방되어버린 상태이다. 연미산의 '곰굴'도 묻혀진 상태 그대로이다. 공주에서의 곰은 여전히 전설 속의 이야기에 그치고 있을 뿐이다.

공주의 곰은 오랜 전설로서 전해온 것이다. 이 때문에 이를 사실로서 '증명'하려는 식의 일은 거의 가능하지 않다. 이러한 점에서 웅진동 출토의 곰상이 정말 '백제의 곰상'인가, 연미산의 자연굴이 정말 곰의 굴이었는가, 하는 등의 문제는 어떤 점에서는 핵심의 문제가 아닐 수 있다. 곰나루의 전설과 연결되는 상징적 소재라는 점만으로도 중요하기 때문이다. 이러한 점에서 공주에서 곰을 되살려내는 일이야말로 우선의 중요한 일이라 하지 않을 수 없다.

• 곰을 재주넘게 하는 기술

곰 이외에도 공주에는 여러 가지 활용 가능한 잘 알려진 자원이 있다. 그러나 아직 상업화의 단계까지 충분히 진전되어 있지 않다. 계룡산 분청사기는 그 중의 하나이다. 분청사기는 몇몇 분의 헌신적 노력으로 그 예술적 가치가 재현되고 있지만, 이를 상품으로 연결하여 판매하는 일은 아직 미흡한 상태이다. 공주의 밤도 유명하기는 하지만 부가 가치를 높이며 다양한 제품으로의 확산이 미흡한 상태이다. 최근에 알밤축제 혹은 분청사기 축제 등을 통하여 이같은 자원의 홍보에 시 당국에서 적극 나서고 있는 것이 사실이지만, 이같은 노력이 좀더 실질적인 결과로서 연결되어야 할 것이다.

재주는 곰이 부리지만, 곰을 재주 부리게 하는 것은 적지 않은 기술이다. 곰을 재주 넘게 하여 돈을 버는 때놈의 노력, 그리고 이같은 아이디어를 높이 평가하는 가치 기준이 우리에게 절실히 요구되는 시대이다.

〈〈공주신문〉 2004.10.21.)

역사도시, 백 년도 충분하다

홋카이도의 항구 도시 오타루(小樽)는 영화 '러브 레터'의 촬영지로 우리에게 알려진 도시이다. 눈 가득 덮인 설원을 배경으로 전개되는 겨울 이야기, '오·겡·키·데·스·카', 나카야마 미호의 애절한 외침과 청순한 얼굴을 아직 기억하는 이들이 많을 것이다. 그 오타루의 거리에서 나는 그들의 특별한 생존 방식을 보게 되었다.

오타루는 삿포로의 외항(外港)으로 일제가 북방 영토에의 야욕을 실현하면서 한 때 크게 번성한 도시였다. 그러나 전쟁이 패전으로 끝나 영토 야욕이 좌절되자 오타루 역시 도시 발전의 동력을 상실하게 되었다. 교역의 물자가 넘쳐나던 시절 지어졌던 도시 기반 시설, 운하, 건축물, 대형 창고 등이 점차 무용지물이 되어가고 있었다. 오타루는 이들 대정(大正) 소화(昭和) 년간의 많은 건축물을 통째로 보존하면서 이를 개조하여 관광에 이용한 것이다.

오타루의 거리는 아직도 대정시대이다. 건물 안에는 오타루가 발전시킨 유리세공품, 와인과 일본주, 오르고루, 혹은 다양한 소공예품의 특산품을 상품화하여 판매한다. 반드시 '백제'가 아니라하더라도, 1천 년의 역사가 아닌 1백 년만으로도 역사도시로서의 상품화가 가능하다는 것을 보여주는 것이다. 금강이 내륙수로로서 기능하던 시절, 물류의 거점으로 한 때 번성하였던 강경과 장항과, 부여·공주의 금강의 도시들, 이 도시에서 애물단지로 몰려 철거되어가는 우리의 대정, 소화시대 건물들을 생각하면 기술이 부족하여 애꿎게 재료만 허비하고 있는 서투른 장인을 연상하게 된다.

새 충남을 만들기 위한 금강운하의 논의, 그리고 일본 관광객을 겨누고 있는 백제문화제의 축제가 금강의 옛 도시 활용으로 연결될 수는 없을까.

〈대전일보〉 한밭춘추, 2008.3.20.〉

'공주 십경' 다시 만들기

'공주 10경'이라는 것이 예로부터 전해오고 있다. 아마 '공주 10경'이 있다는 것을 아는 분은 많이 있겠지만, 정작 그 10경의 내용이 무엇인지 기억하는 분은 그리 많지 않을 것 같다. '공주 10경'에는 서거정(1426~1488)의 공주 10경과 신유(1610~1655)의 공주 10경, 두 가지가 있다.

• 서거정과 신유의 '공주 10경'

우선 서거정의 공주 10경을 열거하면, 금강의 봄 뱃놀이, 월성(산)의 가을 흥취, 고마나루의 밝은 달, 계룡산의 한가한 구름, 금강루의 송객(送客), 정지사의 스님을 찾아서, 삼강(三江)의 푸르름, 금지(金池)의 연꽃, 석옹(대통사 석조)의 창포, 다섯 고개의 푸른 봉우리 등이 그것이다. 각 경치마다 시가 지어져, 가령 〈고마나루의 밝은 달〉시는 다음과 같다.

"고마나루의 맑은 물 일렁이는데/ 어느 사이 밝은 달이 떠올랐는가/ 백제 옛 역사, 나는 새처럼 지나갔으나/ 달에게 물어보면 달은 응당 알리라/ 한번 누선(樓船) 위로 학을 타고 오고부터/ 백제 사직 황폐하여 당나라 땅으로 변했네/ 낙화암 앞 봄경치 보고 탄식하는데/ 조룡대 아래로 물결이 돌아드네."

한편 2백년 뒤 신유가 다시 읊은 공주 10경은 동월명대, 서월명대, 정지사, 주미사, 영은사, 봉황산, 공북루, 안무정, 금강나루, 고마나루 등으로 되어 있다. 그 가운데 봉황산 시는 이렇다. "산봉우리에 오동과 대나무 함께 짙푸르고/ 무성한 열매가 긴 줄기에 달려 있네/ 황패 같은 명관이 고을을 다스린다면/ 천길 대나무에서 내려온 봉황의 비상을 보리라."

10경의 작자 서거정은 15세기 조선을 풍미한 대표적 문인으로 공주 이외에도 8도 여러 지역의 8경, 10경, 12경 시를 다작(多作)한 인물이고, 역시 당대에 문명(文名)을 날렸던 17세기의 신유는 공주에 현감으로 부임한 것을 인연으로 새로운 10경시를 선보였던 것이다.

이들 예전의 공주 10경을 검토해보면, 이것이 지역민들의 공감대를 토대로 한 객관성보다는 작자의 개인적 관점과 주관에 의하여 10경을 읊은 것이라는 점, 구체적이기보다는 관념적이고 막연한 개념이 많이 포함되어 있는 점, 시작(詩作)의 소재로서 선정되고 있다는 점 등 몇 가지 특징들이 확인되고 있다. 더욱이 이들 10경 가운데는 이제 그 장소를 알지 못하거나 그 대상이 이미 사라져 없어져버린 것도 적지 않다. 비교적 구체적인 신유의 10경을 보면, 10경 중 동, 서 월명대와 정지사, 주미사, 안무정, 금강나루 등 6건이 이미 기능을 상실하거나 장소를 알지 못하는 것들이다.

이렇게 보면, 왜 공주에서 공주사람들이 공주 10경을 기억하지 못하는가 하는 이유를 금방 이해할 수 있게 된다. '공주 10경'은 처음부터 객관성에 기초한 '공주 10경'이 아니었을 뿐 아니라, 지역민의 공감대가 희박한 묵객의 문학적 작업의 성격이 강하였기 때문인 것이다. 위에 인용한 서거정의 고마나루 시에서, 아연 무대가 낙화암과 조룡대로 '비화'하는 것만 보더라도 이같은 과거 10경시의 한계점을 읽을 수 있을 것이다.

• '공주 10경' 다시 만들면?

공주에는 많은 승경과 유적이 있어서 이를 자원으로 하는 '관광공주'의 경영이 요구되고 있다. 5백년 전, 3백년 전의 공주 10경은 소재의 시의성이 이미 상실된 것이 사실이지만, 그러나 '공주 10경'이라는 그릇만은 다시 쓸만한 것으로 생각된다. '새 공주 10경' 콘텐츠의 개발이 가능하다면, 이를 통하여 관광공주의 새로운 소재 개발이 이루어지고 효과적인 홍보 방안을 모색할 수 있지 않을까. 관광만이 아니라 이 새 10경은 학교교육의 지역교재로서도 활용이 가능할 것이다. 이러한 점에서 '공주 신10경'은 그 대상이 구체적인 승경이면서도 공주를 상징하는 의미 있는 공간이어야 하고, 그리고 무엇보다 공주 시민들의 공감으로부터 나온 10경이어야 할 것이다.

(〈금강뉴스〉 2006.8.18.)

공주, '추억의 하숙촌 골목길'

최근 공주 원도심의 도시재생 활성화사업 일환으로 옛 하숙촌 거리를 새롭게 단장하는 사업이 관심을 모으고 있다. '근대문화 탐방길', '공산성 남문길'과 함께 제안된 '추억의 하숙촌 골목길'이 그것이다.

• 공주, '하숙'이 가장 번성했던 도시

공주는 '하숙업'이 발달했던 도시이다. 공주의 근대 생활문화에 있어서 하숙에 대한 내용은 공주의 도시적 특성을 보여주는 중요한 아이템이라 할 수 있다. 원도심 가구 대부분이 하숙집이었지만, 특히 반죽동과 봉황동은 하숙집이 집중된, 일종의 '하숙 특별지구'였다. 사대와 교대, 그리고 고등학교까지 일대에 집중되어 있기 때문이다.

'하숙(下宿)'은 원래 일본어의 '게슈크(下宿)'로서, 주로 도시 생활에서 기본적 숙식문제를 해결하는 한 방식이다. 도시의 발달에 따라 직업 혹은 학업상의 필요에 의하여 일정기간 숙식을 해야 하는 경우, 하숙은 매우 편리한 시스템이라 할 수 있다. 숙식을 제공하는 시설로서는 '여관'이 있지만, 여관은 높은 비용에 대개 짧은 기간의 숙박을 제공하는 것이어서, 장기간의 필요에 대응하기는 어렵다. 수 개월 내지 수 년의 기간이 소요되는 공무원과 같은 특정

직업군의 직장인, 외지에서 수학을 위하여 일정기간 거주하는 학생들이 하숙을 필요로 하는 주요 대상이 된다.

공주에 하숙업이 번성하게 된 이유는 우선 도청을 비롯한 관공서, 학교 등 공무원들이 모여 있기 때문이다. 이들 공무원 집단은 대개 수년 간격으로 이동이 있고, 근무지가 이동하는 경우도 적지 않기 때문이다. 다음으로는 학교의 학생이다. 중학교 과정까지는 자기 생활 근거지에서 수학하는 것이 일반적이지만, 고등교육기관으로 진학하게 되면 거주지를 옮겨 거점 지역의 학교에 진학하는 경우가 많다.

공주는 조선시대 이래 대표적 행정도시로서의 전통을 가지고 있고, 근대에는 충남도청이 공주에 두어지게 되었다. 군청과 도청 이외에 경찰서, 교육청, 교도소, 법원, 세무서, 은행, 한전, 우체국, 각급 학교 등 각종 기관들이 설치되어 있어서 기본적으로 일정 기간 거주하는 외지로부터의 유입인구가 적지 않다. 시내에 주택을 마련하고 거주하는 것이 물론 일반적이기는 하지만, 근무처 이동의 지리적 범위가 넓을수록 특정 도시에서의 거주 기간이 제한될 수 밖에 없다. 자연히 공주에서는 하숙과 같은 시스템의 수요가 많게 된 것이다.

공주는 일찍 고등교육기관이 설치된, 대표적 교육도시였다. 1922년 공주공립고등보통학교의 설치, 1928년 공주공립고등여학교, 1933년 공주공립농업학교, 1938년 공주여자사범학교, 그리고 1948년 공주사범대학 개교 등에 의하여 외지에서 유입되는 학생 수가 대단히 많았다. 기숙사 시설이 없었던 것은 아니지만 증가하는 외지 학생을 수용하기에는 턱없이 부족한 것이었다. 1953년 공주사대부중, 1962년 공주교육대학 등 하숙을 필요로 하는 외지로부터의 유입 학생 수는 계속 증가하였다. 1962년 교육대학 1년 입학생 수는 200명, 1970년 사범대학의 입학생은 280명이어서, 1970년대 공주의 대학생 총수는 대략 1천 5백 명 정도의 선이었다. 학생의 대부분이 외지 유입인구였고, 학생 대부분이 공주 원도심에서 '하숙생활'을 하지 않을 수 없었다. 이러한 점에서 공주는 단연 인구 대비 하숙생이 전국적으로 가장 많은 도시였다.

• 하숙의 조건들

하숙의 특징은 잠자리와 식사, 그리고 경우에 따라 기본적인 세탁까지도 한꺼번에 패키지로 해결된다는 점이다. 식사문제를 직접 해결하기 위해서는 각종 식기와 취사, 조리 도구를 마련해야 하는데, 이것은 일시에 고비용이 소요될 뿐 아니라 이를 비치하기 위한 공간 확보의 문제도 있고, 근무지 이동이나 학교를 졸업하는 경우에는 마련된 비품의 처리 문제가 간단한 것이 아니다. 거기에 난방이나 연료 문제도 난제이다. 결국 직장인 혹은 학생 등 직접 식사를 준비할 시간이 여의치 않는 경우에는 하숙이야말로 가장 편리한 해결 방식이다.

원도심 공주의 가구들은 인원의 차이는 있지만 대부분 하숙을 경영하는 경우가 많았다. 이렇게 하숙을 경영하는 것을 '하숙을 친다'고 말한다. '누에를 친다'고 하는 어법과 같은 것이다. 하숙을 운영하기 위해서는 우선 사용할 방이 확보되어야 한다. 기본적으로는 1실 2인이지만, 방이 큰 경우에는 3명 1실인 경우도 있고, 사용자에 따라 1인 1실의 독방을 사용할 수도 있다. 물론 이에 따라 하숙비의 부담에 차이가 있다. '하숙을 치는' 경영자의 입장에서는 1일 3식을 제공해야 하는 노동의 특성상 많은 하숙생을 확보해야 만이 수익성이 있다. 다만 투입할 수 있는 노동력의 한계 때문에 기숙사 같은 규모의 하숙 운영은 불가능하다. 시간 여유가 있는 주부(아줌마), 수익을 필요로 하는 과부 할머니들이 하숙의 '경영주'이기 때문이다. 따라서 기숙하는 하숙생의 수는 1가구 당 6~10명이 보통이다. 일종의 '가내 서비스업' 비슷한 것이다. 수익에 대한 세금 부과라든가 하는 것은 없었던 것으로 알고 있다.

하숙집은 보통 하숙을 치는 경영주의 자택이 이용된다. 주택을 임대하여 하숙을 치는 경우도 없지 않지만, 이 경우 수익이 크게 감소하기 때문에 하숙생의 수를 늘려야 하는 등 경영상의 어려움이 따르게 된다. 6~10명 규모 하숙생을 운영하기 위해서는 최소 3~5개의 방이 소요된다. 이러한 수량의 방을 확보하기 위해서는 방의 크기를 조절할 수밖에 없다. 하나의 주방에 화장실을 공동으로 이용하기 때문에, 하숙집은 하숙집 스타일의 독특한 구조를 갖추어가게 된다. 방의 크기가 작고, 도둑의 침입을 막아야 하는 등 이유로 창문 크기도 최소화 된다.

• 쌀 값 시세로 계산되던 하숙비

하숙비는 물가 인상에 따라 자연히 오르게 되는데, 1970년 대학에 입학하여 처음 하숙을 할 때, 대략 월 6, 7천 원 정도의 금액이었던 것으로 기억한다. 그런데 재미 있는 것은 당시 하숙비 금액이 고정되어 있지 않고, 쌀 가격 시세와 연동되어 있었다는 점이다. 다시 말해서 하숙비는 보통 1인 당, 쌀 6말, 비싼 경우가 7말이었다. 쌀의 가격은 장날마다 시세가 다르게 형성되므로, 실제 하숙비는 가까운 장날의 시세에 의하여 산정되었다는 것이다.

하숙을 치는 경영주 입장에서 가장 중요한 문제는 안정적인 하숙생의 확보이다. 수요자 하숙생이 확보되지 않으면 경영상의 타격이 적지 않기 때문이다. 안정적 하숙생을 확보하기 위해서는 무엇보다 식사의 질이 중요하다. 하숙생의 기호 등을 고려한 식단이 마련되어야 하는 것이다. 더욱이 하숙집이 밀집하여 있기 때문에 반찬의 가지 수나, 맛 등 질량적 측면이 바로 비교되기 때문에 이것은 매우 예민한 사항이 아닐 수 없다. 실시간 평가가 이루어지는 셈이었기 때문이다.

밥은 기본적으로 매 끼 따뜻한 밥을 제공한다. 반찬은 김치, 김, 멸치 볶음, 콩나물 무침 등이 많이 나왔던 것 같고, 반드시 국이 딸려 있다. 콩나물국, 두부를 넣은 김치국, 미역국, 호박을 넣은 된장국 등이다. 1일 3식의 식사 준비는 적지 않은 노동력이 소요되었을 것 같다. 그리고 지금 생각하면 1일 3식의 식사를 쉬지 않고 준비해야 하는 일은, 하숙 경영주로서는 대단히 부담스러운 노동이었을 것이다.

하숙비의 금액이나 서비스 등이 만족스럽지 않은 경우에는 수요자가 물론 하숙을 옮기는 경우가 있다. 친한 사람, 같은 학과 동료와 같은 방을 사용하기 위하여 하숙을 옮기기도 한다. 때문에 졸업 혹은 신학기, 신학년도가 시작하는 때에는 적지 않은 하숙집의 이동이 있다. 하숙의 이동은 가재 도구가 많지 않기 때문에 각자 해결한다. 리어커를 빌려 옮기는 것이 가장 일반적이었다.

하숙 경영주로서의 중요한 애로 사항 한 가지는, 공주의 경우 학생의 비중이 매우 크다는 점이다. 학생의 경우는 소득이 없기 때문에 아무래도 비용을 저렴하게 할 수 밖에 없는데다, 밖에서 식사를 하고 들어오는 외식이 거의 없다는 특징이 있다. 거기에 중요한 것은 여름, 겨울 몇 개월에 걸치는 긴 방학이 있다는 점이다. 방학 기간 중에는 교육대학, 사범대학에 교원 연수생들이 들어오기는 하지만, 그것도 여름 한 철에 인원도 제한되기 때문에 실질적으로는 하숙 경영주가 함께 '방학'을 지내야 하는 경우가 일반적이었다고 할 수 있다.

• '하숙'도 문화이다

공주에서는 대부분의 관공서가 반죽동, 중학동 등 원도심에 제한적으로 분포되어 있다. 학교는 봉황동, 금학동까지 범위가 확대되지만 역시 원도심의 매우 제한된 범위에 집중되어 있다. 그래서 공주 원도심은 거의 집집마다 하숙을 치지 않은 경우가 거의 없을 정도로 하숙은 일반적이었다.

하숙 생활은 기숙사와 같이 일종의 공동생활이기 때문에 사생활을 거의 보호하지 않는다는 특징이 있다. 개인정보가 거의 공개된, '투명한' 생활인 셈이다. 개인용품의 사용도 기본적 생활용품에 거의 한정될 수 밖에 없다. 비치할 공간이 없고 언제 누가 가지고 갈지 알 수 없기 때문이다. 드문 일이지만, 사귀는 여성이 하숙을 방문하는 경우에는, 같이 방을 사용하는 사람이 알아서 배려를 해야 한다. 별로 갈 데가 없어도 외출을 한다든가. 하숙생들이 함께 보내는 시간은 매우 길다. 취침과 기상 시간도 공동생활로서의 특성을 고려하지 않으면 안된다.

식사, 수면을 제외한 공동생활의 시간 가운데 가장 많이 소요되는 것은 '담화'이다. 서로 얼굴을 맞대고 있으니 담화와 토론이 끝이 없는 것이다. 그러나 의외로 개인 간의 다툼이나 싸움, '왕따' 같은 것은 거의 없었던 것 같다. 여가를 이용하는 것으로는 음주와 운동, 화투, 다방, 영화 관람, 기타 등이 있다. 음주는 거의 막걸리였다. 주전자로 사오는 막걸리도 있지만, 가까운 막걸리 집을 이용한다. 막걸리 집은 순전히 막걸리만을 마시는 목로주점 같은 것이 있고, 여성들이 간단한 서비스를 제공하는 술집도 있다. 장소에 관계없이 거의 막걸리였고, 소주나 맥주는 매우 드물었다.

다방은 지금의 커피숍 비슷한 것이지만, '레지'라고 부르는 여성이 차심부름을 하고, '가오마담'으로 불리는 여성이 계산대에서 계산하며 전체 매장을 관리한다. 아침 식전에는 '모닝커피'라고 하여 커피에 달걀노른자를 서비스로 넣어준다. 단골 손님들에 대한 관리였다. 학생들의 경우는 그렇지만, 직장인의 경우는 이 '모닝커피'를 일과의 시작으로 삼는 이도 있다. 가장 유명한 다방은 우체국 건너편 상가에 있는 난초다실이었다. 나중에 사대부고 옆, 세무서 부근, 그리고 구 제일은행 옆에 비원다방이 생겼다고 기억된다. 학생들이 다방을 이용하는 경우는 많지 않다.

다방의 커피는 하숙집에도 배달된다. '레지'가 커피를 보온병에 넣고 잔을 인원 수대로 맞추어 가지고 오는 것이다. 화투를 치고 갹출한 '고리'로 맥주를 사오거나 다방의 커피 대금을 결재한다. 레지 아가씨를 부르고 싶어서 커피를 주문하는 경우도 물론 있다.

회식은 매우 드물다. 학과의 행사, 써클(동아리) 행사 때에 단체로 식사를 하는 경우이다. 대부분 칼국수와 중국집이다. 중국집은 가구거리 골목의 복산춘, 부흥루, 신흥루인데, 지금은 모두 폐점되고, 부흥루만 몇 년 전 부흥되어 운영되고 있다. 칼국수는 중동칼국수와 보문칼국수이다. 줄여서 '중칼', '보칼'이라 하였다. 나중에 순두부 메뉴가 인기를 끌어 제민천 가 순두부집에 종종 갔던 기억이 있다.

영화관은 공주극장과 호서극장이 있다. 운동은 탁구가 한때 크게 유행하였다. 1973년 이에리사 선수가 유고슬라비아 사라예보 세계탁구선수권대회에 우승하면서이다. 제민천 가에 있던 직조공장들이 폐업한 이후 탁구장으로 바뀌었다. 지금은 음식점으로 변신한 제민천변의 건물이다.

낡은 것을 헐고 정리하여 새 건물을 채우는 것도 필요한 일이지만, 때 묻은 역사들을 되살려 현재의 자원으로 활용하는 것도 가치 있는 일이다, 그래서 공주, 추억의 하숙촌 골목이 새로운 문화적 의미를 담아 되살려지기를 기대하게 된다.

(공주시, 『고마나루』 17, 2016년 겨울호)

나의 공주에서의 하숙 경험 10년

공주의 원도심, 반죽동, 봉황동 일대의 하숙촌 골목이 원도심 정비의 일환으로 새롭게 단장되고 있다. 이른바 '추억의 하숙촌 골목길'이다. 몇 차례 공주학연구원의 프로그램에 참여하여 현장을 답사하면서, 40년 전, 30년 전, 내가 경험했던 공주에서의 10년 하숙생활을 돌아보게 되었다.

• 1970년, 하숙으로 시작된 대학생활

나는 1970년 대학 재학 시기 4년, 초기 직장 시절 6년, 도합 10년에 이르는 공주에서의 하숙생활 경력을 가지고 있다. 1970년 3월부터 1974년 2월까지의 학생시절, 그리고 1978년 1월부터 1984년 2월까지의 6년 여의 직장 생활 기간이다. 1970년대 초는 1971년 무령왕릉의 발굴, 김대중 후보가 출마한 제6대 대통령 선거, 그리고 1972년에는 '유신시대'가 시작된 '엄중한 시기'였다. 1978년부터 필자는 공주사범대학 강사 생활을 시작하게 되는데, 1980년에 전임 발령을 받고 이듬해 결혼 했지만, 살림을 하게 된 것은 1984년 2월이었다. 이 사이 1979년 10월 유신시대가 끝났고, 이듬해 '서울의 봄'과 광주를 거쳐 5공 정권이 시작되었던, '엄중한 시기'의 연속이었다.

1970년 3월 입학을 해서, 반죽동에서 하숙 생활은 시작된다. 역사교육과를 비롯한 인문사회계 학과는 신관동 캠퍼스였지만, 학생들 대부분은 사대부고 부근 원도심에 거주하고 있었고, 학교의 각종 행사, 서클 활동 등도 원도심 하숙집과 사대부고 캠퍼스를 무대로 이루어지고 있었다.

하숙집은 곧 봉황동 오거리 부근으로 옮겨졌다. 봉황동 오거리에서 시청 방면으로 가는 중간으로, 공주고등학교와는 제민천을 사이에 두고 있다. 이 곳에서 꽤 오래 하숙을 하였던 것 같다. 아마 2년 이상 신관캠퍼스로 '통학'한 것 같다. '통학'이라고 하지만, 물론 전적인 '도보 통학'이다. 학교까지는 지름길을 이용하여 빨리 걸어도 편도 50분 이상 걸렸을 것이다. 왕복 2시간 거리였던 셈인데, 하숙집에 돌아와 급히 점심 식사를 하고 다시 학교에 가야 했기 때문에, 사실은 매일 2왕복의 통학이었다.

신관 캠퍼스까지는 제민천을 끝까지 따라 내려간 다음 금강교 다리를 건너는데 전막에서부터는 논밭 사이를 비스듬히 질러 공주대 후문에 이른다. 이 후문이 당시에는 정문이었다. 신관동 금강변의 대로는 당시에는 그냥 금강의 제방이었다. 논밭은 지대가 매우 낮아서 제방 높이와 큰 차이가 있었고, 정문(지금의 후문) 앞에는 야트막한 산이 학교 앞을 가로 막고 있었다. 지금은 모두 평탄지를 만들어 다솜이며, 현대며 고층 아파트가 들어섰다.

3학년 이후에는 옥룡동의 대춧골에서 하숙을 하였다. 국어교육과의 1년 선배들과 친해져서 그 소굴에 들어간 것이었다. 국어교육과 선배들이 그곳에 집결한 것은 아마 조동길 교수 때문이었던 것 같다. 조 선배의 집이 대춧골에 있어서 '문학'을 한다는 사람들이 그 주변에서 집단 하숙을 하게 된 것으로 생각된다. 하여튼 시며 소설이며 문학토론을 엄청나게 침 튀기며 하던 모습이 기억나는데, 그 토론을 잘 분석해 보면 내용의 절반은 여학생 이야기였던 것 같다.

3학년의 몇 달은 신관동의 한적골에서 자취를 하였다. 타과 선배들과 어울려 3인이 자취를 하였는데, 왜 자취를 한다고 나섰는지는 잘 기억나지 않는다. 한적골은 말이 좋아 '한적골'이지, 한마디로 '깡촌'이었다. 학교에서는 가까운 거리라, 통학시간과 '교제 시간'을 절약하여 공부를 좀 열심히(?) 할 생각 때문에 옮겨간 것인지 모르겠다. 한적골은 지금은 도시 개발로 '한적골'이 아니라 시끌벅적, '벅적골'이 되었다.

국어교육과 선배들이 졸업하고 나자, 나는 4학년이 되었다. 세무서 옆에서 하숙을 하였다. 주택 외관이 잘 갖추어진 집이었다. 작은 하숙방을 혼자 사용하였다. 그러다가 4학년이 끝나가는 12월부터 이듬해 초까지 몇 달은 신관동의 관골에서 이해준 교수의 하숙집에서 같이 하숙을 하였다. 대학원 진학을 위한 시험 준비 때문이었다. 일종의 '전지 합숙 훈련'이었던 셈이다. 원래 공부에 관심 있는 친구들이, 통학거리가 짧고 문화 시설이 없는 신관동에 하숙하고 있었다. 절에 들어가 공부하는 격이다.

그렇게 해서 이 교수는 서울대 대학원, 나는 고려대 대학원에 진학 하였다. 이교수는 조선시대로 방향을 잡았고, 나는 고려시대로 전공을 정하였다. 이 교수는 신관동에서 공부한 시간이 많았기 때문에 서울대로 갔고, 나는 고려대로 갔기 때문에 고려 역사를 전공한 것처럼 되었다. 그때 관골 같은 집에는 후배 한 사람이 열심히 공부하고 있었다. 나중에 공주대에서 교수가 되어 다시 만났는데, 일본 동북대에서 박사를 받은 대기과학과의 신 교수이다.

• 1978년, 다시 하숙생활을 하다

1978년 1월, 4년 만에 나는 공주에 다시 돌아왔다. 대학원도 마치고, 군대도 마친 나는 3월부터 역사교육과에서 강의를 담당하게 된다. 주당 10시간, 전임이 담당하는 정도의 강의량이었다. 대신, 조교가 없었던 당시에 나는 학과와 대학박물관과 백제문화연구소의 일을 조교처럼 맡아 하였다.

다시 시작한 공주에서의 하숙은 반죽동, 공주극장과 포교당 가까운 언덕 길에 있는 집이었다. 신관캠퍼스로의 매일 통근은 마찬가지였지만, 이때는 대학의 스쿨버스를 이용할 수 있었다. 방은 1인실을 사용하였다. 10.26의 소식도 이 하숙집에서 접했다. 1979년 10월 27일 아침에 일어나보니 세상이 바뀌어 있었던 것이다. 그리고 이어진 1980년 '공주의 봄'은 '서울의 봄' 못지않게 '격랑'이었다. 광주가 '진압'된 그해 9월 1일자, 나는 전임강사 발령을 받는다.

1981년 여름 결혼을 하였지만, 신부가 서산에 근무하고 있어서 나의 하숙 생활은 그대로 지속 되었다. 그 무렵 반년 이상의 기간을 나는 '운하대(雲霞臺)'에서 지내게 된다. '운하대'는 영명학교 부근 언덕에 자리한 일제강점기의 '선교사 가옥'을 말한다. 중세의 분위기를 연상시키는 그 적색 벽돌의 건축물에서 경험하게 된 독특한 시간이었다. 당시 숙소가 마땅치 않았던 서울 거주의 교수들이 공동으로 건물을 빌리고 아줌마를 고용하여 식사를 해결하는, 하숙 같기도 하고 기숙사 같기도 한 생활이었다. 같은 과의 은사이신 신교수께서 이 '교수 조합'의 빈 자리에 나를 유치한 것이었다. 나는 이 건물의 2층에 기거 하였는데, 창문을 통하여 보이는 시내 풍경도 그럴 듯 했고 식사도 훌륭하였다. 나는 아침마다 일찍 봉화대까지 산을 오르내리면서 운하대에서의 날들을 만족스럽게 생각했다.

그러나 운하대의 날은 길지 못했다. 몇 달쯤 되었는데, 나를 이곳으로 유치했던 신교수께서 완곡한 표현으로 나의 퇴거를 종용하였기 때문이다. 서울에서 다니는 분들이 이 숙사에 머무는 기간은 주당 3, 4일이다. 그런데 나는 주당 7일을 꼬박 이곳에서 생활한다. 건물이 통째로 비어 있는 방학 기간에도 줄곧 방을 사용하였다. 하여튼 그래서 나는 운하대로부터의 '퇴출'을 '명' 받고, 하산 하였다. 그리고 제민천변, 봉황동 오거리와 대통사 당간지주 사이에서 나의 새로운 하숙 생활이 다시 시작되었다.

1984년 봄, 아내가 정안중학교로 발령 받아 공주로 들어오면서 나의 10년 하숙 생활은 드디어 막을 내리게 된다. 하숙의 도시 공주, 거리마다 넘쳐나던 하숙집과 하숙생, 이제는 공주에서 사라진 추억의 풍경이 되었다. 그때 공주는 필시 우리나라에서 인구 대비 하숙생이 가장 많았던, 명실상부한 '하숙의 도시'였을 것이다.

(공주문화원, 『공주문화』 2016년 12월)

사람을 찾습니다

존경할만한 분을 만날 수 있는 것, 마음 맞는 사람과 대화할 수 있는 것은 행복한 일이다. 행복한 일이라는 것은 그것이 쉽게 있을 수 있는 일이 아니라는 것이기도 하다.

• 허임, 공주 출신의 히포크라테스

공주시의 지원에 의하여 '공주의 인물' 세미나가 몇 차례 치러진 바 있다. 공주 출신의 인물로서 존경받을만하거나 역사적인 위업을 남긴 인물, 혹은 교육적으로 본이 될만한 인물을 조명하는 작업인 것이다. 세미나는 그동안 세 분의 인물을 조명하였다. 세종·단종조의 명재상 절재 김종서, 한말 갑신정변의 주역 고균 김옥균, 그리고 영조조 일본에의 통신사행을 한글 서사시로 정리한 〈일동장유가〉의 저자 퇴석 김인겸 선생 등이 그것이다. 절재의 충절정신, 고균의 혁신정신, 그리고 퇴석의 문화정신을 평가한 것이라 할 수 있다. 절재 선생은 의당면과 장기면, 고균은 정안면, 그리고 퇴석은 무릉동이 출생지 혹은 묘소가 있는 곳이다. 앞의 두 분은 우리나라 역사에 그 이름이 널리 알려진 분들인데 비하여 세 번째 퇴석 선생은 공주에서 거의 알려져 있지 않은 분이다. 앞의 두 분이 정치가였던 데 대해, 뒤의 한 분은 문필가, 문화인물에 해당한다.

12월의 첫날 충청남도역사문화원에서는 공주 인물에 대한 네 번째 조명으로 허임(許任)을 조명한다고 한다. 허임 선생은 한마디로 공주에서 지금까지 전혀 알려져 있지 않은 인물이고, 유형을 분류하자면 의료인, 전문기술인에 해당한다. 허임 선생은 인조·선조년간에 활동한 침구의(鍼灸醫)로서 '신(神)의 의술'로 일컬어질 만큼 이름이 높았으며, 그가 평생 치료한 사람은 헤아릴 수 없을 정도라고 한다. 『동의보감』의 허균이 약재에 의한 치료를 전문으로 하는 약의였다고 한다면, 같은 시기의 허임은 침술로 사람을 치료하는 침의로서 선조에게 침을 놓았던 인물이다.

침술뜸의 가장 큰 특징은 사람을 치료하는데 있어 값비싼 의료장비나 약재를 필요로 하지 않는다는 점이다. 그러한 점에서 침술뜸이야말로 가장 경제적인 전통 의료법이었으며, 서민적 의료법이었던 것이다. 허임의 저술 『침구의료방』은 자신의 오랜 임상 경험을 토대로 '구급활명'에 조금이라도 도움이 되기를 바라는 큰 뜻에 의하여 저술된 것이라 한다. 그가 특별히 침술뜸에 집착한 것은 완전한 의료 사각지대에 놓인 서민들에 대한 따뜻한 배려 때문이었을 것이다. 그래서 나는 그를 감히 '공주출신의 히포크라테스'라고 부르고 싶다. 공주시 우성면 내산리는 이 허임 선생의 연고지이다. 아마도 선생은 이곳 내산의 산골에서 나서 자랐을 것이다. 묘소는 원래 무릉동에 있던 것을 내산리로 옮겼다고 한다.

• 아름다운 사람, 따뜻한 마음을 찾아서

공주의 인물 세미나를 통하여 앞으로 '공주인물 10인'이라는 브랜드가 만들어졌으면 하는 것이 필자의 바람이다. '10인'에 들 만한 인물로 부여사마(무령왕)와 홍길동도 있다. 무령왕은 공주 출생은 아니지만 공주에서 오랜 세월을 살면서 공주에 특별한 공헌을 한 인물이다. 이에 비해 홍길동은 다소 전설적인 요소가 없지 않지만 공주인물로 다루지 못할 것이 없다는 생각이다. 그런데 이 두 분을 더하더라도 '공주인물 10인'을 채우기 위해서는 앞으로도 여러 분이 찾아지지 않으면 안 된다. 인물의 고장 공주에서 '공주인물 10인'을 공감대 있는 인물로 채우는 것이 쉬운 일 같아 보이지 않는다.

지역 출신의 인물 가운데 그 뜻을 기릴만한 존경할만한 분을 찾아내고 조명하여 우리의 삶을 더 풍요롭게 하는 자원으로 삼을 필요가 있다. 발굴조사를 통하여 귀중한 문화재를 찾아내듯이 그런 분을 찾아서 그 분들의 뜻을 새기고 밝히는 것은 현재를 사는 우리의 가치로운 일중의 하나일 것이다. 다시 겨울이 시작하는 날, '공주 사람' 허임 선생의 온기를 함께 누리고 싶다.

〈금강뉴스〉 2006.11.30.)

나도 '공주'가 좋다

'월창(月窓)'에의 추억

아리타(有田) 사람들이 세운 박정자의 이삼평 기념비를 생각할 때마다, 나는 가슴이 '아리다'. 그 이유는 세 가지이다. 기념비의 비문을 둘러싼 문제가 그 하나이고, 정작 이삼평이 공주사람에게서는 외면되고 있는 현실이 그 두 번 째이며, 버려진 분청사기와 도자기 유적이 그 셋째 이유이다.

• 잊혀진 도예의 고장, 공주

이제는 잊혀져 있지만, 공주가 한국에서 꼽힐만한 도자기의 고장이었다는 사실은 되풀이 강조하여 자랑할만한 사실이다. 공주가 청자의 강진, 백자의 이천에 겨룰만한, 분청사기의 고장이었다는 것은 누구도 부인하기 어렵다. 그 중에서도 특히 계룡산 동쪽 기슭, 동학사 입구의 학봉리 철화분청은 대표적인 분청사기로서 정평이 있다. 그 유적은 수년 전에 겨우 국가사적으로 지정되기에 이르렀으나, 주변 환경은 점점 파괴되어가고, 도요지 일부만이 철책 안에 죄인처럼 갇혀 있는 것이 우리의 현실이다.

이 학봉리 도요지 가까운 곳, 박정자 언덕에 이삼평의 기념비가 세워진 것은 10여 년 전의 일이다. 이 비를 세운 사람들의 아리타는 일본의 대표적인 도자기 산지로서, 그 기원은 임진왜란 때 포로로 잡혀간 이삼평이라는 인물에서 비롯된다. 박정자의 이삼평 기념비는 세워지자마자 비문을 둘러싼 논쟁에 휩싸였다. 비문에서는 이삼평이 일본에 '건너갔다'는 표현을 사용하였는데, 이 문구가 논쟁의 초점이었다. 임진왜란의 포로로 잡혀간 이삼평을 '일본에 건너간' 인물로 표현함으로써 사실을 왜곡하였다는 것이다. 논란이 확대되면서 기념비 건립의 본질과 이삼평은 우리에게서 멀어져갔다.

이삼평 비문의 왜곡된 표현은 역사적 사실의 문제라는 측면에서 반드시 바로잡히는 것이 필요하다. 그러나 지금까지의 논의의 과정은 이 역사적 사실의 구체적 상황을 정확히 파악하고, 이 사실을 실증적으로 제시하는 노력이 수반되지 못하였다. 이 때문에 문제는 진전 없는 쟁론의 수준을 벗지 못하였다. 답답한 생각을 가진 이들이 성금을 모아 기념비 앞에 이 역사적 사실의 왜곡을 지적하는 새로운 안내판을 별도로 세우기에 이르렀다.

• 이삼평 '공주사람' 만들기

기념비문의 문제와 관련하여 좀더 검토해보면, 사실 이삼평이 일본에 잡혀갔다는 기록은 없다. 반면 일본에 남겨진 이삼평의 관련 자료에는, 그가 나베시마 군의 길 안내를 하는 '부역'을 하였으며, 이 때문에 철수하는 왜군을 따라 스스로 일본행을 결정했다는 점이 구체적으로 언급되고 있다. 적어도 관련 기록을 신빙할 경우, 이삼평의 '자의적(自意的) 도일(渡日)'은 매우 명백한 것이어서 논란을 허용하지 않는다. 실제로 국내에서도 이 기록에 근거, 이삼평을 이적행위를 저지르고 일본으로 도망한 '비열한' 인물로 몰아간 주장도 공공연히 제기된 바 있다.

그러나 기록의 해석은 반드시 사료비판을 필요로 한다. 이 점에서 이삼평 관련의 고기록은 문제점이 있다. 한편 임란 당시 조선 도공의 조직적 납치는 당시 왜군의 일반적 양상이었다. 이것이 이삼평의 자의적 도일 주장을 부정하게 되는 근거의 큰 줄기이다.

수 년 전 아리타의 이삼평 묘비에서 나는 그가 자신을 '월창(月窓)'이라는 이름으로 자호(自號)한 것을 목도하며, 작은 충격을 받았다. 그것은 깊어가는 밤, 창 밖 저 멀리에 아스라이 걸려 있는 달의 사무치는 모습을 연상시키는 것이었는데, 대체 그가 자신을 '월창'이라는 이름으로 자호 하였던 이유는 무엇이었을까 하는 것 때문이었다. 필시 그는 밤이면 밤마다 창 밖의 달 때문에, 사무치는 괴로움으로 시달렸을 것 같만 같았다. 그것이야말로 고향에 두고 온 처자와 부모 형제들에 대한 그리움, 물장구 치며 뛰놀던 금강에서의 추억 때문이 아니었겠는가. 그의 이름(성)이 고향 금강(가네가에)으로부터 따온 것이라는 기록이 이에 조응하고 있다. 아리타의 묘비, 그 '월창(月窓)'이라는 이름을 통하여 나는 그날 그의 눈물 방울을 보았다.

반포에서는 4월 8일부터 분청사기 도예축제가 열린다고 한다. 공주 최초의 도예축제라는 점에서 그 의미가 적지 않다는 생각이다. 여기에는 이삼평 공의 14대손 가네가에 쇼헤이(金江省平)씨도 참석하기로 되어 있다고 한다. 아무쪼록 공주가 '백제의 고도'로서만이 아닌, 분청사기라는 '도예의 명산지'로서 그 이름을 회복하고, 새로운 도예문화를 꽃피울 날을 고대하게 된다.

(〈공주신문〉 2004.4.3.)

'옷자락 펄럭이며'

나는 고구마를 물리도록 먹고 자란 '고구마 세대' 중의 한 사람이다. 아침, 점심, 저녁, 그리고 새참, 하여튼 때를 가리지 않고 고구마를 먹었는데 날로도 먹고, 구워도 먹고, 말려서도 먹고, 그리고 보통은 한꺼번에 쪄서 두고두고 먹었다. 고구마, 그것은 부식이나 간식이 아닌, 거의 '주식'의 하나였다.

• '고구마'는 일본말(?)

고구마는 18세기에 일본에서 전래된 것이라 한다. 조엄이라는 사신이 일본에 갔다가 대마도에서 가져온 이후 널리 퍼졌다는 것이다. 조엄이 일본에 가게된 것은 통신사의 정사(正使)로서 였다. 그런데 정작 우리의 관심은 이 고구마 사행의 통신사 일행 속에 공주 출신의 선비인 퇴석(退石) 김인겸(1707~1772)이 동행하고 있었다는 사실이다. 그는 일종의 일본 여행기에 해당하는 〈일동장유가(日東壯遊歌)〉라는 불후의 작품을 남겼는데, 이 작품은 조선시대 한글로 지은 뛰어난 장편의 가사문학으로 높이 평가되고 있다.

고구마는 당시 일본에서 '효행마(孝行麻)', 혹은 '효자마(孝子麻)'라고도 불렸다고 한다. 식량이 부족하던 때, 특히 하절기 이후 식량의 부족을 메꾸는데 큰 공헌을 한 것이 고구마였기 때문인지 모른다. 이 '효행마' 혹은 '효자마'의 일본어 발음이 '고코마'이다. 조엄과 함께 일본에 갔던 김인겸은 〈일동장유가〉

에서 모양이 '하수오(何首烏)'같다고 하고, '효자 토란'이라는 이름으로 이를 언급한 대목이 있다. 김인겸의 작품에서 고구마에 대한 관심이 표방되고 있는 것을 보더라도, 고구마의 전래는 김인겸을 포함한 당시 통신사 일행의 공동 작품이었다는 심증을 갖게 한다.

'고구마 사행'의 김인겸이 조엄을 수행하여 통신사의 일원으로 일본에 간 것은 1764년(영조 40)의 일이다. 통신사 일행의 규모는 무려 477명, 왕복의 사행에는 꼬박 1년이 걸렸는데, 풍랑으로 인한 선박의 좌초, 중도에 수행원의 피살 사건이 일어나는 등 천신만고의 여정이었다. 이 때문에 조선통신사의 역사를 정리한 미야케(三宅英利) 교수는 김인겸이 포함된 당시의 통신사행을 '분쟁으로 세월을 보낸 1764년 통신사'라 표현할 정도였다. 결국 이 사행은, 사실상 조선의 일본에 대한 마지막 통신사행의 성격을 갖게 되고 말았다.

• 잊혀진 공주 인물, 김인겸

〈일동장유가〉를 지은 퇴석 선생 김인겸의 가비(歌碑)가 금강 가에 서 있는 사실에 주목하는 공주 사람은 거의 없는 것 같다. 그 가비는 1989년 7월 한국의 국문학회에서 기라성 같은 학자들이 중심이 되어, 그 후손 및 공주 사람 몇 분들과 함께 세운 것이다. 김인겸 선생은 안동 김씨, 영의정을 지낸 김창집의 5촌 조카이기도 한 명가의 출신이다. 10여 년 전 조동길 교수는 '공주의 자랑스러운 문인' 김인겸 선생에 대한 주의를 환기시키면서, 그 유적지와 묘소 등에 대한 고증과 기념 사업 등을 제안한 바 있다. 그러나 우리 식단에서 고구마가 까맣게 잊혀져 있듯이, 공주에서 김인겸 선생 역시 거의 기억되지 못하고 있다.

금강교 옆 가비(歌碑)의 기문(記文) 가운데에는 "오늘 선생의 인품과 유운(遺韻)을 사모하는 후진들이 정성을 모아, 생시의 선생이 옷자락 펄럭이며 건너

다니시던 이 오얏나루 언덕에 조그만 한 덩이 돌을 세워" 기린다고 하였다. 여기에서 오얏나루가 지목된 것은 선생의 향리가 가까운 무릉동이었다는 데서 연유한 것이다. 그러나 정작 이 비가 서 있는 곳은 "선생이 옷자락 펄럭이며 건너다니시던" 오얏나루가 아니고, 전막 금강의 구다리 입구이다. 주변은 차 하나 세울 여유가 없는, 근접 불능의 공간이어서 선생의 노래비는 그 존재조차 확인하기 어렵게 되어 있다.

매일 나의 출퇴근은 공주가 자랑스러워해야만 할, 이 퇴석 선생 노래비의 곁을 지난다. 차들은 조수(潮水)처럼 그 곁을 밀려다니지만, 그것은 아무도 알아보지도 찾아 볼 수도 없는 '절대 고독'의 공간이다. '태극기 휘날리며'는 오래 전 1천 만 관객을 넘어 미국에서도 휘날린다고 한다. 그러나 공주 금강 가에서 문필절륜(文筆絶倫)의 한 분 선비가 '옷자락 펄럭인' 것만으로는 아무래도 역부족인 것 같다.

잊혀진 공주 인물 김인겸, 그의 터 밭을 찾아 한 그루의 고구마를 심는 일, 그리고 그의 삶과 작품과 유적을 조명하는 일은 그래서 오늘 우리의 몫이 되었다.

(《공주신문》 2004.9.18.)

고균(古筠)의 고향에서

지난 4월 총선에서는 예전에 볼 수 없었던 새로운 정치 풍경이 연출되었다. 거의 남성들만의 잔치로만 여겨져 왔던 정치판에서, 여성 정치인들이 간판과 주역이 되어 치열한 선거전을 치러냈기 때문이다. 역사의 길이 보여주는 중요한 줄거리의 하나는 '평등'에의 길이었다. 우리 역사에서 노비제를 폐지하고 신분적 차별을 법적으로 부정할 수 있게 된 것은 1894년, 지금으로부터 불과 1세기 남짓에 불과하였다. 그것은 사람과 사람들 간의 차별 구조의 토대가 붕괴되기 시작한 기점이었다. 이후 1세기 남짓에 이루어진 변화를 생각하면, 얼마나 빠른 속도로 사회적 변화와 혁명이 지속되어 왔는가를 짐작할 만하다.

• 실패한 쿠데타, 그러나

금년 갑신년은 마침 갑신정변이 있었던 2주갑, 120년이 되는 해이다. 공주시 주최로 고균 김옥균 선생에 대한 세미나가 공주에서 개최되었다. 풍운아 김옥균이 바로 공주 사람, 정안의 광정 출신이기 때문이다. 고균 선생은 어린 시절을 이곳 광정과 차령고개 너머 천안 땅에서 지내다 서울로 상경 하였다고 한다. 세미나에서는 차령 고개 기슭의 정안 인풍리에서 고균 선생의 부모와 가족의 묘소들을 확인하였다는 보고가 있었다.

광정 출신의 청년 김옥균이 조선의 근대화라는 꿈을 안고 쿠데타를 일으킨 것은 1884년 12월(음력 10월)의 일이었다. 우정국 낙성식의 축하연을 이용하여 작업이 시작된 것은 밤늦은 시간 10시쯤이었다. 개화당은 국왕 고종을 선점하여 민씨 고관들을 처단하고 개화파 인사들을 중심으로 새 정부를 구성하였다. 준비한 14개조의 개혁 정강도 발표 하였다. 그 가운데는 문벌의 폐지와 평등권의 강조, 청에 대한 사대의례의 폐지 등 자주적이고 근대적인 개혁의지가 천명되었다. 그러나 이 정권은 3일만에 무너지고 말았다. 서울에 주둔하고 있던 청의 군대가 개입하고 들어왔기 때문이다. 그는 일본으로 망명하여 정치적 '낭인'의 처지로 전락하였으며, 끝내는 정치적 음모에 말려 낯선 상해 땅에서 비참한 죽음을 당하였다. 일본에 남겨진 묘소는 이같은 그의 비극적 말로를 잘 상징하고 있다.

그는 시대를 너무 앞서 간 혁명가였으며, 결과적으로 현실을 간과함으로써 실패한 개혁가에 그치고 말았다. 1884년 그가 근대적 개혁을 위한 쿠데타를 기도하였을 때, 이러한 역사적 의미를 이해하는 사람은 별로 많지 않았다. 그러나 10년이 지난 후, 그가 추구하였던 근대적 개혁에의 사상은 널리 확산되어 동학농민혁명의 발발로까지 발전하였다. 동학농민군은 노비문서의 소각, 문벌의 타파 등 평등권에 기초한 근대적 개혁을 지향하고 있었다는 점에서 갑신정변의 개혁정신이 포함되어 있었다. 이들 농민군이 1894년 공주에 이르렀을 때, 이들은 일본군의 조직적 공격으로 많은 사상자를 낸 채 무너지고 말았다. 일본측의 지원을 기대하며 일으켰던 근대 개혁에의 정치적 사건은 10년 후 농민봉기의 단계로 심화되었으나, 역으로 일본군의 대응으로 실패로 귀결되고 말았던 것이다.

• 어떻게 기념할 것인가

옛 선인, 역사적 인물을 어떻게 기념할 것인가 하는 것은 우리 시대 고민의 문제중의 하나이다. '성역'을 조성하여 신전을 건설하고, 분향을 강요하는 예배처의 개념은 21세기의 기념관으로서는 생명력을 갖기 어려운 것 같기 때문이다. 이러한 점에서 세미나의 주제가 되었던 '역사 인물, 어떻게 기념할 것인가' 하는 문제는, 오늘 우리의 문화적 역량을 가늠하는 시금석이 될 수 있다. 세미나의 발표자의 한 사람이었던 이해준 교수는 지금까지의 역사 인물에 대한 기념의 방식이 갖는 문제점들을 지적하면서, 풍부한 자료를 바탕으로 한 교육적 공간, 관광자원으로서의 활용이라는 틀 속에서 이에 대한 구체적인 작업의 아이디어를 제시하고 있다.

평등에의 여정에서, 우리는 1세기 전의 선인들로부터도 적지 않은 '역사적인 빚'을 지고 있다는 사실을 새삼 확인하게 된다.

(〈공주신문〉 2004.5.3.)

2

제민천, '생태'를 넘어서

70년 전 제민천의 추억을 정리한 소노다(園田) 씨의 글을 번역하여 요즘 신문에 연재하고 있다. 그러면서 나는 제민천에 대한 관심을 다시 갖게 되었다. 소년 소노다의 제민천은 모래톱 정결한 물에 바글거리는 물고기를 잡곤 하였던 추억의 강이었다.

• 고도(古都)의 일부인 제민천

사실 제민천은 고도 공주의 젖줄이다. 상대적으로 말하면, 드넓은 서울 도심의 청계천에 비교할 바가 아니다. 지금의 제민천은 엿가락처럼 한 줄기, 직선의 도막으로 되어 있지만, 원래는 동맥에 정맥과 실핏줄이 깔린 것처럼 지천이 쫙 깔렸을 것이다. 그래서 공주의 도시 역사는 제민천 개발의 역사와도 같은 것이었다. 대지 면적이 많지 않은 공주의 구도심에서 지천을 정리하고 둑을 쌓고 매립하는 작업을 통하여 비로소 도시가 들어설 공간이 만들어지기 때문이다.

공주에 도읍했던 초기인 491년 여름 6월, 금강물이 불어 왕도의 도심이 물에 잠겼다. 집 2백여 채가 큰 피해를 입었다. 금강물이 불어 제민천으로 역류하여 시내를 완전 침수시킨 것이다. 다시 497년 여름 6월에 큰 비가 내려 시내의 집들이 다시 잠겼다. 이같은 왕도 공주의 수재는 제민천에 대한 치수 작업이 미비한 상태에서의 사정이었다. 제민천에 대한 치수, 그것은 백제시대 도시 공주의 가장 큰 과제였던 것이다.

498년 동성왕대에 '웅진교'라는 이름의 다리가 가설되었다. 혹자는 이를 금강에 가설한 다리로 추정하는 경우도 있지만, 제민천의 치수도 제대로 되지 않은 시점에서 금강에 다리를 가설한다는 것은 시기상조의 일이 아닐 수 없다. 이때의 '웅진교'는 바로 제민천을 가로지르는 도심의 다리였으며, 이것은 공주의 도시 정비작업의 진행을 말해주는 것이었다. 나는 이 '웅진교'가 뒤의 대통교 정도에 해당할 것이라는 의견을 내놓은 적이 있는데, 그 일대는 필시 백제시대에 토목사업과 건축사업이 크게 이루어졌던 현장일 것이다.

홍수가 날 때마다 제민천은 제방을 다시 쌓거나 보수하고 다리를 새로 가설해야만 했다. 지금은 공산성 서문 앞에 옮겨진 제민천교 비석도 그러한 제민천의 역사를 설명해준다. 2백년 전인 1817년 여름 큰비가 내려 다리는 무너지고 제민천은 절단이 나고 말았다. 3천 여금의 예산이 소요되는 사업이었는데, 여러 방법을 동원하여 가까스로 둑을 수리하고 다리를 새로 놓을 수 있었다. 그 산고(産苦)를 적은 것이 '제민천교 영세비'라는 비석이다.

• 역사문화의 옷을 입히자

지금, 제민천은 대대적으로 정비 작업이 진행중에 있다. 주변 환경을 청결하게 하고 생태하천을 복원함으로써 도시 공주의 면모를 새롭게 하려는 회심의 사업이다. 그러나 제민천이 고도 공주의 일부라는 점에서 구 도심의 핵심을 차지하는 제민천의 정비도 역사와 문화의 옷을 입히지 않으면 안될 것 같다. 제민천 역시 고도 공주의 일부라는 점에서.

(〈공주시정신문〉, 2013)

나도 '공주'가 좋다

　개교 60주년을 목전에 둔 요즘 교명 변경을 둘러싼 논의가 질펀하다. 어떤 이들은 공주가 아닌 다른 이름으로만 고치면 학교가 금방 크게 발전하리라는 불확실한 기대를 공공연하게 강요하고 있다. 대학발전에 공주라는 이름이 걸림돌이라는 것이다. 또 14만도 안되는 작은 도시의 이름을 큰 학교, '대학'의 교명으로 어떻게 계속 사용할 수 있는가하는 회의적 시각도 있는 것 같다.

　공주라는 이름은 1천 여 년 전 태조 왕건이 만들어준 아주 오래된 상표이다. 그리고 대학의 교명으로 60년을 사용한 이름이며, 그 이름은 충청지역에서 가장 오랜 역사를 가진 교명이기도 하다. 답사 등으로 외지에 가는 기회가 많은데 공주나 공주대학교에서 왔다고 말하면, 공주가 어디냐고 되묻는 사람을 나는 아직 한 사람도 만난 적이 없다. 공주라는 이름은 그만큼 널리 알려진 이름인 것이다.

　우리 공주대가 근년의 입학자원 감소에도 불구하고 우수 인재의 모집에 성공적일 수 있었던 중요한 이유의 하나가 교육 현장에 있는 졸업생 동문 교사들의 덕이라는 사실을 부인할 사람은 없을 것이다. 대학 발전에 우수 인재의 확보만큼 중요한 관건은 없기 때문이다. 60년 전통의 교명을 포기하면 60년 동문 교사들의 후원도 포기해야한다는 점에서 과연 교명의 변경이 대학발전을 보장하는 길이 될 것인가 확신하기 어렵다.

　교명 변경은 특히 사범대학에 있어서는 결정적 타격이다. 하루가 급한 마당에 60년 축적한 각고의 전통을 제 손으로 무너뜨리면서 새로 모래성을 쌓겠다는 치명적 우를 범하는 것이다. 사범대학을 무너뜨리면서 공주대를 어떻게 발전시킬 수 있는 것인지, 이해하기 어렵다.

옛날 백제 왕자 서동은 공주를 사랑했다는데, 그래서 나도 그렇게 고백하고 싶다. "나도 '공주'가 좋다."

(2007.11.2)

'무령왕' 별이 뜨기까지 3

한국화가 김영화가 그리고 있는 무령왕의 초상(2015.9)

국제적 감각에 바탕한 '자연의 미'
백제의 미술문화

• 계기: 백제의 미술적 성과를 자극한 것은 불교였다

백제는 정치적으로 5백 년 가까운 기간 한강 유역이 그 중심이었다. 그러나 백제문화가 꽃피었던 곳은 공주와 부여에 도읍하고 있던 금강유역에서의 2백 년 기간이었다. 백제문화는 왜 금강유역에서 꽃을 피웠는가. 그 이유는 다름 아닌 불교에 있다. 즉 불교의 발전이 백제의 문화, 특히 미술문화를 자극하고 발전시키는 동력이 되었다는 것이다.

백제에 불교가 전해진 것은 4세기 후반(384), 중국의 동진으로부터라고 기록되어 있다. 그러나 불교가 왕족들의 신앙심과 깊이 결합되어 정치적 영향력에 의하여 뒷받침 받았던 것은 그로부터 한 세기 후 공주도읍기(475~538)로부터의 일이었다. 성왕(聖王)은 527년 공주 도성의 중심부에 '대통사(大通寺)'라는 이름의 절을 건립하였고 이것은 부여 도읍기 수다한 가람 조성의 기원이 되었다. 또 대통사 이전, 무령왕(재위 501~538)의 유물 중에는 불교적 소재를 예술로서 구체화한 많은 걸작이 확인되고 있다. 이로써 대략 6세기 초 공주 도읍기에는 불교가 왕족과 깊이 관련되어 있었으며 동시에 내적 신앙심의 토대 위에서 불교문화의 작업이 이루어졌음을 알 수 있다.

• 기반: 백제 미술은 '자연의 미'에 바탕하고 있다

일찍이 김원룡 선생을 비롯한 미술사 연구자들은 한국 미술의 특징을 '자연미'에서 구한 바 있다. 한국미의 특징을 '자연미'에서 구할 수 있다고 한다면, 그 한국의 미 가운데 가장 부합하는 예술적 특징을 보여주는 것이 백제미술이다.

와전의 경우를 예로 든다. 부여에서 출토된 백제 산경문전은 산과 내, 소나무를 화면에 가득 표현한 한 장의 그림이다. 둥글고 부드럽게 표현된 산봉우리의 모양은 백제인의 여유있고 유연한 심성을 표현한 것이면서 동시에 이같은 풍경은 백제의 산하에서 실견(實見) 할 수 있는 모습이기도 하다. 와당은 삼국시대 건축미술 발전에 매우 중요한 비중을 차지하고 있는데, 그 무늬는 거의 공통적으로 연꽃무늬가 많이 채택되고 있다. 이 연꽃의 표현은 삼국 간에 서로 차이가 있었으며, 백제 와당의 연꽃은 특히 부드럽고 육감적인 느낌을 주는 두드러진 자연미를 그 특징으로 하고 있다.

백제 미술의 자연미는 부드럽고 섬세한 백제인의 심성이 반영된 것이었다. 백제의 영역은 비옥한 들이 넓고 험준한 산지가 적으며, 수로와 해로를 통한 교류가 발전한 지역이다. 특히 문화발전의 중심이 된 충남 지역은 이러한 특징이 두드러진다. 지금도 전라도 사람은 예술적 감각이 뛰어나고 충청도 사람은 부드럽고 여유 있는 인성으로 정평이 나 있다. 백제문화는 이같은 심성과 재능이 반영된 것이었다.

• 발전: 백제 미술의 수준을 높힌 것은 국제 감각이었다

백제 미술을 발전시킨 원동력은 개방성, 즉 백제인의 열린 마음이다. 그리고 이같은 개방성은 백제를 중심으로 한 국제교류에 의하여 가능한 것이었다.

공주에 소재한 무령왕릉에는 중국 남조의 유물, 그리고 일본으로부터의 유물이 함께 공존하여 6세기 초 당시 백제 중심의 활발한 동아시아 국제관계를 잘 보여준다. 등잔으로 사용된 5개의 백자 잔, 왕릉의 입구 쪽에 놓여 있던 2점의 청자 항아리 등은 왕릉의 건축 묘제와 함께 중국 남조로부터 온 것이다. 한편 왕과 왕비가 안치되었던 화려한 목관의 나무는 일본으로부터 들여온 것이다.

백제는 7백 년 역사를 통하여 여러 차례 도읍을 옮기는 등 이동성(移動性)이 특징을 이루었다. 이같은 도읍의 이동은 지배 세력 및 체제의 재정비를 포함하는 것이어서 새로운 변화와 착상의 계기가 되었다.

• 계승: 백제의 미술은 신라와 일본에 의하여 계승되었다

신라는 통일 이후 백제로부터의 많은 유산을 의도적으로 부정하였다. 그럼에도 불구하고 절의 탑만은 백제가 개발한 석탑을 채택하여 통일 이후 이를 일반화 시켰다. 신라의 3층 석탑은 백제석탑을 변형시켜 일반화 한 것이며, 그것이 다시 고려시대를 거치면서 한국 석탑의 흐름이 되었다.

백제의 미술문화와 기술의 수혜를 가장 많이 입은 것은 일본이었다. 538년 백제 성왕에 의하여 일본에 불교가 전해지고 588년 아스카에 일본 최초의 사원 법흥사(法興寺. 飛鳥寺)가 백제의 후원으로 건립되었다. 593년에 세워진 오사카의 사천왕사는 부여의 사원들과 완전히 동일한 컨셉의 건축이었다. 교토 광륭사의 목조 미륵반가사유상, 법륭사의 백제관음상 역시 일본 고대 문화에 미친 백제 미술의 영향을 배경으로 하고 있다.

(『공주 2006 '예술과 복지' 국제회의논집』(세미나 자료집), 디자인史포럼, 2006)

백제의 얼과 맥
충남의 역사와 정신

2015년 7월, 공주와 부여의 백제유적이 유네스코 세계유산에 등재되었습니다. 1971년 7월 무령왕릉의 발굴 이래 최대의 경사라고 할 수 있는 기쁜 소식입니다. 공주와 부여만이 아니고, 충남 사람으로서 긍지와 자부심을 가질 수 있도록 한 쾌거인 것입니다.

• 우리의 고장 충청남도는?

충남은 인구 206만 3천(2015.1 통계), 15개 시군(8개시, 7개군)으로 구성되어 있습니다. 같은 충남이지만, 금강을 끼고 있는 공주, 부여, 논산 등 동부지역과 삽교천을 중심으로 한 내포지역은 생활권의 차이가 있었습니다. 금강과 계룡산이 중심인 동부지역은 오랫동안 행정 중심지로 발달하였고, 가야산과 삽교천이 있는 내포지역은 물산이 풍부한 데다 특히 바다의 자원을 보유하고 있는 곳입니다. 2012년 말 충남도청이 대전시에서 내포신도시로 이전한 것은 충남 역사의 큰 변화라 할 수 있습니다. 한편 근년에는 수도권에 가까운 충남 북부 지역 천안과 아산의 인구가 급격히 증가하고 있습니다. 60만 인구의 천안, 거기에 30만 인구의 아산이 그것입니다.

충남은 남한의 중부지대에 위치하고 있어서 호남, 영남의 남부지역과 수도권을 이어주는 역할을 하고 있습니다. 이 때문에 교통도시로서 대전이 발전하여 광역시로 독립하였고, 세종시는 우리나라의 행정중심도시의 기능 때문에 충남으로부터 특별자치시로 독립하였습니다.

• 백제를 토대로 하여 발전해온 역사입니다

충남지역이 한국 역사에서 부각된 것은 475년 백제의 수도가 금강 중류에 위치한 공주로 옮기면서부터입니다. 이에 의하여 충남은 한 왕국의 왕도가 소재함으로써 우리 역사의 중심점에 서게 됩니다. 이후 660년 나당 연합군에 의한 부여 도성의 함락에 이르기까지 약 2백년 간, 백제는 어려움을 극복하며 국가적 발전을 이룩하였습니다.

이 기간 백제는 문화적 발전과 함께 대외교류에 의한 선진 문화 전파 등 괄목할 역할을 담당하였습니다. 백제를 동아시아의 '교류왕국', 그리고 '기술강국'으로 칭하는 것은 이 때문입니다. 백제 문화는 이웃 신라에 전해지고, 바다 건너 일본에서 발전하였습니다. 신라가 자랑하던 황룡사의 9층탑이 백제의 기술자에 의하여 만들어지고, 아스카의 고대 문화 발전이 백제를 토대로 가능하였다는 것은 널리 알려진 사실입니다. 이번에 세계문화유산에 포함된 부여 정림사지의 5층탑, 그리고 무령왕릉의 출토유물은 백제가 갖는 문화적 선진성과 국제교류의 고리로서의 역할을 잘 입증하는 것입니다.

신라의 통일이후 충남에 해당하는 웅천주의 치소가 공주에 두어졌고, 1602년 충청감영은 공주에 설치되었습니다. '충청도'라는 도 이름은 고려시대에 성립하였는데, 충청도가 남북으로 나누어져 충청남도가 시작된 것은 한말 1896년, 이때 충남도청은 공주에 그대로 두어졌습니다. 그러나 1932년 충남도청이 신흥의 교통 도시 대전으로 이전되었는데, 대전이 광역시로 독립함에 따라 충남도청이 대전시에 소재하는 불편한 상황이 오래 이어졌습니다. 2012년 말 충남 도청이 내포 신도시로 옮긴 것은 충남의 발전을 위하여 당연한 일이라 하겠습니다.

• 전통문화의 힘은 충남의 자랑입니다

충남의 중요한 힘은 문화에 있었습니다. 백제문화 자체가 외래문화의 수용에 의한 이의 자기문화화에 그 기반을 두고 있기 때문입니다. 무령왕릉에서 백제 유물과 함께 수습된 중국으로부터의 도자기류, 그리고 일본으로부터 온 관목(棺木)은 백제가 갖는 개방적 교류의 양상을 입증하는 것입니다. 충남문화는 백제문화의 개화 이래 외래문화의 자기화, 그리고 이의 새로운 확산에 의하여 그 문화적 역사적 기능을 담당하여 왔다고 할 수 있습니다.

백제문화 이래, 조선조 도자기 문화의 발달이나 성리학의 발전은 이같은 문화적 특성과 관련이 있습니다. 조선 후기 성리학의 발전에 있어서 충남지역이 차지한 비중은 매우 높았습니다. 그 중에서도 충남의 동부지역 공주, 논산, 대전 지역은 조선 후기 성리학의 기라성 같은 학자들을 배출한 곳이었습니다. 이 때문에 이 지역의 학자 집단을 경상도의 영남학파와 쌍벽을 이룬 '기호학파'로 불렀습니다.

성리학의 시대가 그 힘을 상실할 무렵, 충남은 서양으로부터의 종교인 천주교의 초기 신앙 거점으로서 새로운 기능을 담당하게 됩니다. 충남 가운데 특히 내포지방은 한국 초기 천주교의 '못자리'로서 널리 알려져 있고, 19세기를 전후하여 많은 순교자를 배출하였습니다. 당진, 서산, 예산, 보령, 공주 등지에 널려진 수다한 천주교 유적은 충남문화가 새로운 문화 요소에 개방적이며, 이를 자기화하여 발전시키는 저력이 토대가 되었다고 할 수 있습니다.

• 충청남도는 충과 효의 고장입니다

충남의 정신은 충과 효의 정신으로 대표됩니다. 효와 관련, 대표적 충남의 효자로서 공주의 향덕, 예산 이성만 형제를 꼽을 수 있습니다. 향덕이란 인물은 8세기 신라시대 공주사람이고, 이성만 형제는 15세기 예산 사람입니다. 향덕은 모친이 병을 앓자 이를 치료하기 위하여 입으로 고름을 빨아내고, 영양 섭취를 위하여 자신의 허벅지를 베어 먹인 인물인데, 『삼국사기』에 열전이 만들어질 정도로 당대에 효자의 대표 인물로 부각되었습니다. 예산의 이성만 형제는 효행과 함께 형제우애로 널리 알려져 있는 인물입니다. 밤에 볏가리를 형은 아우에게, 동생은 형에게 서로 가져다주다 어느날 달밤에 서로 마주쳤다는 유명한 이야기의 주인공입니다. 그들은 효행으로 널리 알려져, 세종 임금으로부터 직접 포상을 받았으며 마을사람들이 비석을 세워주기도 하였습니다. 이성만 형제는 부모님을 기쁘게 해드리기 위하여 부모님의 가까운 어른들을 초청하여 맛있는 음식을 자주 대접하였다고 합니다. 향덕의 효를 그대로 본받기는 어렵지만, 이성만 형제의 효와 우애는 지금 우리들도 본받을 수 있는 모범이라고 생각됩니다.

효와 함께 전통적인 충의정신은 충남지역 출신 인물들에 의하여 높이 고양되었습니다. 백제 멸망기 5천 결사대를 이끌고 황산벌에서 비극적 최후를 맞은 계백장군은 이 충의정신의 대표적 인물입니다. 고려 말 왜구 토벌에 공헌한 최영 장군, 수양대군의 정치적 야심에 희생당한 김종서와 사육신의 성삼문, 임진왜란의 영웅 이순신 장군 등이 그 유명한 예입니다. 청양의 최익현 선생은 한말의 위정척사운동으로 일본의 침략 야욕에 대항하다가 쓰시마에서 순절하였으며, 예산 출신 윤봉길은 1932년 상해 홍구공원에서 열린 '전승기념식'에서 폭탄을 투척, 일본군 시라가와 대장 등에게 중상을 입히고 처형당하였습니다. 서천 출신 이상재는 한말 서재필 등과 독립협회를 조직하고 청년운동과 기독교운동에 투신하였으며, 홍성의 김좌진은 1920년 만주에서의 청산리전투를 지휘하고 대한독립군단의 대표가 되었던 인물입니다. 독립운동가이며 불교 시인으로 널리 알려진 한용운은 홍성군 결성면 출신으로 옛집을 근년에 복원하였습니다. 천안출신 류관순은 3.1운동에 참가하여 서대문형무소에서 옥사하였으며 심훈은 1919년 3.1운동으로 복역한 후 당진에 잠적하여 농촌계몽소설 『상록수』를 쓰고 농촌 계몽운동에 헌신하였습니다. 나라가 위기에 처하였을 때 충남사람들이 보여준 이같은 충의 정신은 백제 이래 충남의 역사를 통하여 면면히 흘러 온 충남의 자랑스러운 정신입니다.

• 충남 정신을 어떻게 발전시킬 수 있을까요

첫째, 지식기반사회에서 선도적 역할을 다하는 일입니다. 백제문화는 한국과 동아시아 고대문화 발전에 선도적 역할을 담당하였습니다. 그것은 신라 혹은 일본에 영향을 미쳤으며 이러한 기반 위에서 불교문화와 성리학의 발전 등 지역문화의 진흥이 면면히 이어 내려왔습니다. 이것은 지식기반 사회의 새로운 구축을 과제로 하고 있는 우리시대의 과제에 유용한 지표가 되고 있습니다.

둘째, 충의정신은 지역사회를 위한 봉사의 정신입니다. 충의정신은 나라가 위기에 처하여 있을 때에 자신의 몸을 던져 나라를 구하는 정신인데, 나보다 남을 중히 여기는 이타적 정신은 개인주의가 팽배해가는 현대사회의 한 미덕으로 장려되어어야 하겠습니다.

셋째, 문화예술을 진흥하고 다양한 콘텐츠를 개발하여 지역 발전의 동력으로 삼는 일입니다. 백제문화의 특징은 문화예술의 진흥입니다. 백제시대에 발현되었던 문화예술의 감각을 재창조의 자원으로 삼아야 합니다. 또 백제문화 혹은 지역문화의 전통적 소재를 현대의 지역문화와 접맥함으로써 새로운 창의의 원천으로 삼는 일입니다.

넷째, 국제교류를 활성화하고 개방적인 사회를 만드는 일입니다. 백제문화의 특징은 문화의 개방성에 기초한 국제적 교류와 영향력입니다. 중국으로부터의 새로운 선진문화 요소의 도입, 자기문화로의 발전, 문화에 의한 대외적 영향력이 그것입니다. 이러한 점에서 충남의 경우 지역문화의 국제화, 국제교류의 활성화를 통한 문화적 능력과 영향력을 키워나가는 것이 중요하다고 하겠습니다.

(2015년 충남도내 초중학생 대상 '충남의 역사와 정신' 강의 원고)

'무령왕' 별이 뜨기까지

'백제'를 찾아서

먹고, 입고, 마시는, '원초적' 행위에 대한 관심이 높아지고 있다. 무엇을 먹을까, 무엇을 입을까의 문제는, 과거에는 먹고 입을 거리가 없는 데서 오는 고민이었다. 그러나 요즘의 고민, 무엇을 먹을까 입을까의 문제는, 없어서가 아니라 많아서의 문제, 선택에 관한 고민이 되었다.

• 왕들의 '실력'

연구 모임의 장소에서 충남의 민속주에 관한 발표가 있었는데, 참석자의 관심이 매우 높은 것을 보고 놀랜 적이 있다. 백제의 술이 일본으로 건너가 오늘날 일본주의 원조가 되었다는 이야기를, 나는 그때 처음 듣게 되었다. 생각해보니, 기록이 많지 않은 고대사의 자료 중에 술에 대한, 혹은 술을 연상시키는 내용이 가끔 등장하고 있다. 서기 500년, 공주의 동성왕은 궁궐 동쪽 가까운 곳에 연못을 만들어 각종 물고기를 넣고 기화요초를 심으며, 임류각이라는 고층의 누정을 지었다. 말하자면 왕궁의 '비원(秘苑)'을 조성한 것이다. 필시 이곳에서는 진지한 연회가 종종 베풀어졌을 것인데, 동성왕이 연회에 대한 신하의 간언을 번번히 무시하였다는 것을 보면, 그의 음주 실력이 만만치 않았으리라는 생각이 든다.

백제가 멸망한 시기의 임금이었던 의자왕을, 주색과 연결하여 상상하는 경우도 많다. 삼천궁녀의 이야기 때문인데, 그러나 삼천궁녀는 후대의 상상력의 소산이고 보면, 의자왕이 정말 술을 즐겼는지 어떤지는 알 수 없는 일이다. 의자왕은 부여가 함락되었을 때, 의자에도 앉지 못하고, 단 아래에서 적장 소정방과 신라 무열왕 김춘추에게 술잔을 바쳐 올려야 하는 기구한 역할을 맡기도 하였다. 부여에서 벌어진 '전승 파티'에서 의자왕이 올렸던 그 술은, 필시 부여에서 생산된 '백제 술'이었을 것이다.

백제의 술 주조법이 일본에 들어가 일본술의 원조가 되었다는 것은 일본의 옛 문헌, 『고사기』라는 책에 언급되고 있다. 수수허리(須須許里, 수수코리)라는 이름의 형제가 백제로부터 와서 술을 빚어 왜왕 응신에게 바쳤고, 왜왕(응신천왕)은 이 술을 마시고 기분이 유쾌하여져서 이렇게 노래 하였다는 것이다. "수수허리가 빚어 만든 술에/ 나는 완전히 취해 버렸다./ 무사 편안해지는 술/ 웃고 싶어지는 술에/ 나는 완전히 취해버렸노라."

• 백제인 수수허리

백제로부터의 새로운 술은 누룩을 사용해 만드는 현재 일본술의 원조이며, 그 이전까지의 주조법에 비해 훨씬 양질의 술을 다량으로 생산하는 것이 가능해졌다는 것이다. 그때 왜왕 응신이 맛본 수수허리의 그 백제술은, 왕의 입안에서 '술술' 넘어갔던 모양이다.

지난 겨울 나는 오사카에 가는 기회에 교토 부근에 아직까지 전하고 있다는, 수수허리의 사가신사(佐牙神社)를 찾았다. '사가'라는 신사의 이름은 '사케(酒)'와 같은 어원이라는 것이며, '사케(酒)'는 백제어(한국어)에서 유래하였을 가능성이 높다고 한다. 지금도 발효시키는 것을 우리 말로 '삭힌다'고 하는데, 이것들이 사실은 같은 어원이라는 것이다. 수수허리의 사가신사는 장소가 조금 옮겨져 대나무 숲속에 박혀 있었는데, 지금은 교통이 그리 좋지 않은 상태이다. 그러나 천자문을 일본에 전하였다는 왕인박사의 유적, 혹은 백제인 미마지가 전했다는 기악(伎樂. 백제음악) 전승이 있는 사쿠라이와도 그렇게 멀지 않은 곳이어서, 이 지역 일대가 과거 백제인의 집단 거류지, '쿠다라 타운'이었을 가능성을 시사해주고 있었다.

긴 겨울이 지나고, 이제 바야흐로 마른 가지에 꽃망울이 돋는 새봄을 맞았다. 금년 한 해도 여전히 많은 일들과 만날 것이지만, 아무쪼록 독자 여러분들의 모든 일이, '술, 술' 풀리기를, 빌어마지 않는다. 수수허리의 백제술이 왜왕 응신의 입 안에서 술술 풀려갔듯이.

(〈공주신문〉 2004.3.3.)

송산리의 추억

　무령왕릉의 등장으로 가장 큰 '피해'를 입은 것은 '송산리 6호분'이었다. 무령왕릉만 나오지 않았어도, '6호분'은 공주의 '백제왕릉'으로서 스포트를 여전히 받고 있을 참이었다. 그런데 어느 날 무령왕릉의 출현과 함께 6호분은 주연에서 조연으로 전락하고 말았다.

• 주연과 조연

　1933년 세상에 알려진 6호분은 아직 그 피장자를 알지 못한다. 무령왕릉과 앞인지 뒤인지 하는 축조 시기의 선후관계조차도 모호하다. 그러나 무령왕릉에 못지 않은 규모의 유사한 벽돌 무덤으로서 왕릉에 없는 사신도의 벽화까지 장식되어 있어서 그 중요성은 아무리 강조해도 지나치지 않는다. 이 '6호분'을 등장시킨 것은 가루베 지온(輕部慈恩)이었다. 이 무덤에 '6호'라는 이름을 붙인 것도 그였다. 가루베 지온이 공주에 온지 7년이 되던 해 여름, 그는 6호분의 배수구로부터 굴착하여 마침내 무덤의 방에까지 진입하는 데 성공하였다. 그것은 누가 보아도 공주의 서쪽에 위치하는 것으로 기록에 남겨진, 분명한 백제의 왕릉, 그것이었다.

　백제문화의 연구라는 나름의 각오를 가지고 1927년 평양에서 공주로 옮겨온 가루베 지온에게 있어서 송산리 6호분의 발견은 7년만의 황홀한 결실이었던 셈이다. 그러나 그것은 동시에 학문적으로 그가 '나쁜 사람'으로 찍히는 결정적 계기가 되었다. 유적의 무단 발굴이라는 점에서 그것은 일종의 범법 행위였다. 더욱이 조사 이후 그는 이 무덤이 이미 도굴된 것이라 하여 결과에 대한 공식적 보고조차 하지 않았다. 이 때문에 그는 부장 유물을 사취(私取)한 것이 아닌가 하는 의심을 끝까지 피할 수 없었고, 당시의 전문 학자들로부터도 비판의 대상이 되었다. 클라이막스가 곧 전락의 시발점이 되었던 것이다.

송산리로부터 수년 후, 그는 대전으로 전근하였고, 그리고 강경에서 해방을 맞아 귀국하였다. 그가 공주 재직시 수집하였던 유물들의 행방은 지금까지 밝혀져 있지 않다. 그는 유물을 그대로 놓아둔 채 빈손으로 귀국하였다고 여러 차례 밝혔지만, 실물은 끝내 확인되지 않았다. 이 때문에 혹자는 실제 그가 유물을 깜쪽 같이 팔아넘긴 것이라고도 하고, 또는 6.25 전란 속에 소실, 증발한 것으로 추정하기도 한다.

• '송산리의 추억'

그 가루베의 유물 몇 점이 지난 연말 공주에 돌아왔다. 그것은 대전 KBS 다큐 제작 과정에서 나라 박물관에서 확인된 백제 와당 몇 점으로, 큐슈박물관장의 주선으로 공주박물관에 기증된 것이라 한다. 그동안 가루베에 대한 비판은 많았지만, 정작 그의 조사활동의 내용을 파악하거나 유물에 대한 추적 작업은 소홀했다는 것을 의미하는 것처럼 생각된다. 해방 된지 60여 년, 가루베의 '비행'을 비판하는 데에는 핏대를 올렸어도 정작 우리가 해야 할 일은 어느만큼 했는가에 대해서는 회의가 든다. '비행'을 비판하는 것으로 태만이 정당화되는 것은 아니기 때문이다. 그 송산리 6호분이 여전히 방치되어 있는 것도 그러한 태만의 예일 것이다.

송산리 6호분에서 중요한 것은 특히 벽화이다. 벽화는 최근 몇 십년동안 급격히 퇴색하고 손상되었지만, 이에 대한 분석 작업이나 연구와 보존 혹은 복원을 위한 노력은 아직 전혀 시도된 바가 없다. '6호분'이라는 명칭을 지금까지 사용하고 있는 것도 우리의 무관심의 일단이다. 가루베가 대충 매겨놓은 번호를 진지한 논의 없이 지금까지 그대로 사용하고 있기 때문이다.

무령왕릉을 중심으로 한 백제문화재의 세계유산 만들기에 대한 논의가 일고 있다. 좋은 영화는 주연만이 아니라 좋은 조연도 필요한 법이다. '6호분', 송산리 벽화전축분이 훌륭한 조연자로서 성장할 수 있도록 지원과 배려가 절실히 필요하다는 생각이다.

《금강뉴스》 2007.1.30.)

왕릉발굴 40년, 무령왕교류 10년

금년 7월은 공주에서 무령왕릉이 발굴된 지 40년이 되는 해이다. 당시 발굴에 참여하였던 많은 분들이 작고하였고, 그리고 세월이 흘러 40년이 되었다. '발굴 40년'은 무령왕이 왕위에 즉위한 40 나이와 같은 수이기도 하다. 발굴 당시의 현장에는 없었지만, 이듬해 안승주 선생님이 실시한 왕릉 내부 실측작업에는 이해준 교수와 함께 투입되어 여름 내내 왕릉의 실내에서 지낸 기억이 아직 생생하다.

• 첫 국제세미나와 전문서 출간

발굴 20년이었던 1991년 나는 대학의 박물관장 보직에 있었는데 그때 도의 지원을 받아 두 가지 기념사업을 주관하였다. 백제문화연구소 이름의 무령왕릉 관련 국제학술세미나의 개최, 그리고 발굴보고서 이후 20년 연구 결과를 반영한 무령왕릉 전문서의 발간이 그것이었다. 국제 학술세미나는 왕릉 발굴 이후 최초의 본격적 학술 세미나의 성격을 갖는 것이었고, 『백제 무령왕릉』이라는 전문서는 무려 30명의 집필진을 동원한 것이었다. 작고한 미술교육과 이재희 교수의 도움을 받아 당시로서는 드물게 책 표지와 포스터의 디자인을 하고, 책의 제자(題字)로 쓰기 위하여 김병기 교수에게 부탁하여 강암 선생의 글씨를 받고, 사진은 지금은 광주대 사진학과 교수인 동생에게 부탁하여 싼값으로 전문 사진을 찍는 등 '무령왕의 이름'에 흠이 되지 않게 하기 위하여 나름대로 혼신을 다하여 작업에 임하였다. 왕릉 발굴의 책임자였던 김원룡 선생께도 '무령왕릉의 발견과 발굴조사'라는 제목의 원고를 부탁하였다. 왕릉 발견 당시의 육성을 좀 더 생생히 정리해둘 필요가 있었기 때문이다.

10년 전인 2001년, 무령왕릉 발굴 30년이 되는 해에는 왕이 태어난 곳으로 기록되어 있는 사가현의 가카라시마 섬을 단신 방문하였다. 그해는 마침 무령왕이 즉위한지 꼭 1500년이 되는 해기도 해서, 나름대로 감회가 있었다. 마침 몽골관계 심포지움에 초청받아 후쿠오카에 간 길에 섬에까지 가보기로 결단한 것이다. 지도를 보며 가카라시마에 가는 길은 전철을 타고 버스를 타고, 다시 시골버스를 갈아타고, 그리고 배를 타고서야 도착하는 불편하기 짝이 없는 여정이었다. 거기에서 만난 것이 탄생 전승이 있는 오비야우라 동굴과 함께 무령왕실행위원회의 임원들이었다.

• 무령왕의 기념비를 세우다

2002년 공주향토문화연구회 이름으로 30명 한일역사답사 프로그램을 시행하였다. 선상에서 1박하는 4박 5일의 큐슈답사는 다행히 반응이 괜찮았다. 나고야성박물관에서는 무령왕실행위원회 임원들과 교류회를 가졌다. 그리고 가카라시마 섬에 무령왕 탄생제가 만들어진 2003년 2회 행사부터 매년 축제 참가와 한일역사 탐방프로그램을 묶어 시행하게 되었다. 이에 따라 공주향토문화연구회에서 분가한 무령왕네트워크협의회가 조직되었으며 이후 정영일 회장이 지금까지 회장 직무로 수고를 다하고 있다. 일본에서도 공주 방문단이 보내졌으며, 특히 백제문화제 방문이 정례화 되었다.

교류가 이어지면서 무령왕기념비 건립 문제가 제기되었다. 기념비 건립문제는 단순한 교류와는 다른 델리케트한 점이 있었다. 무령왕 탄생에 대해 일본 역사서에 기록이 있다고 하여 덜컥 기념비를 세웠다가 역사적 사실과 어굿난다는 것이 확인되기라도 하면, 국제적으로 망신살이 뻗칠 수도 있었기 때문이다. 그래서 무령왕 관련 논문과 기록을 찾을 수 있는 데까지 샅샅이 검토한 다음 시작된 것이 기념비의 건립이었다. 경비는 한일 양측에서 공동모금으로 충당하는 것으로 하였다.

역설적인 이야기이기는 하지만, 무령왕이 안전하게 보전될 수 있었던 데에는 공주고보 교사 가루베 지온의 공(?)이 있었다. 그는 6호 벽화분을 파헤치면서 그 뒤에 잔존한 무령왕릉의 봉분을 풍수지리적 이유로 만들어진 '인공조산(人工造山)'이라는 결론을 발표하였다. 6호분에 들어간 가루베는 내심 바로 이 무덤이 무령왕의 능일 것으로 생각하였다. 그는 1970년 가을, "백제가 융성했던 때의 이야기를 옛기와와 나누다"라는 유서 같은 짧은 시를 남기고 세상을 떴다. 그리고 이듬해 7월 5일, 무령왕릉이 발견되었다. 필시 그는 그가 파헤친 6호 벽화분이 무령왕릉일 것으로 끝까지 믿었을 것이다. 2010년 나는 가루베 지온에 대한 논문집을 출판하였다.

• 다시 무령왕을 찾아서

2011년 6월 초 나는 10회째를 맞는 가카라시마 무령왕축제에 참석하였다. 금번 참석 인원은 31명, 식전에는 이준원 공주시장도 참석하였다. 7월 1일 나는 출국하여 오키나와를 향한다. 그리고 거기에서 왕릉 발견 40주년의 날, 7월 5일을 맞게 된다. 6월 28일 제4회 향토사대회에서 〈홍길동과 공주〉라는 주제를 만들어 '홍길동 공주사람 만들기'를 하였는데, 그 홍길동이 공주에서 오키나와로 갔다고 주장하는 이도 있다. 그런데 오키나와에는 홍길동만이 아니라 '무령왕'이라는 임금도 있다. 한자까지도 똑 같은 또 한분의 무령왕이다. 오키나와 3개월 체재 기간에 나는 또 한 분의 무령왕을 만나려고 한다.

(공주문화원, 〈공주문화〉 288, 2011년 7+8월호)

되살아나는 백제 '곤지왕'

안식년의 남은 기간을 후쿠오카에 있는 큐슈대학에서 지내게 되었다. 큐슈대 한국연구센터(센터장 松原孝俊 교수)에서의 나의 연구과제는 '원구(元寇)', 즉 1274년과 1281년 두 차례에 걸쳐 있었던 여몽연합군의 일본 침입에 대한 것이다. 4개월 간 큐슈대학에서의 신분은 객원교수, 1982년부터 10여 년 역사교육과에 같이 근무하다 고려대학교로 전출한 최덕수 교수의 추천으로 가능했던 특별한 기회였다.

• '아스카 청과물 작업장'에서

내가 후쿠오카에 도착한 11월 15일은 음력으로 10월 20일, 마침 1274년 여몽군이 하카타(후쿠오카)에 상륙하여 치열한 전투를 벌인 그 날이다. 우연인지, 운명인지, 날짜가 딱 그렇게 잡힌 것이다. 아직 새로운 환경에 익숙해지기도 전인 11월 19일, 멀리 오사카 하비키노시에서 열린 '아스카베 신사와 가와치(河內) 도래인 문화에 대하여 생각한다'라는 제목의 곤지왕 세미나에 참석하게 되었다.

하비키노시는 오사카부의 남쪽에 있는 도시인데 곤지를 모셨던 아스카베 신사가 있는 곳이다. 곤지라고 하면 다름 아닌 바로 무령왕의 아버지이다. 그가 461년 일본 아스카, 지금의 하비키노에 해당하는 가와치 아스카(河內飛

鳥)로 가는 도중 큐슈 마쓰우라(松浦)의 섬에서 무령왕이 출산된 것이다. 그는 가와치 아스카에서 상당한 세력을 형성하고 있었던 것 같다. 실제 왕위에 오르지는 못하였지만, 세상에서 왕으로 불리어온 인물이다. 문주왕의 공주 천도 이후 귀국하여 총리급에 해당하는 내신좌평의 직을 맡아 왕을 보필하였으나 바로 그 해(477)를 넘기지 못하고 의문의 죽음을 맞이하였다. 필시 반대파의 저항에 의한 정치적 암살이었을 것이다. 곤지왕의 신사는 하비키노에 있지만, 그의 무덤은 공주에 조성되었을 것이다,

세미나는 하비키노희망관과 필드뮤지엄토크사유회라는 향토사단체에서 주최한 것으로 되어 있었으나, 실제로 이를 기획하고 진행해온 것은 오사카 상업대학의 양형은교수이다. 하비키노 사람들을 흔들어 곤지왕을 기억하게 하는 일을 몇 년 째 진행중인 것이다.

기조강연은 카사이(笠井敏光) 선생이 맡아 신사가 있는 하비키노 아스카 지역과 곤지왕, 무령왕에 대하여 정리하였다. 카사이 선생은 가카라시마에 건립된 무령왕기념비의 최초 초안 스케치를 제안한 장본인이다. 이어 양형은교수는 '곤지를 제사하는 아스카베신사', 오카다(岡田典明) 선생은 '가와치(河內)의 도래인'이라는 제목으로 발표를 하였다. 신사가 있는 하비키노 아스카마을의 백제와의 깊은 인연을 집중 조명한 것이다.

원래 예정에는 없었지만, 이날 나는 마지막 순서로 '공주-가라츠 무령왕 교류 10년'을 간략히 발표하였다. 공주의 무령왕국제네트워크의 활동에 대한 소개였다. 곤지 신사가 있는 하비키노 시는 지역에 소재한 거대규모 전방후원분을 인근 지자체와 함께 세계유산으로 등재하기 위한 작업을 현재 진행중에 있다.

• 곤지국제네트워크에의 첫 걸음

세미나는 억수로 퍼붓는 우중임에도 불구하고 시종 들뜬 분위기에서 진행

되었다. 장소는 문화회관 같은 강당이 아니고, 아스카베 신사가 있는 마을의 청과물 작업장이었다. 함석으로 조립한 낡은 작업장을 장소로 잡았는데도 준비된 간이의자 150석이 모자랄 정도로 청중이 구름처럼 운집하였다.

양교수가 발표 중에 곤지왕의 초상을 공개한 것은 세미나의 하이라이트였다. 곤지왕의 초상은 소설가 정재수가 1999년과 2001년 곤지왕을 두 번 꿈에 만나고, 그것을 화가 김영화가 그려낸 것이라고 한다. 그 초상에서 나는 아들 무령왕의 얼굴을 보았다.

양교수는 이제 내년 본격적 세미나를 다시 준비하면서, 하비키노와 한성과 웅진을 연결하여 부자(父子)가 상봉하는 시민간 교류의 네트워크를 꿈꾸고 있다. "공주의 무령왕처럼, 우리는 곤지왕네트워크를 만들려고 합니다." 그는 나에게 그렇게 말하면서, 한 마디를 덧붙였다. "내년 2012년이 무령왕 태어나신 1550주년인데, 공주에서는 무얼 하나요?"

(〈금강뉴스〉 2011.11.25.)

무령왕의 섬, 노래, 그리고 별

『일본서기』의 기록에 의하면, 백제 제25대 무령왕은 일본에서 태어났다. 구체적으로는 큐슈의 사가현 가라츠시에 소재한 가카라시마(各羅島, 加唐島)라는 섬에서 태어났다. 더 구체적으로는 서기 461년 6월 1일에 태어났다. 이 믿기 어려운 기록이 무령왕릉 발견 이후 점차 하나의 사실로서 인정되어가고 있다. 관목으로 사용된 나무가 일본에서 온 것이라는 것이 밝혀지고, 특히 무령왕의 지석에 의하여 확인된 무령왕의 생년 461년이 사실로서 드러났기 때문이다.

• 무령왕의 섬

왕릉 발굴 30주년이 되던 2001년 나는 이 가카라시마를 처음으로 방문하고, 섬에 있는 전설의 동굴 오비야우라를 들렀다. 무령왕이 태어난 곳으로 전하는 전설의 해안이다. 이후로 매년 공주와 가라츠 두 지역 간 시민교류가 이어졌고, 2006년에는 무령왕기념비를 이 섬에 세웠다. 우여곡절 끝에 기념비는 공주에서 제작하여 선편으로 보내 가카라시마 언덕에 세웠다. 경비는 공주와 가라츠 두 지역에서의 모금으로 충당하였다.

금년 9월 14일에 나는 문화재보존학과 서정석 교수와 같이 큐슈국립박물관의 가카라시마 조사에 참여 하였다. 무령왕의 탄생지 가카라시마는 일본을 오가던 백제 사람들이 '니리무세마', '임금님의 섬'이라고 불렀다는데, 백제 사람들이 본 가카라시마는 어떤 모습인가 하는 것이 항상 궁금하였다. 매년 참가하는 가카라시마의 무령왕축제는 가라츠 시의 요부코 항이나 나고야 항에서 출발하는데, 우리가 볼수 있는 가카라시마는 섬의 남쪽에 해당한다. 백제 사람들은 북쪽 잇키 섬 쪽에서 남하하여 가카라시마 부근에서 좌회전해서 일본으로 들어가고, 다시 백제로 돌아갈 때는 가카라시마를 동쪽 방향에서 보면서 항해하다 서북쪽으로 꺾어 올라갔기 때문에 그들이 본 가카라시마는 섬의 북쪽 혹은 서쪽의 모습이었던 것이다.

9월 14일 큐슈박물관 팀의 전세선을 타고 가카라시마 섬을 돌았다. 하이라이트는 역시 잇키 쪽에서 남하하면서 가카라시마 섬의 모습을 관찰하는 것이었다. 원래 이 섬은 남북으로 오징어처럼 길쭉하게 생긴 섬이다. 때문에 섬의 모습이 오징어 머리 같이 작게 보일 것으로 상상하였다. 그러나 잇키에서 가카라시마 방향으로 가는 동안 내내 눈에 들어오는 것은 가카라시마 섬의 길게 누운 모습이었다. 잇키 이후에 한참동안 눈에 들어오는 것은 가카라시마 밖에 없었으며, 따라서 이 섬은 일본 열도에 접근하는 항행의 표지와 같은 기능을 갖는 것이었다. 섬이 생각과 달리 길게 횡으로 뻗친 채로 보이는 것은 잇키방면에서의 접근시점(視點)이 정남 방향이 아니고, 약간 동남 방향으로 사각(斜角)을 이룬 탓에 길게 보이는 것이었다. 백제 사람들은 이 섬을 보지 않고는 항해를 할 수 없었던 것이다. 10월 5일 공주대에서는 나라교대, 학예대학과 공동으로 백제문화 세미나가 있었고, 나는 여기에서 '백제의 대왜 항로'에 대해서 발표하였다.

• 무령왕 노래

무령왕이 태어난 가카라시마는 백제와 일본의 항해로의 중도에 위치한 섬이다. 백제 사람들에 있어서 가카라시마는 항해로의 한 표지가 되었다. 그래서 지나던 백제 사람들은 무령왕의 즉위 이후 이 섬을 '니리무세마'라고 불렀다. '임금님의 섬'이라는 뜻의 백제 말이다. 큐슈의 한 작곡가는 이 무령왕의 이야기를 노래로 만들고, '니리무세마'라는 제목을 붙였다. "왕자는 어머니와 나라(奈良) 땅에서/ 정해진 운명 따라 잘도 자라서/ 여덟 척 훤칠한 키, 하늘 찌르고/ 홍안의 빛난 얼굴 멋진 미소년."

내가 참여하고 있는 단체 무령왕네트워크에서는 금년에 '무령왕 일본어' 소모임을 만들어 초보 일본어 회화와 함께 이 무령왕 노래를 익혔다. 이 무령왕 노래는 백제문화제에 참가한 30여 명 가라츠 팀 환영회에서 불려졌다. 한편 가라츠 팀에는 큐슈의 지역 가수 와지마 시즈요가 참가하여, 백제문화제 개막식 식전행사에서 위의 '니리무세마' 노래를 우리말로 불렀다. 그리고 백제문화제가 시작하는 날 아침, 우리는 이 무령왕의 노래와 별을 주제로 '무령왕, 별과 노래'라는 프로그램을 개최하였다. 사토 씨가 무령왕 별에 대한 특강을 하고, 와지마 씨와 공주의 회원들이 무령왕 노래를 부르면서, 축제가 시작된 것이다. 장소는 무령왕릉 앞에 금년에 새로 건립한 웅진백제역사관이었다. 이 웅진백제역사관의 장소를 빌려 축제기간 9일 내내 공주대 교수들이 돌아가며 매일 1시간 씩 무령왕 특강을 하였다. 나는 '무령왕 7가지 비밀'이라는 제목으로 한 시간 특강을 하면서, 그 '노래와 별'에 대해서도 이야기 하였다.

• 무령왕 별

작년 2012년 2월, 가라츠와의 교류와 인연이 단초가 되어 '무령왕'이라는 별이 태어났다. 그때 나는 큐슈대학 한국연구센터의 객원교수로 체재하고 있는 중에 그 소식을 접하게 되었다. 일본의 아마추어 천문학자 사토 나오토는 사이타마현 지치부시(秩父市) 교외에 있는 자신의 천체관측소에서 발견한 별(소혹성) 하나에 대해 '무령왕'이라는 이름을 붙여 국제적인 관련 단체로부터 승인을 받았다. 사토 씨의 친구 도미타는 퇴직 후 고향 가라츠에 귀향하여 봉사활동으로 소일하고 있는데, 무령왕축제에 참가한 것이 인연이 되어 '무령왕' 별명명을 사토 씨에게 주선하였던 것이다. 소혹성 '무령왕'은 5년에 걸쳐 태양을 일주하고, 밝기는 19.0 등급이라고 한다. 지구과학과의 천문학 전공 김희수 교수는 관련 내용의 신빙성을 인터넷을 통하여 검증하여 주었다.

지난 10월 백제문화제에는 사토 씨와 도미타 씨가 참가하였다. 공주시에서는 이들 두 사람에게 공주 명예시민증을 수여하였다. '무령왕' 별에 대한 감사의 표시였다. 나는 귀국하는 사토 씨에게 2014년 제60회 백제문화제를 기념하는 별 하나를 부탁하였다. 가라츠 시에서 만든 '무령왕'에 이어, '공주의 별'을 만들었으면 해서였다. 최근 사토 씨로부터 긍정적 답신이 도착하였다. 앞으로 위원회를 구성하여, 시민 참여의 공모 등을 통하여 별 이름을 선정하려고 한다. 이름이 선정되면 사이타마현 거주 사토 씨에게 부탁하여 정식 절차를 밟아 별 이름이 등록될 수 있도록 절차를 밟게 될 것이다.

무령왕은 지금으로부터 1,500년 전 활동했던 백제의 제25대 임금이다. 왕위에 있었던 기간은 501년부터 523년까지이다. 그로부터 꼭 1,500년이 지난 오늘, 왕이 활동하고 그 무덤이 남아 있는 공주에서, 무령왕은 다시 살아나고 있는 것이다.

(공주대 역사교육과 학생회, 『곰나루』 28, 2013)

'별에서 온' 무령왕,
그리고 백제문화제

제60회 백제문화제 기념으로 '공주'라는 이름의 소혹성 별이름 등재를 추진중에 있다. 2013년 제59회 백제문화제에 참석하여 공주 명예시민증을 받은 사토 나오토(佐藤直人) 씨로부터 공주 별 등재에 협조하겠다는 약속을 받은 것에 근거한 것이다.

2013년 연말에 공주별이름선정위원회(위원장 최석원 전 공주대 총장)를 결성하고 몇 차례의 회의를 거쳐 공주, 백제, 고마나루, 계룡산, 금강 등의 후보 명을 올려 시청 홈페이지를 통하여 1천에 육박하는 여론의 투표를 거쳤다. 2014년 2월에 2주 동안 시청 홈페이지에 팝업창을 설치, 설문을 받은 결과 가장 많은 지지를 받은 것이 '공주(GONGJU)'였다. 때마침 한 방송국에서 '별에서 온 그대'라는 드라마가 인기리에 종영된 시점이어서 언론에서도 공주 별이름 짓기에 대해서 많은 보도를 해주었다. 공주 별이름에서의 여론 투표 결과는 총 913명 참여에서 '공주' 36%(323명), '고마나루' 31%(286명), '백제' 15%(138명) 등이었다.

• '무령왕' 별이 되기까지

공주 별의 등록을 추진하고 있는 사토 나오토(佐藤直人) 씨와의 인연은 2012년 '무령왕' 별의 등재로 맺어진 것이었다. 가라츠 시에서 명명을 요청한 3개의 소혹성을 등재하였는데, 그중에 '무령왕'이 포함되어 있었기 때문이다.

2012년 2월 24일 일본 사가현 가라츠시(唐津市)는 가라츠와 관련한 3개 소혹성의 이름이 '국제천문학연합(IAU) 소천체명명위원회'에 의하여 인정되어, 공식 등록되었음을 발표하였다. 새로 명명된 소혹성 이름의 하나가 '무령왕(武寧王)'이었던 것이다.

'무령왕'이 별 이름으로 이르는 데는 토미다 미츠히로(富田滿博, NPO법인 문화포럼 사라이 이사장) 씨의 역할이 있었다. 소혹성의 발견자 사토 나오토(佐藤直人) 씨와는 사이타마현에 거주하던 시절, 교육 봉사활동을 함께 하던 오랜 이웃집 친구였다. 퇴직 후 고향 가라츠에 돌아온 토미다 씨는 천문연구자 사토 씨에게 소혹성에 가라츠 관련의 이름을 붙여주도록 요청 하였다. 사토 씨는 1995년 이후 139개의 소혹성을 발견한 인물이다. 작년 6월 제10회 무령왕 축제에도 참가한 토미다 씨는 시청과 협조하여 가라츠의 별 이름을 시내 학생들에게 공모하였다. 그 결과 183건이 응모되었는데 토미다 씨가 포함된 가라츠시의 위원회는 3건 중에 '무령왕'을 포함하기로 결정, 그 결과를 가라츠 시장이 사토 씨에게 전달하였다. 사토 씨는 국제천문학연합(IAU)에 소혹성 3건에 대한 명명을 신청하였고, 그것이 동위원회에 의하여 공식적 인정 및 등록이 이루어진 것이다.

'무령왕' 별이 되기까지는 공주와 가라츠와의 10년이 넘는 시민 레벨 교류가 배경이 되고 있다. 2002년 이후 무령왕국제네트워크협의회(회장 정영일)는 가라츠의 무령왕축제에 매년 공주시민 방문단을 모집하여 참가해 왔으며, 2006년에는 양국 시민모금에 의한 무령왕 기념비 건립이 이루어졌다.

자료에 의하면 '무령왕' 별은 3개중 가장 밝은 19.0 등급, 지구에서의 거리는 4.1억 km, 육안으로는 보이지 않지만 밤 8시 경 목성 방향의 서쪽 하늘에 위치하며 태양을 5년 3개월 만에 한 번씩 공전(公轉) 한다. 큐슈·오키나와 지역에서 최대 크기의 천체망원경을 가진 오키나와현 이시가키시마(石垣島)

천문대에서는 이들 별의 운행에 대한 자료를 촬영하고 관련 자료와 사진을 공개하였다.

• '무령왕' 별과 노래는 시민 교류의 열매

2013년 9월 28일 제59회 백제문화제의 첫 날, 무령왕릉 입구 웅진백제역사관에서 '무령왕 별과 노래'가 공연되었다. 마침 백제문화제 가라츠 방문단에는 '무령왕' 별의 공로자 사토나오토 씨가 동행하였고, 거기에 '니리무세마'라는 무령왕 노래를 백제문화제 개막식의 식전행사에서 부르게 된 사가현의 가수 와지마 시즈요(和嶋静代)가 포함되어 있었다.

무령왕의 탄생에 대한 내용을 담은 '니리무세마(임금님의 섬)'는 수년 전 가라츠에서 만들어졌으나 공주에서는 정식으로 불려진 적이 없었다. 후루카와 하루오(古川治生) 작곡의 무령왕 노래는 하야시노우에 기미마로(林之上 公麿)가 다음과 같은 가사를 붙인 곡이다.

1. 바람을 등에 지고 왜국 땅으로 / 기이한 인연인가 바다 섬에서 / 가카라의 동백꽃 기뻐 반기며 / 왕자님 탄생했네 오비야우라/ 푸르른 바닷바람 가슴속 깊이 / 오! 아름다운 왕의 섬 니리무세마

2. 왕자는 어머니와 나라(奈良) 땅에서/ 정해진 운명 따라 잘도 자라서 / 여덟 척 훤칠한 키 하늘 찌르고 / 홍안의 빛난 얼굴 멋진 미소년 / 나라의 서울에서 불던 바람이 / 정겹게 떠오르네 니리무세마

3. 시대의 운명인가 백제 기우니 / 아버님 크신 뜻을 가슴에 품고 / 백제의 25대 임금이 되어 / 지용을 겸비해서 정사 돌보신/대백제 큰 나라의 무령왕이여 / 오! 나의 고향이여 니리무세마

무령왕국제네트워크 회원 등 60명이 참석한 가운데 사토 씨의 특강이 있

고, 무령왕 노래 '니리무세마'가 불리워졌다. 프로그램의 이름은 '무령왕, 별과 노래'였다. 1시간 여 진행된 이 프로그램에 이어 11시부터 왕릉에서는 4왕추모제가 거행되었다. 말하자면 '무령왕, 별과 노래'는 백제문화제의 오픈닝에 해당하는 역할을 한 셈이다.

• 별로 다가오는 백제문화제의 '무령왕'과 '공주'

2014년 제60회 백제문화제에서는 '무령왕, 별과 노래'에 해당하는 프로그램이 다시 선을 보일 것이다. 그 맘 때에는 백제문화제 60년을 기념하는 '공주' 별이 탄생하여 있을 것이다. '무령왕'과 '공주'를 콘텐츠로 한 '별과 노래'가 어떻게 구성될 것인지에 대해서는 지금부터 논의하게 될 것이다.

(최석원 편, 『백제, 축제로 부활하다』, 서경문화사, 2014)

60년 백제문화제, 앞으로

'백제, 세계를 만나다', 제60회 백제문화제가 10일 간의 일정을 마치고 이제 새로운 출발을 준비하게 되었다. 제60회 백제문화제는 몇 가지 점에서 중요한 의미를 갖는다. 피부에 체감될 정도로 급증한 방문객, 백제 콘텐츠 확산에 의한 앞으로의 새로운 가능성을 확인한 계기였다는 점에서 의미 있는 기회였다고 생각된다.

• 백제문화제, 통합개최의 가치

백제문화제는 고대왕국 백제의 전통성에 근거하여 전개되는 역사재현형 축제이다. 또 하나의 대표적 역사재현형 축제인 신라문화제와 다른 것은 '한 (恨)', 그것이 바로 백제문화제의 출발점이 되었다는 점이다. 백제문화제가 처음 백마강변에서 망국의 원혼을 위로하는 수륙재에서부터 기원한, 역사의 한 (恨)에서 출발한 축제라는 것은 결코 잊지 말아야 할 점이다. 1955년 '백제대제'에서 시작된 백제문화제는 해방 후 두 번째로 시작된 지역 축제라 할 수 있지만, 고대 왕국 백제의 전통성을 뿌리로 하여 그 정체성을 일관하고 있는 점에서는, 실질적으로 우리나라에서 가장 오랜 역사문화 축제라 말할 수 있다.

백제문화제는 공주와 부여 중심으로 2007년부터 통합 개최되고 있다. 그러나 처음 10년은 부여 단독의 행사였고, 백제문화제 약 30년은 공주, 부여가 격년으로 돌아가며 개최하였다. 이같은 격년 개최는 매년 축제를 개최하는 것에 대한 부담, 그리고 공주와 부여 프로그램의 중첩을 고려한 것이다. 근년 공주, 부여 격년 개최에 대한 의견이 조심스레 타진되는 모양이지만, 이것은 발전적 대안이 되지 못한다. 필요하다면 차라리 날짜를 줄이는 것이 합리적 방안일 것이다.

지자체의 연합에 의한 축제는 우리나라는 물론 세계적으로도 보기 드문 유형이다. 근년 지방자치의 정착과 함께 부닥치는 문제의 하나는 지자체 간의 벽이 높아지는 데서 오는 비효율이다. 지자체 간 협조에 의하여 행정의 효율을 도모해야 하고 예산을 절감하는 것은 어려워지게 되었다. 축제를 2개 이상 복수의 지자체 간 협력에 의하여 진행한다는 것은 그 자체만으로 중요한 가치를 갖는다. 백제문화제는 이런 점에서도 중요한 모델이 되고 있다는 점을 기억할 필요가 있다.

공주 · 부여 통합 개최의 가치는 백제문화제가 앞으로도 지켜 가야할 중요한 가치이다. 동시에 공주 · 부여만이 아니라 충남 다른 지자체의 참여도 활성화 할 수 있도록 특별한 배려가 뒷받침되어야 한다. 백제문화제는 공주 부여만이 아니라 '충남의 축제'라는 점을 잊지 않아야 할 것이다.

• 민간주도로 가기 위해서는

백제문화제가 시민 중심으로 이루어져야 한다는 당위에 대해서는 반대할 사람은 별로 없을 것이다. 그러나 시민중심이라든가, 민간 주도라는 것은, 말만으로 되는 일이 아니다. 시스템을 바꾸어가고 동시에 시민의 축제에 대한 역량이 신장되지 않고는 불가능한 것이기 때문이다. 또한 '민간주도'라고 해서 순수하게 민간 조직으로 일을 감당할 수 있는 것도 아니다. 백제문화제는 지금 도합 100건이 넘는 프로그램으로 구성되어 있기 때문이다. 요컨대 관과 민, 그리고 전문가의 균형 있는 역할 분담이 중요한 것이다. 현재 관의 역할과 비중이 큰 것은 사실이기 때문에 전문가의 참여 기회를 확대하고, 시민의 역할을 신장시키는 방향으로 노력해 가야 할 것이다.

60회 백제문화제의 종료와 함께, 바로 앞으로의 백제문화제의 방향 문제가 논의에 올려졌다. 백제문화제추진위 중심 체제로 운영한 것은 2007년 제53회부터였기 때문에, 2016년 62회 백제문화제가 그 10년이 된다. 앞으로의 논의를 통하여 '통합백제문화제 제2기'의 시스템을 모색해가야 할 것이다.

근년 백제문화제는 '천 사백 년 전 백제의 부활'이라는 주제를 걸어 왔다. 백제 멸망은 1천 4백 년 전의 일이지만, 왜 백제의 상징적 시점을 '멸망'으로 잡아야 하는지 이해하기 어렵다. 백제가 한강에서 금강유역으로 옮긴 지가 1540년이므로, 당연 백제는 '1천 5백 년' 전이 된다. 백제문화제는 공주, 부여의 백제만을 대표하는 것이 아니라, 7백 년에 걸치는 전 백제를 대표하는 축제이다. 그 건국의 시점은 2천 년을 넘었다. '천 사백년 전'이라는 궁색한 표현을 61회부터는 벗어버려야 한다.

• 다시 '백제'의 깃발로

끝으로 백제 생활문화 콘텐츠 활용의 중요성을 강조하고 싶다. 특별히 백제문화제에서 생활문화와 음식이 축제의 한 콘텐츠로 자리를 잡을 수 있도록 지혜를 모아야 할 것이다. 역사적 고증이 어려운 경우에는 아이디어로 콘텐츠를 만들어갈 필요도 있다. 국제화의 방향은 백제문화제의 중요한 강점이다. 일본에 대한 전략을 보다 치밀하게 추진해야 하고, 중국 요우커를 유인할 방책을 고민해야 할 것이다. 이제부터 백제문화제는 공주 시민의 자부심과 긍지의 원천이 되어야 한다. 그리고 지역 성장과 발전의 동력이 되어야 한다. 21세기 우리의 '백제부흥운동'이 되어야 한다.

(공주문화원, 『공주문화』 308, 2014년 11+12월호)

부흥 백제, 부여 부흥에의 꿈

내가 근무하는 우리 대학에는 부여 출신의 교수가 일단의 그룹을 형성하고 있다. 조금 과장을 보탠다면 '사비사단'을 형성하고 있는 셈인데, 이들의 학문적 활동 또한 괄목할 만한 것이어서 부여라는 고장이 지금도 여전히 유력한 인재의 풀(pool)이 되고 있음을 상기시킨다.

우리나라에서 어디어디는 해방 후 전혀 발전되지 않은 도시라는 이야기를 듣는다. 나는 원래 목포에서 나서 공주에서 오래 살게 되었는데 목포나 공주가 모두 그런 이야기를 듣는 도시에 속한다. 그런데 발전되고 아니고가 아니고, 아예 철저히 망가졌던 도시도 있다. 부여가 그렇다.

• 부흥 백제에의 길

여말의 문인 이존오는 말년을 백마강의 상류에서 살았다. 그에게도 부여의 지나간 역사는 각별한 느낌을 주었던 것 같다. 어느 날 그는 백마강 상류 석탄(石灘)의 승경을 읊던 차, 문득 생각의 나래가 시간을 거슬러 백제에까지 미쳤다. "상상해보니 옛날 당나라 장수가 바다를 건너 왔을 때, 웅병 10만에 북소리 둥둥 울렸으리. 도성 밖 한번 싸움에 나라 힘 다한지라, 임금이 두 손 모아 결박을 당하였다. 신물(神物)도 빛을 잃고 제 자리 못 지켰나. 돌 위에 남긴 자취 아직도 완연하다. 낙화암 아래는 물결만 출렁대고, 흰 구름은 천 년

동안 속절없이 유연(悠然)하다."

낙화암이 오래도록 유명한 명소가 될 수 있었던 것은 그곳이 망가진 왕도 부여의 영욕(榮辱)을 잘 상징하고 있기 때문이다. 최근 수덕사에서 공개된 고암 이응로의 그림 가운데도 1957년에 그렸다는 낙화암이 있다. 낙화암과 고란사가 있는 부소산, 그리고 그 앞을 유유히 흐르는 백마강에는 일엽편주에 사공 한 사람이 덩그러니 묘사되었는데, 그것은 어쩌면 아직 때를 얻지 못해 하늘을 오르지 못하는 고암 자신의 모습인지도 모른다.

그런데 낙화암과 함께 부여의 허망한 역사를 잘 보여주는 또 하나의 장소가 있다. 정림사가 그것이다. 백제의 문화적 위용을 자랑하던 절의 모습은 간 데 없이, 5층의 석탑 한 채만이 절터를 지키고 있는데 그 탑마저 몸체에 '백제 평정'을 운운한 문신이 새겨져 있다. 정림사탑은 생각하면 할수록 부여의 역사와 운명을 응축적으로 상징한다. 그것은 영광과 좌절, 완성과 파괴, 그 상충하는 사실과 내용이 한데 뒤섞여 있다.

서기 660년 외래 침략자에 의하여 불태워졌던 정림사가 복원되는 것은 거진 400년 뒤인 1028년(고려 현종 19)의 일이다. 이것은 절터에서 출토한 '대평 8년무진 정림사대장당초' 운운의 기와 글자에서 확인된다. 정림사의 역사적 복원이라는 각별한 사건을 기념해야 한다는 생각이 기와에 절 이름과 연대를 남기게 하였을 것이다. 이러한 점에서 11세기 초 정림사 복원은 일종의 부여 재건에의 한 신호였다. 그것은 부여가 망국의 왕도가 아닌, 새 왕조의 한 명소로서 처음으로 명예 회복이 추구된 사건이었다고 할 수 있다. 이를 전후하여 백제계 탑이 옛 백제지역 여기저기서 세워질 수 있었다. 그것은 '백제'가 정치적 오해를 불러일으키는 위험성에서 자유로워졌기 때문에 비로소 가능한 일이었다. 이 정림사의 복원과 함께 부여는 도시로서의 새로운 면모를 갖추는 대대적 정비가 이루어졌을 것임을 미루어 생각할 수 있다. 11세기 초, 1028년 정림사의 재현은 이러한 점에서 부여 부흥에의 첫 번째 시도에 해당하는 것이라 할 수 있다.

• 부여 부흥에의 꿈

부여 부흥의 적극적 시도에 의하여, 백제 왕도로서의 부여가 세인의 주목을 받게 되는 것은 그로부터 다시 9백 년이 경과한 일제 말의 일이었다. 이것은 부여 부흥의 두 번째 시도였다. 일제는 부여의 백제 유적에 대하여 일찍부터 지대한 관심을 가지고 조사와 연구를 진행하였고 마침내 백제왕도 부여를 정치적으로 이용하고자 결심하였다. 1940년 '부여 신도(神都)' 건설의 추진이 그것이다. 이에 의하여 부여는 한반도의 정신적 서울을 지향하면서 부소산 기슭에 천왕의 신궁을 짓고, 도로를 새로 내었다. 그러나 그것은 '황국신민', 한국민의 신사참배를 강요하는 식민지 정책의 일환이었다는 점에서 크게 잘못된 방향이었다. 그나마 해방에 의하여 공사는 모두 중단되기에 이르렀지만, 역사상 이것은 제2의 부여 부흥 시도에 해당하는 것이다.

제3의 부여 부흥 운동은 1980년 이후 백제문화권 개발 사업의 추진이라 할 수 있다. 부여는 사업 추진의 핵심 지역이었다. 그러나 사업은 백제 부흥에의 기대에 턱없이 미치지 못하였다. 그나마 몇 차례의 선거를 거치면서 진전을 보인 것이 백제재현단지의 조성, 백제역사문화관, 한국전통문화학교의 개교, 백제문화제의 개선 등의 성과들이다. 유적의 조사도 일정한 진전이 있었던 것은 사실이지만, 이것으로 도시 부흥의 자생력을 갖기에는 여전히 미급한 상태이다. 백제문화권 개발이라는 것도 너무 오래 쓰다 보니 낡은 것이 되어버린 느낌이어서, 역사도시로서의 부여 개발을 위한 보다 획기적 대책을 기대하게 되는 시점이 되었다. 최근 고도보존법의 제정, 백제문화제 강화, 대백제전의 기획과 사비도성 세계유산 등재 추진, 그리고 사비 역사도시 특별법 제정에 의한 부여 역사도시 건설 사업 추진 등은, 그 의미에 있어서 백제 부흥운동의 역사적 맥락 위에 있는 사업들이라 할 수 있다.

서기 538년 백제 성왕은 웅진에서 사비로 천도하면서, 국호를 '남부여'로 명명하였다. 고구려를 넘어 부여, 만주 대륙에서 칼바람 속에 성장한 고대의 왕국 부여를 꺼내어 백제 부흥에의 의지를 그는 천명한 것이다. 그 성왕의 기개가 오늘날 부여라는 지명으로 전하고 있다. 서기 660년 사비성 함락과 함께 백제 부흥운동이 4년 간 전개 되었다. 부여 부흥은 백제 부흥이며, 동시에 충남의 지역 발전과 자긍심 회복에 직결된다. 마침 눈앞의 2010년은 백제 부흥운동 봉기 1350주년이 되는 해이다. 백제 부흥운동의 정신을 새롭게 다지면서, 역사도시 부여가 21세기 우리의 시대에 새롭게 웅비할 날을 간절히 기대하게 된다.

(부여군 지역혁신협의회, 『백제의 꿈, 부여를 바라보는 눈』, 2008)

'한류(韓流)' 기원으로서의 백제 기악(伎樂), 그리고 미마지

• '강남스타일'에 이르는 '한류'의 진화

한국 문화의 국제적 영향력이 날로 확산되고 있다, 영화에서 시작하여 K 팝으로 확산하여 싸이의 '강남스타일'이 폭발적 반응을 일으키면서 K팝 한류의 절정을 보여주고 있다. 이같은 추이 속에서 진행된 제58회 백제문화제는 '백제의 춤과 음악, 미마지의 부활'이라는 부제를 걸고 〈백제 기악과 미마지〉를 주제로 한 국제 학술회의를 개최한 바 있다.

백제 기악과 미마지를 주제로 한 본격적 논의인 이 학술회의에서 특히 관심을 끌었던 발표는 고정민 소장(한국창조산업연구소)의 '한류 확산과 백제기악 일본전파의 유사점과 상이점에 대한 연구'였다. 이 논문은 백제 기악이 작금의 한류, 특히 K팝과 어떤 유사점이 있는가를 명확히 분석해 냄으로써, 오늘날 한류의 기원이 '백제류(百濟流)', 특히 백제 기악에 있음을 논증해 낸 매우 귀중한 학문적 업적이다.

고 소장은 이 논문에서 우선 최근 한류의 생성과 확산과정을 다음과 같이 3단계로 구분하여 설명하였다.

제1단계(한류 생성기, 1997~2000년대 초) : 드라마와 댄스음악 등 한류 콘텐츠가 중국, 대만 등지에서 인기를 끌며 해외 소비자에게 강한 인상을 심어주던 시기.

제2단계(한류 심화기, 2000년대 초~2000년대 중반) : 드라마 〈겨울연가〉가 일본에서 커다란 붐을 일으키며 한류가 심화 단계에 들어선다. 〈겨울연가〉에 이어 〈대장금〉은 중국, 동남아, 아프리카, 동유럽 등 전 세계로 퍼지면서 한류붐을 글로벌로 격상시키는 데 크게 기여 하였다.

제3단계('신한류', 2000년대 중반 이후) : 동남아에서 한국 아이돌이 부각된 후 일본에 동방신기와 걸그룹이 진출하여 일으킨 K팝 붐이 유럽, 남미까지 휩쓸고 있는 단계이다. 아울러 한국음식, 화장품, 한글 등이 한류의 외연을 확장시켰다. 최근 싸이의 '강남스타일'은 유튜브 조회 1억을 돌파하는 등 세계적인 화제를 모으고 있다.

• 'K팝' 기원으로서의 백제 기악

K팝 한류와 백제 기악은 1천 5백 년이라는 커다란 시차가 있음에도 상호 일정한 유사점이 확인된다. 고정훈 소장은 이를 다음과 같이 5가지로 정리하였다.

첫째, 해외문화를 받아들여 이를 흡수한 후 다시 해외로 확산시켰다는 점이다. 또한 확산의 초기과정에서는 현지 교민이 그 대상이었다는 점도 유사하다.

둘째, 해외문화와 고유문화가 혼합된 하이브리드 문화라는 점이다. 백제 기악은 중국 남조를 비롯한 불교의 전래 루트를 타고 전파되었고, 한류 역시 우리 고유문화와 서양문화가 혼합되어 나타난 혼종문화이다.

셋째, 춤이나 노래의 형태가 비슷하다는 점이다. 가령 백제기악에 나오는 오공거리, 바라문거리, 무덕악거리 등 여러 형태의 춤이 K팝의 그것과 유사하다는 것이다. 양측이 모두 군무(群舞)의 성격을 가지고 있는 점도 그렇다.

넷째, 독특한 훈련 시스템을 가지고 있다는 점이다. K팝의 성공요인의 하나가 기업형 가수 양성 시스템인데, 백제 기악 역시 집단적 훈련과정을 거쳐 완성도 높은 기악이 탄생되었다.

다섯째, 현지화 과정을 거쳤다는 점이다. 본국의 경영 방침과 시스템을 모델로 하되, 현지 사회에 적합한 독자적 경영 시스템을 구축하고 현지 사회에 융화함으로써 성공적인 사업활동을 추구하였다.

이상 5가지 주요 포인트에서 1400년 전 백제 기악과 오늘날의 K팝이 커다란 유사성을 가지고 있다고 고정훈 소장은 지적하고 있다. 이에 대한 상세한 논의는 이 논문을 직접 참고하면 좋을 것이다.

• '한류' 기원으로서의 백제 기악과 미마지

역사는 당시의 역사적 사실로서 그치는 것이 아니라 현재의 우리들에게 끊임없이 영향을 미치는 것이고, 그 역사가 현재의 우리의 위치를 확인하고 정체성을 부여하는 중요한 근거라는 점에서 현재의 우리에게 의미가 있다. 최근 한류의 세계화가 고대 백제문화의 전파와 유사성이 있으며, K팝도 '백제류'라는 역사적 근거에 뿌리를 두고 있다는 사실은, 한류 자체가 우리시대의 일시적 우연적 현상이 아니라는 점을 의미한다. 그 백제류의 핵심에 미마지와 백제 기악이 있다는 역사적 사실은 한류에 대한 자신감과 정체성을 뒷받침한다는 점에서 중요한 의미가 있는 것이다. 고정민 교수의 논문은 이점을 매우 설득력 있게 분석적으로 정리하였다. 이같은 견해에 근거할 때 '미마지', 혹은 '백제 기악'의 단어가 앞으로 역사 교과서에서 언급되어 제시되는 것이 필요하고 또 그 현재적 의미 때문에 수업 교재로서의 효용성도 크다고 본다. 미마지와 백제 기악은 한류의 기원으로서의 백제문화의 영향력에 대한 좋은 사례라 할 수 있을 것이다.

• 미마지 관련 교과서 서술의 제안 사항

한류 기원으로서의 백제 기악과 미마지에 대한 교과서 기술의 필요성을 제안하는데 있어서는 두 가지 점이 포함되어야 한다고 생각된다. 첫째는 일본 고대문화 발전에 있어서 백제문화의 영향이 분명히 강조되어야 한다는 점, 둘째는 백제문화 전수의 사례로서 미마지에 의한 백제 기악의 일본 전수가 기술되어 한다는 점이다. 동시에 학교에서 역사를 담당하는 교사, 혹은 일반인을 위하여 한류 기원으로서의 미마지와 백제기악에 대한 간략한 홍보 자료를 제작하여 다양한 방법의 홍보와 자료 소개 작업을 지속할 것을 제안한다.

(충청남도역사문화연구원, 『백제 기악과 미마지』(제58회 백제문화제 국제학술대회), 2012, 토론자료)

3

무령왕 교류 15년
무령왕국제네트워크협의회의 공주-가라츠 교류 역사

무령왕(재위 501~523)은 백제역사의 키워드이기도 하고, 공주를 대표하는 상징적 인물이기도 하다. 무령왕은 백제 중흥의 기반을 닦은 왕이기도 하지만, 1500년 전 동아시아의 정치적 문화적 소통의 아이콘이기도 하였다. 왕릉에서 출토한 다양한 국적의 콘텐츠가 이를 증명한다. 이 무령왕을 우리 시대에 다시 불러내어 21세기 문화 창조와 시민에 기반한 국제교류의 매개로서 부활시키려는 것이 바로 '무령왕국제네트워크협의회'의 지향점인 것이다.

무령왕네트워크를 중심으로 한 15년 간의 국제교류를 금번 금강문화포럼(대표 신용희)에서는 사진자료집으로 정리하였다. 2006년 〈금강뉴스〉를 창간한 신용희 대표는 가카라시마에서 열리는 무령왕탄생제 공주참가단을 매년 모집하고 행사를 진행해왔다. 그 인연이 2016년 사진자료집과 전시회로 모아진 것이다.

• 교류의 시작

무령왕의 탄생지로 전해지는 가카라시마(加唐島)와의 인연은 2001년으로 거슬러 올라간다. 2001년은 무령왕릉 발굴 30주년이 되는 해, 국립공주박물관은 특별기념전과 함께 부여문화재연구소와 공동으로 국제학술 심포지움을 개최하였고 KBS에서는 특집 다큐 〈무령왕릉의 다섯가지 수수께끼〉를 제작하여 방영하였다. 2001년은 무령왕릉 발굴 30주년이기도 하였지만, 동시에 무령왕의 즉위 1500주년이 되는 해이기도 하였다. 공주대의 최석원 교수가 2001년 벽두에, 무령왕릉을 세계유산에 등재시키자는 제안을 하고 나선 것도 이같은 시의성 때문이었다.

필자는 그해 8월 하순 몽골의 일본 침입에 대한 심포지움에 패널 토론자로 초청되어 후쿠오카에 가게 되었다. 학술회의가 끝난 후인 8월 27일 무령왕 탄생지로 알려진 가카라시마를 찾았다. 백제의 왕, 그것도 공주에서 왕릉이 발굴된 무령왕이 일본의 한 섬에서 태어났다는 이야기는 그 자체만으로 흥미를 불러일으키기에 충분한 것이었다. 가카라시마는 지금은 가라츠시(唐津市)에 속한 섬이지만, 당시에는 친제이쬬(鎭西町)에 속해 있었다. 섬을 방문하고 사카모토(坂本正一郞. 현재 부회장) 씨의 안내를 받아 왕이 태어났다는 전설의 해변 동굴 오비야우라, 그리고 섬의 북단 에노하나에까지 둘러보게 되었다. 섬에서는 '무령왕교류실행위원회'를 결성하여 이미 적극적인 활동을 하고 있는 사실도 이때 알게 되었다.

2001년 가카라시마 방문을 계기로 2002년 7월 공주향토문화연구회 주관의 큐슈 답사가 시행되었다. 부산에서 후쿠오카를 왕래하는 카멜리아호를 이용한 4박 5일의 일정이었다. 큐슈는 원래 한일관계 관련의 유적이 많은 곳이기도 하지만, 답사 추진의 구체적 계기는 무령왕실행위원회와의 교류였다. 이때 가카라시마 상륙은 일정에 포함하지 않았지만, 대신 나고야성 박물관에서 무령왕실행위원회와의 교류회를 통하여 향후 적극적 교류의 약속이 이루어졌다. 마침 무령왕실행위원회에서는 가카라시마에서 무령왕 탄생제라는 제사와 축제의 행사를 마련하여 추진하였다. 이에 의하여 2003년 제2회 무령왕탄생제부터는 공주에서 함께 참가하게 되었다. 축제 참가와 답사, 교류를 겸하는 컨셉의 방문단은 이렇게 하여 시작되었다.

2002년 이후 공주향토문화연구회와 친제이쬬(鎭西町)의 실행위원회의 교류가 지속되었다. 이에 따라 6월에 가카라시마 무령왕축제 참가, 10월에는 백제문화제 참가를 축으로 하는 상호 교류가 이루어졌다. 한일 관계의 경색 등 어려운 여건이 있었음에도 상호 교류는 꾸준히 지속되고 있다.

교류가 심화되면서 공주시에서는 일본과의 교류를 위한 별도의 시민단체의 결성을 희망하였다. 무령왕기념비 건립 문제가 정식 제안 되었고, 이를 효율적으로 추진하기 위해서는 별도의 단체가 필요한 상황이었다. 그 결과 만들어진 것이 무령왕국제네트워크협의회(회장 정영일)였으며, 향후 전개된 기념비 건립의 중심 협의기구가 되었다.

• 기념비의 건립

무령왕을 기념하는 관련사업과 관련하여 가장 중요한 문제는 가카라시마의 역사성의 문제였다. 2000년에 경북대 문경현 교수가 무령왕의 탄생지가 사가현 가카라시마라는 주장의 논문을 발표하였고, 앞의 KBS 다큐에서도 무령왕의 가카라시마 출생 전승을 취급하였다. 친제이쵸(鎭西町)의 무령왕실행위원회에서는 이같은 필요성에 입각, 문경현 교수를 초청하여 2002년 1월 14일 나고야성 박물관에서 세미나를 개최하였고(이도학 교수 토론), 같은 해 공주대학교 백제문화연구소의 국제세미나(<백제문화를 통해본 고대 동아시아세계> 2002.5.21~23)에서도 큐슈대 니시타니 타다시(西谷 正) 교수를 발표자의 1인으로 초청하여 무령왕탄생지 문제에 대한 의견을 청취하였다. 그는 발표에서 무령왕의 가카라시마 출생은 고고학적 증거자료는 아직 없지만, 가능성은 '충분'하다는 긍정적 의견을 표명하였다.

이같은 학술적 검토에 기초하여 가카라시마에의 무령왕 기념비 건립 문제가 구체적으로 논의되었다. 사업 논의가 구체화하면서 필자로서도 역사적 사실의 문제를 중점 검토할 필요성을 절감하였다. 그 결과가 <무령왕 출생전승에 대한 논의>(『백제문화』 32집. 2003)라는 논문이며, 이에 의하여 나름대로 사업 추진의 안전성에 대한 확신을 갖게 되었다.

무령왕 기념비 건립문제가 본격화 된 것은 2004년 6월 이후이다. 기념비 건립은 공주와 친제이쵸(鎭西町, 2005년 이후 가라츠시로 합병됨)의 두 지역민이 협의하여 공동으로 건립한다는 것이 기본 구상이었다. 계제에 기념비 건립을 위하여 공주는 정영일 회장이 500만 원을 출연하고 아울러 회원들이 찬조금을 내는 한편 시민들의 협조를 받는 홍보를 전개하였다. 2005년 6월 제막을 목표로 한 기념비 건립에의 추진은 그러나 예상대로 진행되지 못하였다. 추진 내용과 관련한 상호 견해차가 돌출되었으며, 일본 수상의 야스쿠니 신사 참배, 혹은 일본역사교과서 문제 등으로 한일 양국의 외교관계가 교착상태에 빠짐으로써 사업 추진의 환경이 악화되었기 때문이다.

처음 기념비 설계와 제작은 일본측에서 담당하기로 한 것이었다. 그러나 그 추진 과정에서 여러 문제가 노출되었고, 특히 설계된 기념비의 컨셉과 비문의 문제점 때문에 공주측에서 강한 반대 의견을 표명하였다. 결국 비석의 설계와 제작을 공주에서 맡기로 의견을 다시 정리하고 사업은 재추진의 과정을 밟게 되었다. 공주에서는 이 문제를 공주대 미술교육과 김정헌 교수와 협의하여 새로운 안을 제안 하였다. 김정헌과 윤여관이 만든 디자인에 작업은 공주의 백제조각원에서 담당하였다.

3.4m 높이의 기념비는 무령왕릉의 아치와 전벽(塼壁)의 디자인을 취하였고 중앙에 왕릉의 등감을 배치하여 생명 탄생과 빛의 근원을 상징하였다. 본체는 화강암 2개의 돌을 조립하여 세움으로써 한국과 일본, 공주와 가라츠 두 지역간 우호와 교류를 상징하였다. 돌은 익산에서 생산된 화강암을 사용하였다.

2006년 5월 6일 백제조각원 작업 현장에서 '장도고사'라는 간단한 의식을 통하여 기념비 본체를 일본으로 보내는 의식을 진행하였다. 5월 22일부터 3일간 기념비 본체의 건립작업을 위하여 백제조각원의 신동수 · 박성우가 가카라시마 현지에 출장하여 그린아츠 측과 협조하여 기념비 건립 작업을 완료하였다. 6월 25일 가당도에서의 무령왕 기념비 제막식은 엄청난 폭우 속에서 이루어졌다. 취재를 위하여 동행한 KBS 팀이 촬영한 영상 자료를 거의 사용하지 못할 정도로 심한 폭우였다. 5월 6일 기념비를 일본으로 옮기는 장도고사에서도 억수로 비가 쏟아졌었다.

• 교류의 확산

2006년 무령왕 기념비의 성공적 건립은 이후 다양한 형태의 교류의 확대로 이어졌다. 2006년 8월 방학기간에 교류사업의 하나로 탄천초중학교 학생 약 30명이 가카라시마를 방문하였다. 이는 전년 가카라시마 소중학교 학생들과의 홈스테이 교류에 대한 교환 방문이었다. 양교의 교류는 수년 간 지속되었다. 2010년 8월에는 공주 장기중학교(교장 정경원)와 효포초등학교(교장 서정국) 학생들이 가카라시마 초중학생들과의 홈스테이 교류를 진행 하였다. 공주대 역사교육과 학생들이 가라츠를 방문한 것은 2009년의 일이었다. 2010년 백제문화제 때는 가라츠에서 60명 규모의 방문단이 파견되어 연정국악원과 함께 음악회를 협연 하기도 하였다.

2006년 6월 25일 기념비의 제막식에는 요코하마에 거주하던 공주회 회장 아메미야 히로스케(雨宮宏輔)가 참석하였는데, 이때의 만남이 계기가 되어 2008년 8월에는 68종 328건의 문화재 기증이 이루어졌다. 선친이 공주에서 가져간 유물들이다. 이 아메미야 유물은 현재 충남역사박물관에 보관 전시되고 있다. '공주회'는 식민지시대 공주에서 거주하던 일인들의 모임으로서, 1964년에 창립하여 2016년 4월에 해산하였다. 회원의 고령화와 인원 감소로 인한 것이었다. 공주회에서는 단체의 해산에 앞서 국립공주박물관 구내에 기념식수를 하였다. 수종은 무령왕릉과 인연이 있는 '금송'이었다.

2004년 오영희 시장, 2011년 이준원 시장이 가카라시마의 무령왕축제에 참가하였으며, 가라츠시에서는 2010년에 사카이(坂井俊之) 시장이 공주의 세계대백제전에 참가하였다. 세계대백제전 참가를 기회로 무령왕실행위원회의 우라마루(浦丸 護) 회장, 구마모토(熊本典宏) 사무국장, 이가와 유카(井川由架) 등 3인에 대해 공주 명예시민증이 수여되었다.

2008년에는 가라츠에서 개최되는 음식축제 '나베마츠리'에 공주팀이 초청되어 참가하였다. 2011년까지 4차례에 걸쳐 참가하였으며, 공주 팀은 청국장, 삼계탕, 떡국 등의 메뉴를 선보였다. 2012년에는 천문가 사토 나오토(佐藤直人)의 협조에 의하여 '무령왕' 이름의 별이 등재되었으며, 이것이 인연이 되어 2014년에는 '공주' 별의 등재가 다시 이루어졌다. 2009년, 2010년에는 이미영 무용단이, 2011년에는 최선 무용단이 각각 무령왕탄생제에서 공연하였다.

가라츠의 무령왕실행위원회는 2014년 임원개선을 통하여 회장에 미야자키(宮崎 卓), 사무국장에는 후쿠모토(福本英樹)를 선임하였다. 2015년에는 한일국교정상화 50년이라는 의미에 맞추어 가라츠의 '마쓰로백제무령왕국제네트워크협의회'에서 공연 행사를 준비하였고, 공주에서는 최선 무용단이 참여하였다. 한편 무령왕네트워크 이외에 2015년과 2016년에는 공주의 웅진문화회 공연팀이 참가하여 가카라시마 무령왕탄생제에서 무령왕의 탄생을 주제로 한 공연을 하였다. 2013년과 2015년에는 가라츠의 가수 와지마 시즈요(和島靜代)가 무령왕 노래인 '니리무세마'를 백제문화제 식전공연에서 불렀다. 2016년 구마모토에서 지진이 발생하여 많은 피해가 있었다. 무령왕네트워크협의회에서 모금 활동을 전개하여 20만엔을 가라츠 네트워크를 경유하여 전달한 바 있다.

무령왕네트워크의 활동이 시작된 이후 무령왕네트워크를 모델로 하여 새로운 국제교류 조직이 만들어졌다는 점도 특기할만한 일이다. 오사카(하비키노)에서는 서울 송파구와 연결된 '곤지왕 네트워크'가 결성되었고, 2014년에는 후쿠오카현 야메시에서 '무령왕을 생각하는 모임'이 발족하였다. 오사카의 하비키노 시에는 무령왕의 아버지인 곤지를 모시는 신사(아스카베 신사)가 지금까지 전하고, 후쿠오카현의 야메시에는 무령왕과 동시대 큐슈의 역사적 영웅이었던 이와이(磐井)의 무덤이 전한다. 곤지왕네트워크와는 2012년과 2014년, 2015년에 공동으로 학술 심포지움을 개최한 바 있고, 야메에서는 2015년에 '이와이와 무령왕'이라는 제목의 시민 공연이 이루어진 바 있다.

금년 제62회 백제문화제가 개막하는 9월 24일 아침에는 제4회 '무령왕, 별과 노래와 시'가 열린다. KBS에서 명성을 날렸던 이종태의 사회로 회원들이 무령왕 노래 '니리무세마'를 합창한다. '무령왕' 별, '공주' 별에 대한 소개가 있고, 나태주 시인의 무령왕 시가 직접 낭송된다. "불꽃 모자 옥구슬 소리 / 꿈속에서 뵌 듯 아득하고 멀어라 / 무령 무령왕 무령임금이시여." '무령왕, 별과 노래와 시'는 2013년부터 백제문화제에 참석하는 가라츠 팀과 함께하는 교류의 행사이다.

• 동아시아 네트워킹에의 길

1500년 전 무령왕대의 동아시아는 백제가 중국과 일본을 연결하여 하나의 문화권으로 발전 시켜가는 새로운 역사의 시대였다. 그것은 구체적으로 남경-공주-큐슈-오사카를 연결하는, 말하자면 '무령왕 네트워크'였다.

무령왕 발굴 30주년을 계기로 2012년부터 시작된 공주와 가라츠의 시민 교류는 2016년으로 15년 역사를 맞았다. 공주에서는 2002년 이후 2016년까지 도합 15년 간 매년 30명 내외의 방문단이 가카라시마 교류에 참가하였다. 간단히 계산하면 15년 간 연인원 450명, 가라츠를 포함하면 대략 800명의 인원이 가카라시마와 공주를 상호 방문하고 교류 행사에 참여한 셈이다. 무령왕탄생제 참석을 계기로 공주참가단은 공주에서 열리는 백제문화제의 일본 홍보작업을 축제장과 주변 여러 도시에서 진행한다. 9월에는 가라츠가 중심이 되어 백제문화제 참가단을 파견하기 때문에 자연스러운 상호 방문의 국제교류가 이루어진다. 백제문화제의 가라츠 방문단은 9월 26일 무령왕이 모셔지는 사왕추모제에 참석하고, 사왕추모제에 앞서 〈무령왕, 별과 노래와 시〉라는 프로그램을 공주측과 함께 진행한다.

향후 교류의 다양한 확대를 위하여 우선 가라츠시와의 자매도시 체결이 필요하다. 자매도시 체결을 바탕으로 교류를 다원화하여야 한다. 문화에서 경제까지 걸치는 지역 간 민간교류의 모델로서 발전시켜야 한다. 2021년은 무령왕릉 발굴 50주년이 되고, 동시에 무령왕이 '갱위강국'을 선언한 1500년이 되는 해이다. 그리고 2023년은 무령왕의 붕어 1500년이 되는 해이다. 이러한 기회들을 활용하여 가라츠와 공주, 무령왕국제교류는 더욱 진전되어야 한다.

공주에는 다양한 문화적 자산이 있다. 그 가운데 대표적인 것이 '무령왕' 콘텐츠이다. 무령왕 콘텐츠를 통하여 공주의 문화적 역사적 특성을 확인하면서 이를 국제적 소통의 언어로 활용하는 것이 무령왕네트워크의 활동 목표이다. 일본과의 국제 시민교류가 15년 활동의 중심이 되어왔지만, 앞으로는 중국과의 시민 교류를 동시에 추구하는 백제 중심의 21세기 새로운 동아시아 시민 국제교류의 모델을 모색해야 할 것이다.

(금강문화포럼, 『백제 무령왕교류 15년』, 2016)

금오산의 기슭에서 4

덕산온천과 가야산 풍경

또 하나의 백제, 예산

추수가 끝난 후 형제가 자신의 볏가리를 몰래 형에게, 아우에게 서로 옮겨 놓다가 결국 달밤에 마주친다는 감동적인 형제 우애 이야기가 초등학교 국어 교과서에 실려 있었다. 이 '의좋은 형제' 이야기는 모르는 이가 없을 정도로 널리 알려져 있지만, 이것이 옛날 예산의 실화라는 것을 아는 사람은 극히 드물다. 이들 형제가 살던 마을이 예산에 있다. 공교롭게도 그것은 백제 부흥 전쟁이 치열하였던 임존성의 마을이다.

차동고개 넘어, 금오산 자락의 예산으로 거처를 옮긴 지 10년이 넘었다. 그 10년 생활 속에서 나는 또 하나의 백제를 본다.

• 까마귀가 전해준 소식

공주가 금강을 끼고 있다면, 예산은 무한천(삽교천)을 끼고 있다. 공주에 계룡산이 있지만, 예산에는 가야산이 있다. 금강은 동쪽에서 서쪽으로 흐르는데, 무한천(삽교천)은 드물게도 남에서 북으로 흐른다. 이 내륙수로 주변에 예당평야의 넓은 들이 펼쳐져 풍요를 약속하고 있다.

예산은 원래 예산, 대흥, 덕산의 3개 군현으로 되어 있었다. 그것이 1914년 지방제도 개혁의 일환으로 예산군으로 통폐합 된 것이다. 대흥은 백제 부흥운동의 거점으로 유명한 곳인데, 지금은 댐이 건설되어 예당저수지의 넓은 물밭이 되고 말았다. 덕산은 수덕사와 가야산 등을 끼고 있으면서 온천타운의 관광지로서 발전하고 있다. 예산의 이름은 고려 건국 직후인 919년 태조 왕건에 의하여 지어진 이름이다. 혹자는 "예의의 고장이어서 예산이라 불렀다"고 하는데, 예의의 고장인 것은 틀림없지만, 이름의 근원은 '오산'이라는 이름을 예쁘게 표현한 것이라 할 수 있다. 왕건은 후백제를 공략하는 전략으로서 예산을 내포지역 장악을 위한 전진기지로 활용하였다.

'예산'이라는 이름 이전, 기록상 처음으로 등장하는 예산의 이름은 오산(烏山)이다. 지금도 예산의 진산 이름이 금오산(金烏山)이다. '오산'에는 까마귀가 들어 있다. 그런 의미에서 예산의 가장 오랜 상징은 까마귀이다. 예산 읍내 금오산 기슭의 작은 고찰 향천사에는 절을 처음 지으려 할 때 까마귀의 도움으로 자리를 잡을 수 있었다는 이야기가 전해진다. 절의 창사설화로 전하는 것이지만, 아무래도 이것은 예산 역사의 여명에 대한 설화이다. 말하자면 예산의 '단군신화'라 할만한 이야기이다.

근년 예산군에서는 예산의 군조(郡鳥)를 까치에서 다른 새로 바꾸고자 하여 군민의 의견을 수렴한 적이 있다. 새로운 예산의 군조로 나는 '까마귀'를 제안하였는데, 그러나 실제 '까마귀'를 군조로 채택하는 것은 가능한 문제가 아니었다. 그것은 까마귀에 대한 부정적 이미지 때문이었다. 까마귀가 부정적 의미를 많이 갖게 된 것은 아마 후대, 특히 조선시대 때부터였던 것 같다. 그러나 그 조선시대에도 까마귀가 반드시 부정적인 것만은 아니었다. 다음과 같은 박효관의 시조에서 보듯이, 까마귀는 효의 상징이었다.

> 뉘라서 가마귀를 검고 흉타고 하였는고
> 반포보은(反哺報恩)이 그아니 아름다운가
> 사람이 저 새만 못함을 못내 슬퍼하노라

고구려 고분에는 세 발 달린 까마귀, 삼족오가 등장하고 있다. 그것은 태양 속에 들어 있어 종교적 숭배의 대상이었고, 신성한 신조(神鳥)였다. 후삼국시대, 궁예가 왕이 될 것을 미리 알려준 새도 까마귀였다. 당시 까마귀는 좋은 소식을 알리는 길조였던 것이다. 그런데도 검은색은 악이고, 흰 것이 선이라는 관념에 의하여 까마귀는 악의 상징이 되었던 것이다. 이렇게 보면 까마귀는, 이른바 '흑백논리'의 희생자인 셈이다.

• 곱창에서 갈비까지

"홍성 가서는 말 잘하는 체 말고, 예산 가서는 옷 잘입은 체 하지 말라"는 이야기가 있다고 한다. 예산 사람이 옷을 잘 입는다는 것은 그만큼 경제적인 여유가 있었다는 점을 의미한다. 지금은 사정이 많이 달라졌지만 한때 예산은 내포지방 경제의 중심이었다. 1913년 우리나라 최초의 지방은행인 '호서은행'이 바로 예산에 설립되었을 정도로 예산의 경제력은 대단한 것이었다. 일제 때의 호서은행의 건물은 도 기념물로 지정되어 보존되고 있으며, 최근까지도 다른 이름의 은행으로 사용되었다. 1910년 조선총독부 발행의 자료에 의하면 당시 도청 소재지인 공주에서 1년 동안 거래된 돈이 26만 6백원이었는데, 예산에서 거래된 금액이 44만원에 달했다고 한다. 1926년에는 명주실을 생산하는 제사공장이 읍내에 설립되었는데, 이는 충남방적의 전신에 해당한다.

경제 혹은 지리와 관련이 있는 것이지만 예산은 먹거리가 풍부한 곳이고, 그래서 음식문화가 발달하였다. 그중 하나가 갈비이다. 갈비는 예산 읍내와 덕산 쪽의 고덕이 유명한데, 예산읍-덕산과는 서로 삼각지점에 해당하는 광시는 질좋은 한우 육고기의 집산지로 유명하여, 정육상점이 즐비하게 타운을 이루고 있다. 갈비와는 부위가 다르지만, 삽교의 곱창도 빼놓을 수 없는 예산의 음식이다.

삽교는 곱창과 '삽다리 총각'으로 많이 알려져 있지만, "일사후퇴 때 피난 내려와" 살았던 가수 조영남 씨의 연고지, '내고향 충청도'이기도 하다. 그는 이곳에서 중학교를 다녔다고 한다. 그의 노래비가 읍내의 길 가에 서있다. 이 삽교에서 고개를 하나 넘으면 예당저수지가 펼쳐진다. 경향 각지에서 태공들이 모여들고, 붕어찜과 매운탕을 맛볼 수 있는 곳이지만, 이곳은 1천 4백 년 전 백제 부흥운동의 거점이기도 하다. 일제 때까지는 삽교천(무한천) 물길을 통해서 서해바다의 고깃배들이 직접 예산에 와 닿았다.

육고기와는 종류가 다르지만, 사과는 전국적으로 알려진 예산의 농업특산품이다. 예산 일대는 넓은 평야와 함께 낮은 구릉상의 지형이 매우 발달해 있다. 산이나 들이나 바다보다도, 사람에게 가장 평화로운 안정감을 주는 것은 넓게 펼쳐진 구릉인 것 같다. 여기에 일제 이후 사과 작목이 집중 육성되었다. 예산의 사과는 선물로는 매우 좋은 품목이다. 특히 무언가 잘못이 있을 때, 이를 만회하기에는 사과만한 것이 없다. '사과로 사과'하는 것이기 때문이다. 지금은 흔적을 찾기 어렵지만, 전에는 담배도 많이 하고 뽕밭도 넓었다고 한다. 예산의 농업 발전은 이곳에 예산농업학교를 설치시켰고, 이 '예농'은 몇 차례 변신을 통하여 지금은 공주대학교 예산캠퍼스(산업과학대학)가 되어 있다.

• 흑치상지의 애환서린 임존성

공주 · 부여가 백제의 왕도였다면, 예산은 백제 부흥운동의 거점이었다. 예산의 대흥은 백제시대의 임존성으로서 백제 멸망 직후, 백제 부흥운동의 2대 거점, 그리고 부흥운동 최초로부터 최후까지의 거점으로서 알려져 있다.

부여 도성은 660년 7월 13일 나당군에 의하여 함락되고 공주로 피란하였던 의자왕은 7월 19일 항복하였다. 8월 2일에는 부여에서 나당군의 전승 축하연이 거행되었다. 그날 신라 무열왕 김춘추는 당장 소정방과 함께 당상에서 올라앉아, 패망한 나라의 의자왕과 왕자 부여 륭으로 하여금 당하에서 술을 따라 올리게 하였다. 이 참담한 광경에 백제 신하들의 소리죽인 울음이 연회장에 울려퍼졌다고 한다. 9월 3일 소정방은 의자왕과 백제왕족 신하 93인, 백제민 1만 2천을 포로로하여 당으로 돌아갔다. 백제부흥의 기세를 꺾기 위한 것이었다. 의자왕은 다시는 고국에 돌아오지 못하였으며 생전 부여 땅을 다시 밟아보지 못한 채, '낙양성 십리허'의 북망산에 묻혔다.

　예산 임존성은 백제 부흥운동의 시발지였다. 흑치상지 장군이 부흥군을 봉기하자 불과 10일만에 무려 3만이 이에 호응하였다고 한다. 이 때문에 부여에서 전승 축하연을 벌인 소정방은 곧 나당군을 끌고 예산 임존성을 공격하였는데, 그것이 8월 26일의 일이었다. 임존성 공격이 실패하자 소정방은 부여로 돌아가 의자왕을 포로로 귀국하였던 것이다. 그 후 임존성에 있던 복신 등이 주류성으로 거점을 옮겨 왕자 부여풍을 부흥백제국의 왕으로 옹립하였는데, 임존성은 주류성이 함락 당한 이후까지 부흥군의 거점을 유지하였다. 663년 9월 주류성을 함락한 나당군은 10월 22일부터 최후거점 임존성으로 공격을 집중, 11월에 드디어 임존성을 공략하는데 성공하였다. 이도학 교수는 임존성의 의미에 대하여 "임존성 봉기는 우리나라 의병운동의 뿌리가 되었다"고 규정하고, 바로 그 의로운 정신이 계승되어 내포지역에서 많은 순교자와 의사, 지사들이 배출되었다고 평가한 바 있다.

　임존성에 대한 최후 공격에서 김유신군은 한 달동안의 공격에도 성을 함락시키지 못하였다. 아이로니칼하게도 임존성을 함락시킨 것은 임존성 부흥운동의 영웅 흑치상지였다. 흑치상지 장군은 중도에 나당군에 항복하였으며, 임존성 함락으로 부흥군과의 전쟁이 끝난 후에는 당의 장군으로 승승장구하여 토번, 돌궐 등 지금의 티베트, 내몽고 등지에서의 싸움에서 크게 무략을 떨쳤다. 끝에 그는 억울한 누명을 쓰고 처형당하였으며, 1929년에 북망산에서 도굴꾼에 의하여 묘는 파헤쳐졌다. 묘에서는 2개체의 유체(뼈)가 나왔다고 하는데, 흑치상지와 흑치준 부자의 묘지석이 나옴으로써, 도굴된 묘가 흑치상지 부자의 것이었음을 알게 되었다.

유원재 교수는 덕산의 향토사학자 박성흥 선생의 의견을 받아들여, 흑치상지 장군이 아마도 예산, 더 구체적으로는 덕산 출신일 것으로 단정하였다. 흑치(黑齒)가 고대 덕산의 옛이름 '금물(今勿)', '금무(今武)' 등과 같은 뜻이라는 점, 흑치상지가 백제 서부(西部)지역 출신이라는 점, 예산 임존성에서 부흥운동을 봉기한 점에서 예산지역 출신이 거의 틀림없는 것으로 유교수는 믿고 있다. 경청할만한 의견이다.

이도학 교수는 그의 책『백제장군 흑치상지 평전』에 '한 무장의 비장한 생애에 대한 변명'이라는 부제를 붙이고 있다. 이 책의 서문에서 이교수는 흑치상지의 생애를 '가슴 저린 생애'로 표현하면서, 다음과 같이 적고 있다.

> 한 사람의 일생이 이처럼 부침(浮沈)과 곡절(曲折)이 심할 수 있을까라는 느낌이 들었다. 비장한 순간 순간과 그러한 면면을 접할라치면 가슴이 찡하게 울릴 때가 한 두번이 아니었다. 또 태산같은 장군의 성품에 매료되기도 하였다.

흑치상지가 몸을 던지고, 3년 여의 부흥전쟁이 전개되었던 임존성 봉수산 아래에서는 전국 각처에서 모여든 태공들이 한가롭게 낚시를 물에 던지고 있다. 예당저수지가 바로 여기에 있기 때문이다. 그러나 지나가는 조객(釣客)들로 하여금 흑치상지와 임존성의 역사를 알게 하지 않는다면, 이것은 죄가 될 것만 같다. 그래서 나는 이 흑치장군의 사적을 예당저수지의 부근 임존성 가까운 곳에, 언젠가는 새겨 세웠으면 하는 생각을 가지고 있다.

• '백제3불'과 예산 4면석불

흑치상지가 예산에서 백제 부흥의 기치를 올렸을 때, 이에 호응하여 순식간에 3만의 사람들이 집결하였다고 한다. 그리고 갖은 공격을 이기며 3년 세월을 버텨 나간다. 예산지역이 부흥운동 최초의 시발지이며 최후의 거점일 수 있었던 그 배경은 무엇이었을까. 예산의 봉산면 화전리에 남겨진 백제불상을 통하여 우리는 그 해답의 실마리를 발견한다.

백제시대의 예산은 도성지역 밖의 외곽, 혹은 주변지역에 해당한다. 백제문화 발전의 그릇이 되었던 불교는 왕실과 귀족의 종교였기 때문에 당시의 불교사찰은 공주, 부여의 도성에 집중되어 있었다. 그러나 예산지역 일대는 지방으로서는 드물게 절이 들어섰고 상당한 수준의 불교문화 발전의 거점이 되었었다. 보물 794호로 지정되어 있는 봉산면 화전리의 백제 사면석불은 당시 불교문화 거점으로서의 예산지역의 비중을 입증하는 자료이다. 인근 서산 운산면 용현리 마애불, 태안읍 백화산 마애불은 예산의 사면석불과 함께 가야산 주변 일대가 백제시대 중요한 지방의 불교 거점이었음을 말해주는 것이다. 봉산면의 백제 사면석불은 높이 약 3미터, 사방으로 불상을 조각하였는데, 그 솜씨는 유명한 서산의 마애불에 별로 뒤지지 않는다.

예산의 사면석불은 서기 6세기의 것으로, 내포지역의 '백제3불' 중 아마 가장 일찍 만들어진 것으로 보인다. 서산과 태안 등 3불의 다른 부처가 평면에 삼존불을 조각한 것과는 달리, 바위 덩어리 사방에 각양의 불상 도합 4개를 조각하였다. 그중에는 앉아 있는 좌불, 서있는 입불도 있다. 유감스러운 것은 4면불의 얼굴이 거의 남아 있지 않다는 점이다. 이 때문에 나는 종종 이 불상을 소개할 때 '면목(面目)없는 부처님'이라고 말하곤 한다. 그런데 요즘 이 불상을 생각하면 정말 면목이 없다. 내포지역의 '백제3불' 가운데 유일하게 보물지정에 그치고 있다는 것도 그렇고(최근 태안 마애불이 보물에서 국보로 다시 지정을 받았다), 주차시설이 없어 단체로 갈 경우 차도를 송두리째 막고 버스를 주차시키지 않으면 안되는 '원시적' 여건 때문에도 그렇다. 그러나 비록 '면목은 없지만', 갈 때마다 불상의 화려하고 생동감 있는 광배의 조각, 두광의 연꽃무늬를 보노라면 1천 5백 년 전 백제 예인(藝人)의 힘과 정신이 그대로 전달되는 느낌을 받는다.

• '무너진 섬돌엔 이끼가 끼어 있네'

예산의 사면불을 비롯한 '백제3불'은 백제시대 내포지방이 불교문화의 거점을 형성하고 있었음을 입증한다. 그런데 예산의 수덕사가 지방에서는 드물게 백제시대 창건의 절이었다는 점도 중요한 부분이다. 흔히 충남지역에서 오랜 역사의 절에 가면 으레 '백제 창건의 절'이라는 안내문을 접한다. 그러나 실제 백제 창건의 남은 절이 그렇게 많은 것은 아니다. 수덕사가 백제 창건의 절임은 문헌기록과 함께 절에서 나온 아름다운 백제 와당에 의하여 입증되었다.

백제시대의 불교는 후대와는 달리 철저히 왕족 내지 귀족들만의 종교였다. 그런 의미에서 불교는 왕족과 귀족들이 거주하는 왕도(도성)의 종교일 수 밖에 없었다. 그런데 도성 부여에서 멀리 떨어진 예산 일대에 어떻게 불교의 거점이 형성될 수 있었을까, 중요한 문제 제기가 아닐 수 없다. 백제시대에 있어서 예산 일대는 불교문화의 거점이 형성되어 있었고, 그 문화가 지역에 뿌리를 내리고 있었던 것이다. 이것은 단순히 종교나 문화만의 문제가 아니라 백제 당시 이 지역이 갖는 존재위치나 비중에 관계되는 일이다. 백제 도성이 함락된 이후, 어떻게 예산의 임존성이 곧바로 부흥운동의 거점으로 부상될 수 있었는가, 어떻게 순식간에 '3만'의 부흥군이 몰려들 수 있었는가, 이 모든 것이 수덕사와 사면불의 존재와 연결되어 있는 것이다.

백제 창건의 수덕사는 오늘날 경내의 대웅전(국보 49호) 건물로 유명하다. 이 건물은 고려 충렬왕 34년(1308)의 건축으로서, 창건연대가 확실한 한국에서 가장 오래된 목조건물로 꼽히고 있다. 맛배지붕 주심포 건물 양식으로 단순성과 간결미를 그 특징으로 하고 있다. 유홍준 교수에 의하면 '간결한 것의 힘과 멋', '정숙한 아름다움'을 보여주는 작품이다. 수덕사에는 대웅전 이외에 보물급의 불교 문화재가 다수 소장되어 있다. 문화재 지정조사 관계로 전문가와 동행하여 이들 유물들을 한꺼번에 직접 자세히 볼 수 있는 기회를 가진 적이 있었는데, 우리의 불교문화재에 대하여 깊은 인상을 받는 기회가 되었다.

백제 이후 예산의 사찰 중 가장 번창하였던 것은 가야사였다. 가야사는 특히 고려시대 내포지역의 최대 사찰이었지만, 조선시대 절의 세력이 기울고, 대원군에 의하여 폐사되는 운명이 되었으나 그 넓은 절터만은 지금도 남아 있다. 그러나 이들 유적은 아직 제대로 조사되거나 정비되어 있지 않다. 가야사 터를 내려다보는 언덕, 원래 가야사의 금탑이 있었다는 자리에는 대원군이 만든 그의 아버지 남연군의 묘가 있다. 이 산소의 음덕으로 아들을 왕위에 오르게 하는데 성공하였다고 한다. 수 년 전 풍수지리에 의한 음택 잡기로 유명한 육관도사라는 분이 있었다. 자신의 묘를 어디로 잡는가 하는 것이 사람들의 큰 관심이었는데, 그 분의 유택(幽宅)은 이 남연군 묘에 멀지 않은 곳에 위치해 있다.

예산 읍내의 고찰로는 향천사가 유명하다. 규모는 크지 않지만 분위기 있는 절이며, 13세기 고려시대 문장가로 유명한 이규보의 향천사 시가 전하기도 한다. "옛 우물에는 오동잎이 가득하고 / 무너진 섬돌엔 이끼가 끼어 있네."

'향천(香泉)'이라는 이름 그대로, 향천사는 당시에도 좋은 물의 샘이 유명했던 모양이다. 일제 때는 이 계곡의 물을 받아 식수를 사용하였으며, 지금도 절의 입구 밖에 '옷샘 약수'라는 물긷는 터가 있다. 절 뒤 부도밭에서는 의각 국사의 얼굴로 생각되는 친근감 주는 작은 인면상(人面像)이 부도의 지붕 용마루쯤에 새겨져 있다. 이 '예산의 얼굴'을 발견하는 것도, 절을 찾는 작은 즐거움이 된다. 도회에 가깝게 있으면서도, 이처럼 산속 깊은 곳의 고찰 같은 느낌을 주는 절도 드물 것이다.

• 봄에는 매헌(梅軒), 가을에는 추사(秋史)

만일 예산의 인물과 관련하여 '예산 3걸'의 사적을 선정한다면, 어떤 곳을 들 수 있을까? 3인 중 적어도 2인에 대해서는 거의 이의가 없을 줄 안다. 첫째는 조선시대 후기의 금석학자이며 한국최고의 서예가라 할 추사 김정희(1786~1856)이고, 둘째는 1932년 중국 상해의 홍구공원에서 폭탄을 투척하여 일본군 장성들을 폭사시키고 처형당하였던 윤봉길 의사(1908~1932)이다. 근년 추사선생에 대한 평전이 유홍준 교수에 의하여 출간되어 다시 한번 화제를 모은 바 있다. 예산군 신암면 용궁리에는 추사 선생의 고택 등의 유물유적(보물 547호, 천연기념물 106호, 충남도 유형문화재 43-45호, 기념물 24호, 188-189호)이 자리하고 있고 인근 화암사라는 절에는 그의 필적이 남아 있거니와, 유홍준 교수는 추사선생을 "정녕 나로서는 넘어가기 힘든 강파르고 아득히 높기만 한 거봉"이라고 표현하였다.

온천으로 유명한 덕산온천의 시량리에는 윤봉길 의사의 생가와 '충의사'로 불리는 사당, 그리고 기념관 등이 있다(사적 229호, 보물 568호). 덕산온천은 교통 때문에 근년까지는 사람들이 별로 붐비지 않았던 곳이지만, 온천의 수질로 말하면 옛 백제의 영역에서는 가장 좋은 온천의 하나로 손꼽힐만한 곳이다. 윤봉길 의사는 상해의 홍구공원에서 도시락 폭탄을 투척하여 소화(昭和) 천왕의 생일을 기념하는 행사를 수라장으로 만들어 일본의 동아시아 침략을 세계에 고발하였다. 이 의거에 대하여 당시 중국 총통 장개석이 "중국군 백만 대군이 해내지 못한 일을 해냈다"고 격찬하였다는 것은 유명한 이야기이다. 그날이 4월 29일이었고, 이 때문에 매년 4월 말에는 매헌문화제가 덕산을 중심으로 열리고 있다. 4월 29일은 윤의사의 의거일이지만, 이날은 일본에서는 지금도 공휴일이다. 천왕의 생일이기 때문인데, 소화천왕의 사망 이후로는 자연과 친화하는 '녹색의 날'이라고 이름을 바꾸어, 계속 축일을 유지하고 있는 것이다.

내가 종종 들르는 예산읍내 개장국집의 방 벽에는, 윤봉길 의사가 1930년 고향에서 만주 땅으로 망명할 때 남겼다는 한 줄 시문의 복사본이 걸려 있다. '장부출가 생불환(丈夫出家 生不還)', "장부가 집을 나가면 살아 돌아오지 않는다"는 뜻인데, 그의 기개가 얼마나 치열하였나 짐작할 수 있다. 거사 이후 의사는 군법회의에서 사형을 선고받고 일본으로 호송되어, 12월 19일 총살형에 처해졌다. 윤의사의 의거일을 앞둔 어느 해 4월 11일 여러 신문에는 윤의사의 총살형 장면의 사진이 처음으로 공개되었다. 기사의 제목은 "일제는 무릎꿇린 채 총살했지만, 윤의사는 끝내 굽히지 않았다"고 하고, 처형 직전과 직후의 두 장 사진에 대한 설명에서 "처형 직후 일본 헌병이 쏜 총탄이 윤의사의 이마 한가운데를 관통한 처참한 모습"이라 하였다. 조국을 위해 순국할 때, 윤의사의 나이는 약관 25세였다!

예산의 역사 속에서 예산의 인물 세 분을 선정한다면, 추사와 매헌 다음으로는 누구를 넣을 수 있을까. '예산 3걸'에 넣자고는 하지 않지만, 어떤 이는 신양 출신의 박헌영이라는 인물을 주목하는데, 나는 수덕사 앞 수덕여관의 바위그림의 화가 고암 이응로(1905~1992)를 추천하고 싶다. 원래 홍성 출생의 한국화가였던 고암은 프랑스에서 문자추상이라는 동양과 서양, 추상과 구상, 전통과 현대를 접목하는 독특한 화법으로 이름을 날렸다. 그러나 정작 그가 한국의 일반인에게 이름이 알려진 것은, 그림 때문이 아니라 1968년의 이른바 '동백림(동베를린) 간첩단 사건' 때문이었다. 무기 징역에서 2년 옥고를 치르고, 프랑스로 돌아가기 전 그가 남긴 문자추상의 암각화는 수덕사 입구의 명물이 되었으며, 선생의 사후인 1996년 '이응로 선생 사적지'라는 이름으로 충청남도 기념물로 지정되었다.

• '내포시대'는 오는가

2006년 2월 12일, 오랫동안 끌어오던 충남도청 이전 예정지가 예산, 홍성지역으로 확정되었다. 홍성군의 홍북면과 예산 삽교읍 일부, 용봉산 일대 300만 평 부지가 새 충남도청 예정지로 확정된 것이다. 2009년까지 기초 준비를 마무리하고, 2010년부터 도청건물의 건축에 들어가 행정도시에 중앙부처가 들어오는 2012년까지 도청이전 작업을 완료한다는 계획이다. 아울러 충청남도는 2천 년 대 도정의 주요 지표로서, '내포문화권의 개발'을 내걸고 있다. 서해안고속도로의 개통에 이어 예산을 경유하는 대전－당진 간의 고속도로 공사도 진행 중이며, 인근 천안－아산이 수도권 개념에 포함되어 개발붐을 일으키고 있는 단계이다. 바야흐로 내포가 충청남도의 중심이 되는 '내포시대'가 목전에 성큼 다가온 느낌이다.

(충남발전연구원, 『열린충남』 26, 2004)

금오산의 기슭에서

10년이면 강산도 변한다는데, 나의 예산 생활은 어느덧 10년을 넘겼다. 공주 신관동 금강변의 현대아파트에서 예산군 예산읍 예산리의 신성아파트로 옮긴 것이 1994년 3월, 금년으로 예산 생활이 11년째이기 때문이다. 그 사이 집 사람은 홍성여고에서 덕산으로, 다시 예산여고를 거쳐 지금은 신례원에 있는 예산전자공고에 근무하고 있는데, 담당과목조차 '가정을 포기하고' 일본어로 전과한 상태이다.

처음 두 아이는 모두 금오초등학교로 옮겨왔는데, 초등학교를 4군데나 전전한 지현이는 예산여중과 예산여고를 거쳐 지금은 대학 2학년에 다니는 중이고, 아래 재각이는 예산중학교를 거쳐 예산고등학교의 2학년 3반에 재학 중이다. 나는 직장 관계상 거의 공주에 붙어 있기 때문에, 내가 예산 사람들과 만나는 통로는 주말의 교회와 테니스장이다. 교회는 금오교회인데, 테니스회의 이름도 '금오'이다. 이 금오의 두 문(門)을 통하여, 예산고의 영·수·국을 위시한 여러 선생님들과는 두루 친분을 갖게 되었다.

예산은 살기에 그냥 괜찮은 곳이다. 인구가 계속 조금씩 줄고 있다는 것 이외에는 사는 데 별로 불편함이 없다. 조금 여유가 있는 날은 덕산이나 도고의 온천에 목욕을 갈 수도 있고, 문득 바다, 파도 소리를 듣고 싶을 때는 한 시간만 서쪽으로 내달리면 된다. 먹거리도 좋은 편이고, 기찻간에서 두 시간만 책장을 뒤적이고 있으면, 서울역이다. 수덕사와 임존성과 사면석불 같은 예산의 풍부한 유산들은 항시 나의 마음을 풍요롭게 만든다. 지난 봄 나는 한 잡지에 예산에 대한 답사기를 실은 적이 있는데, 그 글의 제목을 나는 '또 하나의 백제, 예산'이라 부쳤다.

예산고에 다니는 재각이는 초등학교 때 가족과 함께 일본에서 1년을 지내는 바람에 한 학년이 늦어지게 되었다. 공교롭게도 생일이 2월 28일이라서 처음 초등학교에 입학하였을 때는 당연히 그 학년에서 생일이 가장 늦었던 터인데, '재수' 바람에 지금은 아마 생일이 빠른 쪽이 되어 있을 것이다. 대학 가고 군대가고 하는 일들이 금방 닥칠 나이가 되었는데, 부모 양쪽이 모두 경황이 없다보니, 사실은 어려서부터 지금까지 저 혼자 알아서 크다시피 하였다. 그러나 나름대로 학교생활에 잘 적응하고 있는 듯하고, 부모에 대해서도 항상 공손한 어법을 잃지 않는 것을 보면, 대견하기도 하고 안쓰럽기도 한 것이 사실이다.

인생에 있어서 중요한 것은 무엇이 되는가, 혹은 무엇을 얻는가 보다도, 어떤 사람이 되느냐 하는 것이라고 나는 생각하고 있다. 그래서 재각이가 무엇보다도 따뜻한 마음을 가진, 다른 사람을 이해할 줄 아는 사려 깊은 사람으로 성장하기를 바라는 마음이 있다. 그러면서도 기회가 되면 꼭 한 가지는 하지 말라는 당부를 하려고 생각하고 있다. 살아가면서 다른 사람을 위하여 '보증'을 서는 일은, 절대 하지 말라는 것이다. 살다 보면 그것을 거절하기 어려울 수도 있을 것 같아, 나는 이 당부를 나의 유언으로 남길 생각이다. '아버지의 유언'이라면, 보증을 피할 수 있는 나름의 이유가 될 수 있을 것 같아서이다.

금오산의 기슭에는 신성아파트와 금오교회, 그리고 예산고교가 차례로 자리하고 있다. 그래서 오늘 우리 가족은 '금오시대'를 살고 있다.

(예산고등학교, 『인터렉트』 준거집단실천사례집, 2004)

추사의 행복, 신년의 꿈

　연말 모현사업회의 송년 모임에서 작은 선물 하나를 받았다. 추사선생의 글씨 '수(壽)'자와 함께 12간지의 용(龍)이 들어 있는 대추나무 열쇠고리였다. 그 덕에 나는 신묘 새해를 추사와 함께 시작하게 되었다. 토끼가 아니고 용인 이유는 나의 생년 때문이었다.

　좀 지난 일이지만 노재준의 개인전에 들렀다가 작은 감동을 받은 기억이 여전히 새롭다. 그것은 작품 중에 섞여 있는 추사의 시 한편이었는데, 제목이 '예산'이었다. "예산은 점잖아라 팔짱을 낀 듯, 어진 산은 고요하여 조는 것 같네./ 뭇사람이 보는 바는 똑 같지마는, 나홀로 신(神)이 가는 것이 있다오./ 너른 벌은 진실로 기쁘거니와, 좋은 바람 역시 흐뭇도 하이./ 벼가 자라 이 둑 저 둑 묻어버리니, 죄다 골라 한 사람의 논과도 같네."

　선대로부터의 가옥과 묘소가 있음에도 불구하고 나는 추사가 무늬만 예산 이겠거니 하는 막연한 생각을 가지고 있었던 터였다. 마치 서울에서 한창 이름을 날렸던 저명한 출향인사의 한 사람 정도로만 생각되었던 것이다. 그러나 '예산'의 시를 목도한 이후 나는 비로소 추사를 진정한 '예산 사람'으로 생각하게 되었다.

　그 '예산 사람' 추사의 고택에 들르면 고택 기둥에 유달리 눈에 잘 뜨이는 주련(柱聯) 하나가 있다. "대팽두부조강채 고회부처아녀손(大烹豆腐瓜薑菜 高會夫妻兒女孫)"이라는 대련(對聯)이다. 그것은 추사가 71세로 세상을 뜬 그 해에 남긴 작품이다. 그 문구를 쉽게 옮기면 이렇다. "최고가는 좋은 반찬이란 두부나 오이나 생강과 나물/ 최고가는 훌륭한 모임이란 부부와 아들딸과 손자."

두부나 오이는 조금 신경을 쓰면 상에 올릴 수 있는 평범한 음식이고, 부부와 아들 딸의 가족 모임도 그저 당연한 것처럼 생각된다. 그러나 알고 보면 그것이 최고의 반찬이며 최고의 모임이라는 것이다. 살아감의 행복이란, 바로 가장 평범한 곳, 가장 가까운 곳에 있다는 의미인 것 같다. 우리에게 주어진 하루 하루, 항상 옆에 있는 나의 가족, 그래서 그 중요성을 미처 자각하지 못하는 그러한 평범한 일상의 중요성을 이 시는 일깨우고 있는 것이다. 추사는 지체 높은 집안에서 태어나 한때 서예와 학문과 정치로 커다란 명성을 떨치기도 하였고, 절해의 섬에서 뼈저린 외로움과 인간적 고통을 시리도록 경험하기도 하였다. 그 삶의 끝자락에 결론처럼 남긴 작품인지라 그 문구의 울림은 더욱 크게 느껴진다.

세한도를 남긴 고독한 유배처 제주에서 새해를 맞으며 추사는 친지에게 이렇게 인사를 전한 적이 있다. "새해, … 새로운 복을 많이 받아 모든 것이 화창하고 무성하기를." 그 추사는 제주에서의 고단한 어느 날 낮잠에서 문득 고향 예산의 꿈을 꾸었다. 고향의 '은혜로운 솔바람', 그리고 익어가는 포도의 빛깔은 더욱 싱싱하게 느껴졌다. "특별히 내 고향이 지척을 이뤘으니, 청산의 한 터럭이 과히 먼 곳이 아니로세."

새해의 첫 출발이 예기치 않은 구제역의 태풍으로 농가의 시름이 깊어간다. 그럼에도 불구하고 신묘 새해를 우리의 공동체인 예산과 함께, 그리고 추사와 함께, "새로운 복 많이 받아 모든 것이 화창하고 무성하기를" 진심으로 기원하는 바이다.

《〈무한정보〉 2011.1.17.》

금오산의 기슭에서

'시크릿 가든'

'의좋은 형제'의 비석이 남아 있는 동서리는 유서 깊은 대흥 관아의 공간이다. 동헌건물이 가까스로 남겨져 있기는 하지만, 원래 '대흥(大興)'은 그 이름만큼이나 큰 관아의 고을이었다. 이곳은 더 오랜 옛날 백제부흥운동의 거점, 임존성의 중심자리이기도 하였기 때문이다.

금년으로 꼭 100년 역사를 자랑하게 된 유서 깊은 대흥초등학교는 원래 대흥군의 객사 건물을 이용하여 개교하였다. 지금의 학교자리가 대흥 객사였던 셈인데, 원래 객사는 관아에서도 가장 크고 상징적인 건물이다. 그 이유는 임금의 위패를 모시고 초하루와 보름에 궁궐을 향한 망궐례(望闕禮)를 행하는 곳이 바로 객사였기 때문이다. 그 대흥관아 객사의 동쪽에는 포정정(布政亭)이라는 정자가 있었다. '다스림을 베푸는' 정자라는 뜻이다.

어느 날 충청관찰사 안침(安琛)은 포정정의 이름을 '견사정(見思亭)'이라 고쳤다. 아마 이곳에서 다스림에 대하여, '보고 생각하고' 한다는 의미일 것이다. 말하자면 "들판을 보며 농사의 어려움을 생각하고, 마을을 바라보며 백성들의 고통을 생각하도록 한다"는 그런 취지라 하겠다. '견사'의 의미가 좋기는 하지만, 안침이 포정정의 이름을 꼭 고쳐야만 했던 이유는 잘 알 수 없다. 혹 그것이 대흥관아의 격에 어울리지 않는다고 생각했던 것이 하나의 이유가 아닐까 추측한다. 그때에는 감영을 일컬어 흔히 '포정사'라 칭하곤 하였기 때문이다. '포정정'은 감영이나 관찰사의 격에 해당하는 이름이기 때문에, 대흥 포정정의 이름을 뜻이 좋은 다른 이름으로 바꾸었다고 보는 것이다.

포정정에 대한 이맹상(李孟常)의 시 한 구절이 전한다. "포정정은 동쪽에서 하얀 달을 맞이하고, 관어지(觀魚池)는 북쪽에서 찬 샘물 끌어 온다"는 것이다. 그렇다면 대흥객사의 동쪽에 포정정이라는 정자가 있고, 그 옆에는 '관어지'라는 이름의 연못이 있었다는 것이 된다.

대흥의 옛 지도를 보면 관아건물이 동헌과 객사를 중심으로 즐비하게 늘어서 있다. 객사 앞에는 홍살문이 세워지고, 객사의 동쪽 담 밖으로 '견사정'이라는 정자가 그려져 있다. 1937년에 만들어진 『예산군지』에서는 "현재 대흥 보통학교 운동장 북측에 연지의 일부가 남아 있고, 누정은 무너져 없어져 함석 덮은 작은 정자를 만들어 '동옥(東屋)'이라고 이름 했다"고 하였다. 포정정의 흔적은 높은 기둥초석으로, 그리고 그 관어지 연못은 매립으로 좁혀진 채 '물고기는 볼 수' 없었지만, 여전히 학교의 한구석에 남겨져 있었다. 말하자면 그것은 예산의 감추어진 조경 유적, '시크릿 가든'이었던 셈이다.

그 연못 유적이 얼마 전, 분수대로 바뀌었다고 한다. 포정정과 관어정이 있었던 곳, 그리고 가까스로 남겨져 있던 관어지를 지워서 새로 만든 분수대는 대체 누구를 위한 분수대일까. "들판을 보며 농사의 어려움을 생각하고, 마을을 바라보며 백성들의 고통을 생각하도록 한" 견사정의 의미를, 그래서 다시는 생각할 수 없게 된 것이다.

우리는 식민지시대 일본으로 반출된 문화재의 반환에는 목청을 높이곤 하지만, 정작 우리에게 남겨진 문화유산에 대해서는 이렇게 무책임한 것이다. 그래서 정말, 이렇게 반문하고 싶어진다. "이게 최선입니까"

(〈무한정보〉 2011.1.31.)

탕, 탕, 탕 …

시골에 산다는 것, 지방에 산다는 것은 너무 많은 손해를 감수해야 하는 것 같다. 왜 사람들이 서울에 몰리고 농촌과 소도시 인구는 계속 줄어드는가. 답은 자명하다. 시골에 산다는 것, 소도시에서 사는 것 자체가 손해를 감수해야 하는 일이 되기 때문이다.

그런데 그나마 예산에 사는 사람은 작지만 특권이 하나 있다. 덕산이며, 도고며, 아무 때나 쉽게 온천에, 그것도 골라가며 다닐 수 있다는 것이다. 추운 날씨에, 특히 노천에 나와 찬 공기 속의 하늘을 바라보노라면, 시골 사는 불만이 조금은 덜어지는 것 같은 행복감이 있다. 새 학기가 시작되는 삼일절 이른 아침에도 노천의 탕 안으로 비섞인 눈발은 하염없이 쏟아져 들어오는 것이었다.

• 옛 백제 땅에서 가장

덕산온천을 소개할 때, 나는 절대 덕산온천을 그냥 '좋은 온천'이라고 말하지 않는다. 대신 이렇게 말한다. "옛 백제 땅에서 가장 좋은 온천입니다." '옛 백제 땅'이라면, 서울, 경기로부터 충청, 호남지역까지를 다 아우르는, 대한민국 인구 4분의 3이 밀집된 지역을 가리킨다. 우리나라에서 가장 좋은 온천의 하나라는 이야기이다. 가끔은 부근에 걸려 있는 플랭카드 광고를 가리키며, 백제 땅에서 가장 '물 좋은' 곳이라 표현하기도 한다. 마침 나이트클럽 선전 광고에 '물 좋은' 곳이라고 쓰여 있기 때문이다.

예로부터 온천은 보양과 치료의 한 방법으로 알려져 있었다. 조선조에는 한강 이남에서 서울에 가장 가까운 괜찮은 온천이 온양온천이었다. 아예 '온궁'이라는 행궁이 지어져 왕들이 종종 온양까지 목욕을 다녔다. 지금도 우리 세대의 사람 가운데 신혼여행을 온양온천으로 갔다는 사람이 있는 것도 이 때문이다.

얼마 전 가까운 순천향대학교에서는 온천을 주제로 한 세미나가 있었다. 치료 목적의 온행(溫幸)이 예로부터 일반화되어 있었으며, 왕들에게는 나름대로의 목욕법이 있었다고 한다. '목(沐)'은 물을 머리에 쏟아 붓는 간단한 샤워, '욕(浴)'은 물에 몸을 담구는 것을 말하는데, 현종은 매일 목과 욕을 수백 번 이상 번갈아하고, 숙종은 목욕 후 기력 회복을 위해 미역국과 배즙을 먹었다는 것이다. 미역국은 그렇지만, 그래서 나도 가끔 배즙을 먹게 되었다.

• 목과 욕

덕산은 온양에 비하여 서울에서 멀기 때문에, 오랫동안 각광을 받지 못한 채 그저 지역민이 애용하는 온천이었다. 그러나 몇 백년 전 지도에 이미 온천이 표시되어 있고, 도청 신도시 구역 안으로 들어가 있는 목리(沐里)라는 지명도 '목욕점', 즉 온천이 있었기 때문에 붙여진 이름이라는 것을 보면, 그 역사가 퍽 오랜 것임을 알 수 있다. 부근에 서해안 고속도로가 지나가고 도청 신도시가 들어서고 있기 때문에, 덕산온천의 문화관광적 부가가치는 점점 치솟고 있는 중이라 할 수 있다.

예산 사는 어느 날은 아침 일찍 탕에 들어 목과 욕을 번갈아 한 다음 설렁

탕을 먹는다. 그런데 낮이나 저녁에 보신탕이나 삼계탕까지 섭렵하는 경우가 있다. 그러면 그날은 한 마디로, 여지없이 '탕, 탕, 탕!'의 날이 되어버린다. '탕, 탕, 탕'은 좀 그렇지만, 다행스러운 것은 그래도 사람이 죽거나 다치는 일은 절대 없다는 점이다.

(〈무한정보〉 2011.3.7.)

그곳이 차마, 잊힐 리야

북대전 나들목 부근, 아주미술관에서 열린 조영남의 그림 전시회에 사람들을 데리고 일부러 가본 적이 있다. 사쿠라와 똥, 비의 화려무쌍한 화투짝이 잔뜩 그려져 있는 틈새에 '언덕 위의 하얀 예배당'이 소품으로 걸려 있었다. 필시 그가 성장기를 보냈던 삽다리에의 추억일 것이다.

• 고암의 수덕사

몇 달 전 고암의 수덕사 그림을 본적이 있다. 그것은 덕숭산의 기슭에 계단을 한참 올라 절집이 자리잡은 수덕사 원경이었다. 내가 본 고암의 작품 중, 수덕사 그림만도 여러 점에 이른다. 고향 마을의 수덕사는 언제나 그의 예술혼의 근원이었다. 그런데 새로 본 수덕사 그림은 나에게 또 다른 감동이었다. 그림에 고암이 붙인 '회고 수덕사 1981'이라는 제목 때문인데, 그는 이 그림을 수덕사에서 그린 것이 아니라 이역만리에서 그의 마음 속의 수덕사를 '회고하며' 붓을 들었던 것이다. 1981년이라면, 그에게 엄청난 충격이 되었던 광주항쟁의 직후에 해당한다.

"나는 해마다 가을이 오면 수덕사를 찾는다. 이곳은 내가 자라난 정든 고장이기도 하지만, 수덕사의 가을을 맛본 사람 그 몇이나 될까." 1955년의 어느 여름, 고암은 수덕사를 그렇게 글로 회상한 적이 있다. "충청남도 예산군 덕산면 덕숭산 수덕사 아래 나의 고향은 그 도, 군, 면, 산의 이름만을 불러도 모든 자연이 내 뇌리에 파노라마 같이 전개되는 것이다. 그 머릿속의 고향과 나의 그림의 차이란 실로 내 재주의 졸렬을 탄하지 않을 수 없다." 〈우짖는 솔바람, 시원한 내 고장 충남 덕숭산〉이라는 제목의, 그 무렵의 또 다른 글에서 그는 그렇게 고백한 적이 있다. 1981년의 '회고 수덕사'는 바로 '이름만을 불러도… 뇌리에 파노라마 같이 전개되는' 그 수덕사였던 것이다.

나는 고암의 그림을 보기 위해 일부러 고암미술관을 찾아, 서울도 가고 대전도 가곤 하였다. 고암의 그림 뒤에는 항상 그의 고향이 그려져 있다. 이방의 파리에 정착하면서부터는, 그의 고향은 '한국'이 되었다. 그의 한국은 나누어진 한국이 아니라 하나의 한국이었고, 그 때문에 그는 많은 고초를 겪지 않으면 안 되었다. "나의 마지막 소원은 우리나라의 남북통일이랍니다." 이미 화가로서 명성이 높았던 그가, 모든 것을 접고 파리로 뜨던 날, 그의 나이는 56세였다!

• 예산 사람으로 살아가기

해마다 모현사업회의 서울회원들은 성금을 갹출하여 예산의 많은 학생들에게 장학금을 지급하고 있다. 몸은 서울에 있지만, 그러나 고향을 잊지 않고 있다는 따뜻하고도 깊은 마음의 표시가 아닐 수 없다. 어떻게 하면 지금 우리의 예산 학생들도 서울에서든 외국에서든, 고향을 '차마 잊지 못하는' 예산의 사람으로 살아가게 할 수 있을까.

아주미술관 전시회에서 나는 책 한권을 샀다. 『현대인도 못 알아먹는 현대미술』, 그것이 조영남의 책 제목이었다. 전시회를 나오면서 나는 큐레이터에게 가벼운 '덕담' 한마디를 건넸다. "아주미술관이라 그런지, 아주 재밌네요." 물론 '아주'라는 것은 아시아를 가리키는 말이지만…. 등 뒤로 바로 답이 돌아왔다. "그래서 아주미술관이죠."

〈무한정보〉 2011.7.18.〉

5월, 사라봉 언덕에서

5월의 제주는 푸르다. 산도 푸르고 들도 푸르고, 하늘도 푸르고 바다도 푸르다. 김일우 박사의 안내로 제주 시내와 인근 해안이 한 눈에 들어오는 사라봉을 오른 다음, 제주박물관에서 두 시간 강의를 하였다. 징기스칸에 대하여, 쿠빌라이에 대하여, 그리고 김통정과 최영에 대한 이야기였는데, 〈몽골 제국, 제주를 주목하다〉, 그것이 나의 강의 제목이었다. 마침 박물관에서는 이 시기, 고려시대의 금속공예 특별전이 열리고 있었다.

• 사라봉 언덕에서

제주의 산하는 한없이 아름답다. 세계자연유산에 이어, 오는 11월 11일 선정되는 '세계 7대경관' 후보에 올라 있는 명성에 손색이 없다. 그 제주를 사람들은 '평화의 섬'이라고 즐겨 부른다. 2010년 1년 동안 제주를 방문한 관광객은 700만을 넘어섰다고 한다. 근년에 새로운 관심의 대상이 된 '제주올레'는 '세상에서 가장 평화롭고 아름다운 길'로 일컬어지기도 한다. 오죽하면 제주도의 옛 이름이 '탐나'였겠는가!

그러나 제주의 역사를 들여다보면, 사실은 '평화'라는 단어와는 거리가 있다. 제주의 역사에는 뼈아픈 고통과 상처가 여기 저기 깊게 배어 있기 때문이다. 제주에는 1948년 수 십 만이 희생된 4.3의 역사가 아직 생생하다. 시대를 거슬러 오르면 삼별초의 역사가 있고, 또 최영장군의 제주 출진도 있다.

역사는 가장 객관적이고 가장 절대적인 그 어떤 것처럼 생각되지만, 사실은 도리어 반대인 경우가 적지 않다. 가장 주관적이고 가장 상대적인, 그런 경우도 많다는 것이다. 1273년 제주도에서 산화한 삼별초는 40년 고려 항몽전쟁의 최후를 장식한 민족적 사건이었지만, 제주도 사람의 입장에서는 마른하늘에서 벼락이 떨어진 격이었고, 그로부터 1백년 후 1374년 '몽골 푸락치'를 도려내는 최영 장군의 제주도 출진은 '중세의 4.3'을 방불하게 하는 것이었기 때문이다.

항파두성을 쌓는데 동원된 제주도 사람들의 고통에 대한 전설이 아직 무성하고, 최영 장군의 진압작전은 "옥석이 구분되지 않은 채" 작전이 이루어져, "간과 뇌가 땅을 덮었다"고 묘사될 정도이다. 최영 장군은 민족사의 영웅이지만, 입장에 따라서는 무자비한 진압군의 사령관일 수 있는 것이다. 비양도 앞 아름다운 한림해수욕장 일대는 삼별초 진압군이 상륙한 지점이기도 하고, 최영의 군이 상륙한 곳이기도 하다. 한라산 기슭 붉은오름은 김통정이 최후를 맞은 곳이고, 서귀포 앞 바다에 떠 있는 범섬은 피신한 주모자들이 바위벼랑으로 몸을 던져 자결한 이 난리의 최후 현장이다. 독특한 주상절리와 해식동굴로 인하여 천연기념물로 지정되어 있는 이 섬에서 비극의 역사를 눈으로 가늠하기는 쉽지 않다.

• 5월, 제주는 푸르다

제주는 추사 김정희 선생의 고독한 귀양소이다. 대정현에서의 10년 가까운 세월은 세한도라는 그림을 낳게 했고 추사를 불후의 예인으로 성숙시키는 시간이었다. 제주에서의 절대고독이 없었다면 아마도 우리의 추사는 없었을 것이다. 제주의 역사에 깔려 있는 깊은 상처와 고통, 그것이 있기 때문에 제주는 비로소 '평화의 섬'일 수 있다. 그래서 제주의 바다는 더 깊고, 제주의 산야는 더 푸르다.

(《무한정보》 2011.5.23.)

아나톨리아 고원에서

공주대 사학과 이해준 교수 연구실에서 주관한 11일 간에 걸친 터키 동부, 아나톨리아 답사에 참가하게 되었다. 국토가 아시아와 유럽의 두 대륙에 걸쳐 있는 터키는 '동서문명의 교차로'로 칭해질 만큼 아시아와 유럽의 거대 문명이 교차하였던 특별한 지역이다.

• 동서문화의 교차로

문명의 초기에는 메소포타미아 고대 문명이 자리잡은 곳이기도 하고, 이후 그리스의 헬레니즘, 기원후에는 로마문화와 천 년 이상 동로마 비잔틴 제국이 번영하였던 곳이 터키이다. 그러나 한편으로 고구려와 국경을 접했던 북방의 유목민족 돌궐족이 중앙아시아를 거쳐 서쪽으로 이동하여 아나톨리아 고원에 셀죽터키를 건국한 것이 1037년, 14세기 이후 오스만 터키시대에는 세계사에 이름을 날린 강력한 국가로 등장하였다. 천 년 이상 기독교가 꽃피웠던 곳이기도 하였고, 셀죽 이후 회교국가로 오늘에 이르는 나라이기도 하다. 그 역사의 변화무쌍함 이상으로 풍부한 문화유산은 방문자를 압도하기에 부족함이 없다.

터키 동부지역 답사의 큰 줄거리는 두 가지였다. 첫 째는 세 개의 세계문화유산을 포함한 아나톨리아 고원의 고대문명, 그리고 다른 하나는 신구약과 동서교회의 기독교 관련 유적이었다. 노아 홍수에서 등장하는 아라랏산, 아브라함의 거주지 하란, 초기 기독교회가 세워졌던 안디옥, 반 호수의 아크다마르 섬에 세워진 동방교회 등이 기독교 관련 유적들이고, 기원전 1세기 고대 왕의 분묘인 넴룻 유적, 가파도키아의 비잔틴시대 지하도시, 성 소피아사원, 톱카프 궁전, 돌마바흐체 궁전 등이 있는 이스탄불 역사유적 등은 세계유산으로 지정된 것들이다. 이들 유적을 답사하는 사이사이에 전개되는 유프라테스와 티그리스 강의 유장한 흐름과, 고원지대에 한 없이 펼쳐진 평원들은 독특한 느낌을 주는 풍광이었다.

1243년과 1260년 두 차례에 걸친 몽골군의 침입이 터키에 있었다는 사실을 확인한 것도 나에게는 퍽 인상적인 것이었다. 몽골의 고려 침입, 그리고 여몽군의 일본 침입에 대해 오랫동안 집중적으로 논문을 써왔기 때문이다. 고려와 일본이 몽골 침입의 동쪽 끝이었다면 몽골의 터키 침입은 그 서쪽 끝에 해당한다. 인천에서 이스탄불까지 직항 소요시간은 11시간, 그것이 바로 13세기 몽골에 의한 세계 정복의 넓이였던 셈이다.

• 문화유산의 자원화

터키에는 현재 9개의 세계문화유산이 등재되어 있다. 수치로 보면 우리나라와 비슷한 분량이다. 그만큼 우리가 그동안 세계유산 등재에 노력을 기울여왔다고 할 수 있다. 그럼에도 불구하고 충청지역에는 세계유산이 아직 1건도 등재되어 있지 않다. 공주, 부여 등지를 묶은 백제 역사유적, 그리고 아산의 외암리 마을의 2건이 문화재청의 잠정목록에 포함되어 있는 정도이다. 세계유산의 등재에 전략과 노력이 필요한 것처럼, 문화유산의 자원화를 위해서도 전략과 노력이 필요하다.

〈무한정보〉 2011.4.18.

막걸리에 대한 보고서

생각처럼 책을 볼 수 있는 시간이 그렇게 많지 않은 것이 교수라는 직업이다. 이 때문에 승차중의 무료한 시간이 많은 여행이나 답사 때에는 틈새 시간을 아껴 독서에 집중하곤 한다. 지난 봄 터키를 왕복하는 11시간 씩의 기내 시간, 그리고 아나톨리아 동부지역을 답사하는 열흘 동안 차중에서 내가 읽은 여러 책 중의 하나가 막걸리에 관한 '보고서'였다. 하필이면 막걸리인가 하면, 우리 음식문화에 대한 관심 때문이다. 음식도 문화의 일부이고 우리의 문화적 특징을 반영하는 것인데, 술도 그중의 하나인 것이다.

• 결코 싸지 않고

작자 허시명의 '막걸리'에 의하면 맥주나 소주에 비하여 막걸리는 결코 값싼 술이 아니라고 한다. 대형마트의 가격을 기준으로 막걸리, 소주, 맥주의 가격은 대략 1천 원 선으로 비슷하지만, 제조 원가는 소주 438원, 맥주 503원에 비하여 막걸리는 790원이라는 것이다. 또 막걸리에는 효모와 유산균이 풍부하게 포함되어 있어, 한마디로 '세상에서 제일 좋은 갈증해소 스포츠 음료'라고도 하였다.

그런데 얼마 전 일간지에는, 막걸리에 항암 효과가 있다고 하는 등 지나치게 효능이 부풀려져 있다는 다소 비판적 기사가 게재되었다. 술은 아무래도 술이라는 것이다. 그러나 그 기사에도 생막걸리의 경우, 같은 양의 요구르트

보다 유산균이 '훨씬 많다'고 하였다. 그래서 '기왕이면 막걸리가 좋다'고 끝을 맺는 것이었다.

'막걸리'는 '거칠게 걸러낸 것'을 의미한다. 한동안 소주와 맥주의 공세에 밀려 맥을 못추던 막걸리가 근년에 새롭게 주목되고 있다는 것은 잘 알려진 바와 같다. 공주에서는 특산인 밤을 막걸리와 엮어서 밤막걸리라는 것을 판매하고 있는데, 일본 사람들의 경우 소주나 우리 전통주보다는 오히려 막걸리에 훨씬 호감을 보이는 것 같았다.

• '훨씬 많다'는데

막걸리가 갖는 차이점의 하나는 제조장이 다양하다는 점이다. 소주나 맥주를 생각하면 서울이나 제주도나 크게 차이가 없다. 몇 회사에서 만든 동일 상품이 전국적으로 공급되기 때문이다. 이에 비해 막걸리의 경우는 시군마다 몇 개씩의 양조장이 있어서 막걸리라 하더라도 지역마다 같은 것이 아니다. 앞의 허시명에 의하면 현재 우리나라에는 전국적으로 대략 1천을 헤아리는 양조장이 있는데, 1916년 통계에 의하면 그때는 자가 제조 허가를 받은 자가 전국적으로 30만, 판매용 탁주제조장의 수는 10만을 헤아렸다고 한다. 많지는 않지만 아직도 지역별로 막걸리 제조장이 고르게 분포하고 있어서 현재 예산에도 신암, 덕산, 고덕 등 여러군데서 막걸리를 생산하는 것으로 되어있다.

지역에 따른 문화의 다양성이 점차 엷어지고 있는 시대이다. 그러나 바로 그런 점 때문에 문화의 다양화를 더욱 요구하고 있는 시대이기도 하다. 무엇보다도 제조장의 다양함이라는 특징 때문에, 지역적 다양성을 가질 수 있는 음식문화적 의미를 막걸리가 가지고 있는 것이 아닌가 나는 생각하게 되었다.

(《무한정보》 2011.8.8.)

사과에 대해 사과하기

언제부터인가 우리 사회에서 '사과의 미덕'이 점차 엷어져 가는 것을 느낀다. 실수와 잘못이 없을 수 없는 것이 우리 모두의 한계이다. 그런 점에서 실수와 잘못을, 꼭 잘못이라 단정하기는 어렵다. 그런데 문제는 그 이후이다. 우리의 언어 중에는 잘못을 잘못이 아니라고, 사실이 아닌 것을 사실이라고 끝까지 초지일관하는 언어의 소음이 적지 않다. 그것이 우리들을 피곤하게 한다.

• 사과 드립니다

과일 중에서 사과는 특별히 피로 회복에 도움이 되는 과일이다. 당연히 미용에도 도움이 된다. 예산에서 미인이 많이 난다는 이야기는 그래서 빈 말이 아닌 것 같다. 어느 명절에 오래 전 퇴임한 은사에게 예산 사과 한 상자를 선물로 보낸 적이 있다. 그때 이렇게 간단히 편지를 적었다. "오래 뵙지 못하여 죄송합니다. 사과 드립니다." 나중에 예산 사과에 대한 극찬을 답으로 받은 것은 물론이다.

배로 유명한 나주에 가는 기회에는 일부터 배 박물관에 들렀다. 충주에 가는 기회에는 '사과과학관'이라는 곳에 들어가 보았다. 과일 박물관에는 과일이 있나 없나 확인하고 싶어서이다. 배 박물관에 배가 있는지, 사과 박물관에 사과가 있는지. 아이템은 관심을 끌었지만 그러나 정작 사람은 별로 없었다. 일본 돗토리 현에 있는 배 박물관을 다녀왔다는 지인의 이야기를 들었다. 돗토리보다 배가 유명한 곳인 모양인데 돗토리에 가는 기회가 있으면 배 박물관에 꼭 가보아야겠다고 생각을 하게 되었다.

7월부터 9월까지의 한 여름 석 달을 오키나와 류큐대학에 체류하고 있다. 남쪽 상하의 나라 오키나와에도 사과가 마트의 매장에 나와 있다. 일본 본토 멀리 아오모리에서 실어온 것인데, 턱없이 가격이 비싸기도 하지만, 크기도 작고 땟깔도 그렇고 아무래도 예산의 그 맛이 날 것 같지는 않아 살 생각은 좀체 나지 않았다.

강금실 변호사는 한 언론과의 인터뷰에서 그렇게 말한 적이 있다. "커피 농장을 다녀온 후 커피에 대한 태도가 달라지게 되었습니다." 농장에서 커피의 역사와 이를 수확하기까지의 많은 노고(勞苦)를 목도하고, 이후로 그는 커피를 마실 때마다 커피와 함께, 그 안에 녹아 있는 "커피의 역사와 사람들의 노고"를 함께 마시게 되었다는 것이다.

• 함께 먹게 할 수 없을까

사과는 과일이고 음식이지만, 사과에 대한 지식이 수반될 경우 그 부가가치를 더욱 높일 수 있다. 이것이 지식의 효능이다. 예산이 자랑하는 이 사과는 대체 처음 어떻게 시작해서 지금의 '예산사과'에 이르게 되었을까. 예산의 어떤 자연 조건이 '예산사과'를 가능하게 하는 것인가, 사과를 더 다양하게 재가공하는 방법은 없을까, 궁금증은 끝이 없다. 그래서 생각한다. 우리는 사과를 먹으면서 그 안에 서려 있는 "사과의 역사와 사람들의 노고"를 함께 먹을 수는 없을까. 그리고 함께 먹게 할 수는 없을까.

예산사과를 먹으면서, 나는 가끔 이 사과에 대해서 사과하고 싶은 생각을 하곤 하였었다. 지금은 한여름 뜨거운 볕에 영글어 갈 사과 알을 생각하며 그때 그 맛을 그냥 추억하고 있을 뿐이다, 오키나와에서!

(〈무한정보〉 2011.8.29.)

"면목이 없습니다, 정말"
예산 사면석불

　살아갈수록, 느는 것은 흰머리요 쌓이는 것은 부끄러움이다. 충남 예산군 봉산면 화전리, 사면석불에 오는 날은, 그래서 나는 이렇게 고백하게 된다. "정말, 면목이 없습니다."

　충남 서부 내포(內浦) 지역에 위치한 백제 3불 가운데 하나인 예산의 사면석불(보물 794호)은 거친 석질의 암괴 4면에 각각 석불을 조각한 것이다. 그것을 동서남북의 사방에 새긴 것은 아마, 진리란 어디에도 편재(遍在)한다는 상징적 의미일 것이다. 1천 4백 년 전 등신(等身) 크기의 백제 부처님을 직접 대면할 수 있다는 것은 이곳 내포에서만의 특권이다. 어떻게 내포에서만이 백제 석불을 볼 수 있게 되었는가에 대해서는 이러저러한 해석에도 불구하고 여전히 풀리지 않는 수수께끼가 많다.

　예산의 사면불은 그 내포의 3불 가운데 가장 오랜 것일 뿐 아니라 가장 입체적인 작품이고, 부처님의 수에 있어서도 상대적 우위를 보이고 있다. 그럼에도 사면불은 국보 아닌 보물 지정에 그쳤다. 그 이유는 이 사면불의 훼손된 얼굴〈面目〉 때문이다. 국도에서 지척의 위치인데도 찾는 이가 적어, 사면불에 올 때마다 나는 항상 독대(獨對)의 특권을 누린다. 그리고 1천 4백 년을 넘긴 그 기나긴 기다림과 시간의 무게를 음미하게 된다. 최근에 조성된 주차장에서 부처까지는 30미터 정도의 짧은 언덕길, 주변은 솔밭과 함께 들꽃 질펀한 사면초가(四面草街)의 풍광에 새소리까지 곁들여진다.

사면불과의 조우(遭遇) 이후 차로 15분이면 서산 마애삼존불의 백제 미소와 고려 탄문 스님의 보원사 절터에 너끈히 닿게 되고, 방향을 달리하면 풍수 찬란한 가야산의 남연군묘, 세워진지 꼭 7백년 된 수덕사 대웅전, 혹은 돌에 새긴 고암 이응로의 문자 추상을 지척의 거리에서 만날 수 있다. 또 한 가지, 부근 덕산온천은 백제 옛 땅에서 최상의 수질로 평가되는데, 이곳은 몸만 아니라 마음까지 씻을 수 있는 세심(洗心)의 온천이기도 하다. 그래서 면목 없는 사면불을 뵌 날에는, 나는 으레 이곳 덕산에서 나의 면목을 닦는다. 그리고 마음까지.

〈교수신문〉 2007.7.23., 특집〉

다시 사면불에 대하여

몇 년 전 〈교수신문〉에 예산 사면불에 대하여 소개한 적이 있다. 여름에 가볼 만한 곳 하나씩을 지역별로 소개하는 것이었는데, 충청지역을 맡은 나는 단연 예산군 봉산면 화전리에 있는 사면석불을 충청도의 몫으로 추천하였다. 그 글은 "면목이 없습니다, 정말"이라는 제목이었다.

• 사면불은 무령왕인가

사면불은 서산과 태안의 마애삼존불과 함께 백제의 '내포삼불'이라고 칭할 만한 것이다. 예산 출신의 저명한 미술사학자 최완수 선생은 삼불 중 예산 사면불의 주존이 다름 아닌 무령왕을 표현한 것이라고도 하였다. 그 사실 여부를 확인할 길은 없으나, 내포삼불 가운데 가장 오랜 것이 사면불이라는 것은 의심의 여지가 없다.

많은 사람들이 내포삼불의 조성 이유에 대하여, 대중(對中) 교통로설을 말하고 있다. 즉 태안반도와 예산 일대가 백제시대 대중 관문의 교통로로서 신문물의 유입루트가 되었고, 불교문화의 유입도 이와 연관되어 있다는 것이다. 얼른 들으면 그럴듯하지만, 잘 생각해보면 도대체 성립하기 어려운 맹랑한 이야기이다.

불교문화의 핵심은 교통로와 같은 통과 루트에 있는 것이 아니고 신앙집단의 문제라는 점이 그 첫째이다. 신앙집단의 요구가 있으면 멀리 천축국까지 가는 것도 문제가 아니기 때문이다. 둘째는 왕도에 연결되는 백제시대 대외교통로는 육로가 아니고 수로와 해로였다는 점이다. 중국, 특히 남조에서 백제 도성에 이르는 루트는 선편으로 금강을 이용하여 바로 도성으로 들어가는 편리한 길이 있다. 태안반도에 상륙하여 멀고 불편한 육로를 거쳐 금강변의 왕도에 이른다는 것은 백제시대에는 있을 수 없는 일이다.

백제시대 불교는 철저히 왕족과 귀족의 종교였다. 당시의 불교 사적이 공주, 부여 등 도성에 집중되어 있는 것은 이 때문이다. 태안반도와 예산 일대는 공주, 부여가 왕도였던 백제시대에 고구려와 군사적으로 첨예하게 대치하던 최전방 전선으로서 왕도 방어를 위한 강력한 군사력이 집중 배치된 지역이다. 내포지역이 장악되면 수륙 양면에서 도성이 바로 위협받기 때문이다. 이 내포 군사집단의 지휘 계층은 바로 불교를 신앙하던 백제의 지배층이었다. 이곳에 절이 필요하고 불상이 필요한 것은 당연한 일이었다.

• 사면불이 있게 된 이유

내포삼불과 같은 크기의 백제 불상은 도성이었던 공주 부여에서는 절대 볼 수가 없다. 공주 부여에 있는 것은 절을 중심으로 하는 실내용 불상인데 비하여, 내포삼불은 야외용의 성격을 가지고 있다. 백제시대 야외용 불상이 이 지역에만 있는 이유는 지역적 특성과 연관이 있는 것이다. 660년 나당 연합군에 의하여 부여가 함락되었을 때, 처음으로 임존성에서 부흥운동의 횃불이 올려졌다. 이때 순식간에 모인 사람이 3만에 이르렀다고 한다. 임존성에 집결한 백제 부흥운동의 중심 집단은 태안반도와 예산 일대에 조직되어 있던 백제의 군사집단이었던 것이다.

사면불은 백제 불교미술의 작품으로서만이 아니라 백제 부흥운동을 가능하게 한 원초 유적이라 할 만한 것이다. 그러나 사면불에 대하여 면목이 없다고 생각되는 것은 그때나 지금이나 마찬가지이다. 사면불의 면목은 여전히 박물관 안에 감추어져 있고, 삼불 중 유일하게 '보물'에 머물고 있기 때문이다.

(《무한정보》 2011.10.10.)

'옛이야기' 속의 가을

의좋은 형제의 대흥 이성만 형제는 원래는 효행으로 이름을 남긴 사람들이
다. 살아 생전에는 극진히 부모님을 잘 모시고, 부모님이 돌아가시자 3년 동
안 묘소를 지켰다. "형은 어머니의 무덤을 지키고, 아우는 아버지의 무덤을
지켰다"는 것이다. 1420년 세종 임금에게 포상을 받은 것도 형제 우애 때문
이 아니라, 사실은 부모에 대한 효행 때문이었다.

• '세상에서 가장 따뜻한' 음식

그런데 이성만 의좋은 형제의 효행 가운데 특별히 인상적인 것은 맛있는
음식으로 부모님을 봉양하였다는 것, 그리고 부모님을 기쁘시게 하기 위하여
음식을 장만하여 이웃 어른과 친지들을 초대하여 잔치를 베풀었다는 음식 이
야기이다. '효'라고 하면 부모님에 대한 처절한 병 구완이나 3년 동안의 묘 지
키기 등 엄숙한 분위기를 연상시키지만, 이성만 형제 효도의 첫째는 무엇보
다 부모님께 맛있는 음식을 대접하는 것이었다. 그리고 나아가 친척 혹은 부
모님의 친구들을 초청하여 맛있는 음식을 대접하는 것이었는데, 이 역시 부
모님을 기쁘게 해드리기 위한 것이었다. 한마디로 이성만 형제의 부모에 대
한 효도는 '음식 효도'였던 것이다. 이에 대해 대흥관아 앞에 세워져 있는 이
성만 형제의 우애비에는 "대흥호장 이성만과 이순(李順) 등은 부모가 살아계실

때는 맛있는 음식으로 봉양하고 봄가을에는 맛있는 음식으로 부모님이 아끼는 친척도 함께하여 그 마음을 기쁘시게 해드렸다"고 적혀 있다. '음식 효도'는 오늘날에도 본받을 만한 효도의 방식이라는 점에서 특히 흥미를 끈다.

이성만 형제의 우애에 대해서는 볏가리를 서로 가져다주는 달밤의 이야기가 유명하다. 그런데 이들의 형제애도 음식을 통하여 쌓여진 형제간의 우애였다. 이에 대해서 우애비에서는 "아침에는 형이 아우 집에 오고 저녁에는 아우가 형의 집에 가서 아침저녁으로 함께 식사하였다. 맛있는 음식 하나를 얻어도 함께 모이지 않으면 먹지 않았다"고 하였다. 의좋은 형제 이야기는 사람과 사람을 이어주는, '세상에서 가장 따뜻한' 음식 이야기인 것이다.

대흥은 산자락 밑에 비옥한 농지가 펼쳐지고 그 사이로 긴 내가 흐르고 있어서, 이곳에서 다양한 식재료의 생산이 가능하였다. 사람머리 크기만큼 컸다는 '대흥 참외' 이야기를 처음 들은 것은 지난 봄 터키 여행 중의 일이었는데, 필시 그것은 대흥의 비옥한 토질 때문에 가능한 것이었을 것이다.

• '옛이야기' 속의 가을

10월의 둘째 주말, 대흥 의좋은 형제의 마을 일대에서는 예산의 옛이야기 축제가 열렸다. 형제의 동상 앞에 설치된 식탁에 앉아서, 나는 이성만 형제의 '음식 효도'를 생각했다. 때 마침 축제 프로그램의 하나인 물고기잡기가 한참이었다. 붕어며, 메기며, 잉어 따위를 풀어서 잡는 것이었는데, 필시 마을의 앞을 흐르던 내천변에서도 그 때에는 물고기 잡이가 하나의 일상이었을 것이다.

벌판은 이제 황금빛으로 물들고 있다. 이성만 형제 이야기의 그 볏단이 준비되고 있는 것이다. 옛이야기 재잘거리는 틈새로, 어느덧 가을은 그렇게 우리 곁에 성큼 다가와 있다.

(〈무한정보〉 2011.10.24.)

옛 우물에는 오동잎이 가득하고

향천사는 예산의 아득한 전설이 있는 절이다. 절을 만들 때 나타났다는 금 까마귀, 그 까마귀가 바로 '금오산'이라는 이름으로 예산과 향천사를 여전히 지키고 있다.

예산에서 가장 인상 깊은 풍경의 하나는 만추의 은행잎 가득한 이 향천사 의 모습이다. 도심 가까운 곳에 이토록 심산 속에 자리한 듯한 옛 절을 가지 고 있다는 것은 퍽 행복한 일이 아닐 수 없다. 그래서 예산 캠퍼스에서 교양 강의를 할 때에, 반드시 한번은 야외 수업을 하는 장소가 향천사였다. 규모 는 크지 않지만 아담한 절집이 있고, 석탑과 부도가 있고, 오랜 역사가 서려 있는 옛 절이어서 현장 역사수업 하기에는 딱이었다.

• 이규보가 지은 향천사 시

고려 5백 년 역사에서 최고의 문장가는 단연 백운거사 이규보이다. 그에 대한 평가는 엇갈리고 있지만, 그가 고려 최고의 문장가였다는 것에 대해서 만은 누구도 이의를 달기 어렵다. 그 이규보의 글을 모아 놓은 것이 『동국이 상국집』인데, 동명왕편 시가 있는 그 책 가운데 예산 향천사에 대한 한편의 시가 포함되어 있다는 것은 우리로서는 퍽 즐거운 일이다.

옛 우물에는 오동잎이 가득하고
무너진 섬돌엔 이끼가 끼어 있네
간혹 걱정이 되는 건 나무꾼들이
낙락한 소나무를 베어가지는 않을까
또 애석한 것은 수풀 밑 샘물을
아무나 마시게 내버려 두었다는 것

향천사는 12세기 말, 아마도 손청의 난으로 크게 훼손되었던 것을 13세기에 들어와 예산군수 진모(陳某)의 노력으로 다시 절을 정비하게 된다. '향천(香泉)'이라는 이름대로 향천사의 이미지는 역시 '샘물'이다. 아침이면 종종 나는 향천사의 아랫동네까지 물을 뜨러 가곤하였다. 촐랑이며 흘러가는 시냇물 소리 사이로 8백 년 전 이규보의 싯귀가 귀에 스치기도 하였다.

• '무너진 섬돌엔 이끼가'

오랫동안 하지 못했던 예산 캠퍼스 교양강의를 내년부터 가까스로 다시 시작할 수 있게 되었다. 과목의 이름을 바꾸어 〈내포의 역사문화와 정신〉이라 하였다. 요즘 주변에서는 지역의 역사와 문화를 근간으로 하는 지역학을 대학 교육과정에 포함하는 경우가 많다. 천안에서는 '천안학'을, 아산에서는 '아산학'을 행정적으로 중점 지원하여 외지로부터 온 학생들에게 지역의 정보와 심성을 담아주려 애쓰고 있는 것이다. 새로 설강되는 〈내포의 역사문화와 정신〉은 예산에서 4년을 지내는 우리 학생들에게, 예산과 내포와 충남의 역사를 통하여 지역의 문화와 지역의 마음을 키워주는 과목이라 할 수 있다.

새봄과 함께 시작하는 1학기만의 강의인지라 향천사 절 길을 금빛으로 가득 덮은 은행잎을 보지는 못하겠지만, 수풀 밑의 샘물이며, 향천사 뒷산의 낙락한 소나무는 함께 감상할 수 있을 것이다. 그리고 무너진 섬돌에 여전히 이끼가 끼어 있는지, 혹은 수풀 속 샘물 아무나 마시게 버려두었는지도, 이제는 알아 볼 수 있지 않을까.

(《무한정보》 2011.11.7.)

6학년이 되는 변

〈예스무한〉, 〈무한정보〉에 격주로 글을 쓰기 시작한 지 1년이 되었다. 그 1년을 내가 버틴 것은 일종의 사명감, 더 정확히는 의무감 때문이었다.

군대를 가는 것이 꼭 가고 싶어서 가는 것만은 아니다. 세금을 내는 것도 꼭 내고 싶어서 내는 것은 아니다. 기본 의무라고 하는 것이 있기 때문이다. 나는 지난 1년의 작은 글을, 주민세를 낸다는 심정으로 만들었다. 예산에 살고 있고 적을 두고 있는 일종의 주민의 의무로서, 그래서 꼬박꼬박 세금을 연체하지 않으려고 무던 애를 썼다.

• 문화 다양성의 원천

그 1년 사이 거의 절반에 가까운 시간을 뜻하지 않게 국외에서 생활하게 되었다. 공주대에서의 안식년 선정에 이어, 마침 신청했던 여러 연구 계획이 모두 채택되었기 때문이다. 그래서 여름 석달 오키나와에서의 류큐대학 시절을 거쳐, 11월 이후 이번 겨울은 후쿠오카 큐슈대학에서의 객원교수를 경험하고 있는 중이다.

지난 1년간의 지면을 통하여, 나는 가능하면 예산에 대한 이야기를 많이 하려고 노력하였다. 우리가 사는 시대는 의외로 선택의 폭이 좁은 시대이다.

가령 우리가 사용하는 생활의 용품을 보면 거의 서울에서 운영하는 몇 회사가 만들어놓은 것들이다. 그중에서 우리가 할 수 있는 일이라고는 4지선다형에서 답을 고르듯, 그냥 주어진 범위에서의 제한된 선택에 불과하다. 너와 내가 구별되지 않는 보편화와 일반화가 지금의 주어진 틀이다. 그러나 그러기 때문에 역으로, 우리의 실존적 다양성을 확인하는 것이 더욱 필요한 시대라고 말할 수 있다. 이러한 점에서 우리의 생활의 터전인 지역사회와 향토야말로 아직도 문화 다양성의 중요한 원천이고, 교육과 학습의 훌륭한 자료라고 나는 생각한다.

사람은 누구든 자신이 아는 것, 경험한 것, 생각하는 것, 그 이상의 범위를 넘기는 어렵다. 그 좁은 테두리 안에서 생각하고 표현하고 정리하는 행위를 반복하는 것이다. 그리고 그 세계는 사람마다 같지 않다. 사람마다 작은 하나의 섬, 하나의 우주이기 때문이다. 그래서 때로는 서로 부딪치고, 상처주고, 그리고 상처를 받기도 하게 되는 것이다.

• 가을은 가을대로, 겨울은?

겨울이 다시 오고, 문득 1년의 시간이 지났다. 이제 격주로 하던 숙제의 부담은 덜게 되었다. 퍽 다행이다. 그것은 다행한 일이지만 그러나 그 대신 나이테 한 줄이 늘면서 이제 나는 5학년에서 6학년으로 올라선다. 항상 봄날이면 좋겠지만, 여름이 오고, 가을이 오는 것을 어떻게 할 수는 없는 일이다. 그러나 분명한 것은 봄날만 좋은 것이 아니고, 여름은 여름대로, 그리고 가을은 가을대로 좋은 점이 있고, 아름다운 부분도 있다는 사실이다. 그렇다고 나는 믿고 있다.

1년 간 부족한 글을 읽어 주신 분들, 기획과 편집에 수고하신 〈무한정보〉의 여러분에게 감사한다. 그리고 도대체 신앙이라고 할 만한 것이 없지만 이

길을 갈 수 있도록 붙들어주고 계시는 그분께도 감사의 말씀을 드린다.

돌이켜 보면 가을은 가을대로 좋은 점도 아름다운 것도 있었지만, 정말 이제 시작되는 겨울도, … 그럴지?

(〈무한정보〉 2011.12.19.)

콘텐츠로서의 이삼평 5

아리타 이삼평 도조제(2015)

건너갔나 잡혀갔나, 이삼평 기념비문

2015년은 광복 70주년을 맞는 해이고, 동시에 한일수교 50주년이 되는 해이다. 다시 말해서 35년의 식민지시대를 거친 이후, 20년 만에 한국과 일본은 국가 간의 새로운 관계 정립을 하게 되는 것이다. 국가 간의 정상적 관계 수립이 되기 위해서는 국권 탈취와 식민지 시대의 역사적 문제를 해결하지 않으면 안된다. 그럼에도 불구하고 이같은 문제를 말끔히 해결하고 나서 국교 수립을 한 것이 아니었기 때문에 한일 간의 역사문제는 이후 시도 때도 없이 재연되고 있는 것이다.

• 이삼평, 4백 여 년만의 귀향

공주시 반포면 온천리 박정자 언덕의 조각공원에는 이삼평(1579~1656)의 기념비가 세워져 있다. 일본 도자기의 고향 사가현 아리타(有田)에서 성금을 모아, 학봉리 도요지가 바라다 보이는 박정자 언덕에 7.5미터 높이의 기념비를 건립한 것이 1990년 10월의 일이다. 이삼평이 나베시마군에 의하여 사가지역으로 잡혀간 시점이 1598년이라고 한다면, 이삼평은 4백 여 년 만에 비로소 기념비의 형태로 귀향한 것이 된다. 1990년은 마침 학봉리 도요지가 국가사적으로 지정된 해이기도 하다. 그런데 이 이삼평 기념비의 건립 이후에도 비문을 둘러싸고 긴장된 역사논쟁이 오랜 시간을 끌었다는 것은 지역에서는 많이 알려진 사실이다.

이삼평 기념비는 원래 이삼평 백자 생산 300주년인 1916년에 아리타 도산신사(陶山神社)의 산정에 건립한 바 있다. 아리타의 정민들이 이삼평의 공덕에 감사하는 뜻에서 이루어진 것인데, 비가 완공된 것은 이듬해 1917년, '도조 이삼평비'라는 글씨를 새긴 석주(石柱) 형태의 기념비이다. 이 기념비 앞에서 매년 5월 3일, 아리타의 도조제가 거행된다. 공주의 기념비는 바로 이 기념비의 뜻을 계승하여, 고향에 결코 돌아가지 못했던 이삼평의 '고향', 공주에 건립한 것이다.

공주의 이삼평 기념비, 백자를 상징하는 하얀색 기념비의 중앙에는 검은 바탕 돌에 '일본 자기시조 이삼평공 기념비'라고 한자로 적혀 있다. 아리타(有田)의 유지(有志)들이 한국도자문화진흥협회의 협조를 받아 세운 이 기념비의 건립에 의하여 아리타와 공주 간의 활발한 도자 문화 교류가 기대 되었다. 그러나 이러한 기대와는 달리 비문의 문구를 둘러싼 문제가 제기되어 많은 우여곡절을 겪지 않으면 안되었다. 비문은 일문과 국문 두 개의 문안을 검은 오석판에 새겨 나란히 부착하였는데, 국문으로 된 원래의 비문은 다음과 같다. 편의상 한자는 모두 한글로 옮겨 적는다.

이삼평공은 임진정유의 난에 일본에 건너가 여러 도공들과 역경을 같이한 끝에 1616년 큐슈(九州) 아리타(有田) 이즈미야마(泉山) 도석(陶石)의 활용으로 일본 최초의 백자기 생산에 성공하여 일본 자기산업 융성의 원조가 되었고 1655년 8월 11일 아리타(有田) 가미시로가와(上白川)에 서거하였다. 이공의 유덕(遺德)을 추모하는 후예들이 큐슈(九州) 아리타(有田)에서 매년 이삼평 제(祭)를 거행한 지도 팔십성상이라고 한다.

금반 사단법인 한국도자기문화진흥협회는 일본측의 이공에 대한 보은과 감사의 뜻이 담긴 기념사업 제의에 따라 이공 출신지로 전해지는 이곳에 이삼평공 기념비를 협동하여 건립하게 되었다.

이 기념비는 이공의 고국에 대한 망향의 마음을 달래고 이공의 훌륭한 기술혁신 정신을 되새기며 국제친선과 문화교류의 상징이 되기를 바라마지 않는 바이다.

• 20년 만에 정정된 비문

비문에서 문제가 된 것은 '임진 정유의 란에 일본에 건너가'라는 문구였다. 포로로 붙잡혀 간 사람을 왜 '일본에 건너간' 것으로 표현했는가, 그리고 '왜란'이란 단어를 고의적으로 회피하였다는 두 가지 건에 관한 것이었다. 임진왜란과 관련된 역사적 사실의 왜곡이라는 것이다. 1993년 조치원에 본부를 둔 '이삼평도공 기념비문 정정 추진위원회'는 초기의 이러한 시민여론을 주도하였다. 1994년 3월의 한 신문보도에 의하면, '건너가'는 '붙잡혀가' 또는 '끌려가'로 정정되어야 한다는 이 단체의 주장이 소개되고 있다. 그 후 일본의 역사교과서 왜곡 기술 문제가 뜨겁게 논란 되었던 2001년 기념비 앞에는 각 시민단체 등의 이름으로 '이삼평 도조비 안내문'이라 하여 또 하나의 안내판이 세워졌다.

이후에도 기념비문을 둘러싼 문제는 계속 논란을 거듭하였고, 아리타 현지에 가서 문제 제기를 하고, 법원에 제소하는 등의 극단적 방법들이 취해졌다. 기념비 비문의 수정이 이루어지지 않자 2006년 5월에는 '이삼평도공 제전위원회'의 명의로 또 다른 비석이 현지에 세워졌는데, 앞서의 문제된 문구를 수정하는 내용으로 비문을 제작한 것이었다. 이같은 우여곡절을 거치면서 2008년 이삼평기념비의 비문은 문제의 문구가 비로소 수정되기에 이른다. 수정된 앞 부분만을 다시 인용하면 다음과 같다.

이삼평공은 조선의 도공으로서 **임진정유의 왜란에 일본에 건너가게 되어** 여러 도공들과 역경을 같이한 끝에 1616년 큐슈(九州) 아리타(有

田) 이즈미야마(泉山) 도석(陶石)의 활용으로 일본 최초의 백자기 생산에 성공하여 일본 자기산업 융성의 원조가 되었고 1655년 8월 11일 아리타(有田) 가미시로가와(上白川)에 서거하였다.

"임진정유의 왜란에 일본에 건너가게 되어"라고 하여 20년 전부터 제기되었던 두 가지 문제, '왜란'의 명기(明記)와 이삼평이 자의적으로 일본에 갔다는 표현 문제를 해결한 셈이다. 이후 오래 끌었던 비문의 문제는 일단 논란이 종식 되었다. 앞으로 더 이상 비문의 문제를 거론하는 것은 바람직하지 않다고 필자는 생각한다. 기념비의 건립 의도가 어디까지나 이삼평에 대한 '보은과 감사의 표시'이고, 공의 '고국에 대한 망향의 마음을 달래는' 것, 그리고 이에 의하여 '국제 친선과 문화교류'의 계기를 조성하려는 것이었기 때문이다.

그럼에도 불구하고, 이삼평 기념비의 비문 정정의 과정을 돌아보면, 아쉬운 점이 없지 않다. 논의의 과정에서 건립 주체들과 시민, 전문가, 공무원, 이들 당사자 간의 상호 소통이 보다 충분하게, 그리고 공개적으로 이루어졌더라면 하는 것이 그 하나이고, 다른 하나는 비문을 정정하는 것이라면 문구를 더 명확히 하는 것이 좋았겠다는 생각 때문이다.

• 끝나지 않은 기념비 문제

박정자 언덕에 건립된 이삼평 기념비에서 유성으로 가는 데는 고개를 넘어야 한다. 삽티고개이다. 유성에서 공주로 진입하는데도 마찬가지로 이 삽티고개를 넘지 않으면 안된다. 이삼평 기념비는 건립 이후 벌써 몇 차례의 고개를 넘었다. 그런데 지금 이 기념비는 다시 새로운 고개를 넘지 않으면 안되는 문제에 직면해 있다. 도로구조 개선을 위한 사업에 의하여 기념비의 이전이 불가피해졌기 때문이다.

기왕에 기념비가 이전 되어야 하는 바에야, 이 기회를 도자기 도시 공주,

'도도 공주(陶都公州)'라는 공주의 새로운 브랜드 창출에 적극적으로 활용할 필요가 있다는 생각이다. 기념비 이전을 위한 이삼평 기념공원의 조성이 그 구체적 대안이 될 수 있다.

갈등과 문제는 반드시 관계의 악화로 이어지는 것은 아니다. 문제를 적절한 방법으로 해결해 나갈 경우에는, '비온 후에 땅이 굳는다'는 말처럼 관계가 더욱 새로워지고 공고해질 수 있기 때문이다. 이삼평 기념비가 넘었던 고개, 그리고 앞으로 넘어야 하는 고개는 결코 가볍지 않다. 그러나 지금은 이같은 어려움이 도리어 생산적 발전의 계기로 반전 될 수 있도록 지혜를 모아야 하는 시점이라 할 수 있다.

(『문화와 꿈』 24, 2015년 2+3월)

'공주사람' 이삼평?

사가현 아리타정(有田町)의 유지들이 한국도자문화협회의 도움으로 '도조 이삼평공 기념비'를 대전 유성의 경계에 있는 공주시 반포면 온천리 박정자에 세운 것은 1990년의 일이었다. 꼭 25년 세월이 지난 금년 8월 11일, 공주에서는 의미 깊은 행사가 열렸다. 공주의 이삼평연구회(회장 이종태)가 한국도자문화협회와 공동으로 이삼평 학술세미나를 개최한 것이다. 기조 강연은 KBS 사장과 문화관광부 장관을 역임한 이원홍 장관이 담당하였다. 1990년 아리타 측의 의뢰에 의하여 한국도자문화협회가 공주에 이삼평 기념비를 세운 이후, 그동안 비문의 문구를 둘러싼 지역에서의 반발과 논란이 끊이지 않았다. 기념비 건립 이후의 이러한 복잡다단했던 저간의 과정을 생각하면 두 단체가 손을 잡고 함께 학술 행사를 가진 것은 한 마디로 극적인 반전이라고 말할 수 있는 특별한 일이 아닐 수 없다.

이삼평(李參平, 1579~1655)은 1598년 임진왜란이 끝나는 시점에 나베시마 군에 의하여 일본으로 붙들려갔던, '아마도(!) 공주 출신'의 도예가이다. 그 후 1616년 이삼평은 사가현의 작은 산촌 마을 아리타(有田)에서 도석(陶石)을 발견하고 백자의 생산에 성공함으로써 일본 자기의 역사를 새로 열었는데, 일본 생활 거의 10년이 다 되어가는 때의 일이다. 이 아리타 도자기가 부근 이마리 항을 통하여 유럽에까지 대량 수출됨으로써 이른바 일본에 있어서 '도예

입국(陶藝立國)'의 신화를 열었다는 것은 많이 알려져 있는 사실이다. 당시 일본에는 조선으로부터 잡혀온 도공들이 적지 않았지만, 그 가운데 가장 유명한 인물이 이삼평이었던 것이다.

이삼평의 기념비를 충청남도 공주에 세운 것은 그의 출신지가 '금강(金江)' 혹은 '금강도(金江島)'였다는 기록에 근거한다. 마침 공주는 15, 6세기에 운영된 학봉리의 철화분청사기가 유명한 곳이기도 하다. 이러한 점 때문인지 일찍이 이삼평의 공주 출신설은 나카지마(中島浩氣)에 의하여 제안되었고, 일반인들의 인식에 은연중 자리 잡게 되었다. 그러나 '금강도'의 정체가 명확하지 않다는 점, 임란 포로의 대부분이 전라도와 경상도 사람들이었으며, 나베시마의 경우도 김해에 거점을 두고 있었다는 점에서 공주 출신설은 여전히 증명되지 않은 하나의 가설에 머물러 있는 것이 사실이다. 특히 이삼평을 붙들어 간 나베시마가 왜란 때 공주를 침입한 적이 있는지 조차도 분명하지 않다. 이 때문에 윤용이 교수는 '금강 출신' 이삼평이 경기도 광주(廣州)의 관영 도자기 공장에서 1592~1596년의 임진왜란기에 잡혀갔다고 하고, 아리타의 '소설 이삼평'의 작가 쿠로카미(黑髮酒吞童)는 공주 '학봉리 출신' 이삼평이 나베시마(鍋島) 군에 의하여 포로된 곳을 전북 남원으로 묘사하고 있다.

앞서의 학술회의에서 나는 이삼평이 공주 출신이었으리라는 점을 몇 가지 이유를 들어 주장하였다. 이삼평의 출신지 '금강(金江)'은 역시 금강(錦江)으로 보아야 하며, '금강'은 금강 중에서도 특별히 '공주 금강'을 지칭하는 것이라는 점, 나베시마 군이 공주에 침입한 적이 있는지는 분명하지 않지만 종전(終戰) 직전인 1597년 침입의 개연성이 있다는 점을 정리한 것이다. 동시에 이삼평이 임진왜란에 광주 혹은 남원에서 나베시마 군의 포로가 되었다는 가설은 성립하기 어렵다는 점을 분명히 하였다. 이삼평이 붙들린 것은 정유재란기의 일이며, 1597년 남원성 전투에 나베시마가 참여한 바가 없기 때문이다.

조선 도공 문제와 관련, 나베시마 부자 군(軍)의 침입 경로에 관심을 가진 한 조사에 의하면, 이들은 1597년 8월 이후 경상도 밀양, 대구를 거쳐 충청도(청주)로 진군하고, 그 후 전북의 김제에서 큰 피해를 주었다는 것이다. 또다른 조사에 의하면, 정유재란에서 가토(가등청정) 군과 함께 우군(右軍)에 속하였던 나베시마 부자의 군은 1597년 하반기에 경상도로부터 북상하여 대략 9월 경에 공주에서 가까운 청주를 경유, 다시 전라도로 남하하여 코니시(소서행장) 등의 좌군과 합류한 것으로 되어 있다. 이러한 자료를 참고하면, 나베시마가 공주를 침입한 적이 없다고 잘라 말하는 것은 곤란하다. 만일 나베시마가 공주에 침입하였다고 한다면, 공주 경유의 예상 시점은 대략 정유재란 바로 전년인 1597년의 9월 경이 된다. 반드시 나베시마 군이라고 단정할 수는 없지만, 공주는 이 무렵 왜군에 의한 피해에 대한 기록과 구전이 적지 않다. 공주 공산성 안에 세워져 있는 명나라 장군에 대한 '사은비'도 이러한 자료 중의 하나이다.

매년 6월 초 가라츠(唐津)에서 열리는 무령왕축제에 참석하는 길에 종종 아리타를 들른다. 무령왕 출생지로 전하는 가카라시마(加唐島)에서 멀지 않은 지역이기 때문이다. 이삼평의 묘소, 기념비, 신사, 그리고 도자기의 원료인 도석(陶石) 채취장을 돌다 보면 아리타가 참으로 이삼평의 고을이라는 점을 실감한다. 그리고 '월창(月窓)'이라는 그의 법호가 새겨진 비석을 보면서, 그가 진정 고향을 사랑했던 인물인 것처럼 생각되기도 하였다. 한밤중 창 밖으로 내다보이는 달을 보며 하염없이 스며드는 향수를 달래려 했던 그의 깊은 마음이 느껴지는 것 같았기 때문이다. 고향 '금강' 출신임을 후손들이 잊지 않도록 하기 위하여, 이름(성)을 아예 '금강(金江, 가네가에)'이라 했던 인물이 아닌가.

앞으로 2년 후인 2016년은 도예가 이삼평이 아리타에서 도자기를 창업한 지 꼭 4백 년이 되는 해이다. 아리타에서는 벌써 4백 년 축제에 대한 홍보활동이 두드러지고 있다. '아리타 4백 년'은 이삼평을 매개로 한 한국과 일본 간의 도예 교류가 활성화 할 수 있는 좋은 기회라고 생각된다. 정부 간의 한일 관계가 장기적인 경색 국면을 맞은 작금의 상황에서 도자기를 통한 민간교류와 상호 소통이 더욱 절실하게 요구되어지는 시점이다. 바로 그 소통의 아이콘으로서도 '이삼평'을 활용하는 것이 가능하지 않을까.

(『문화와 꿈』 22, 2014년 10+11월호)

아리타, 이삼평에서 카키에몽까지

일본 큐슈 사가현의 소도시 아리타(有田)는 일본에서도 대표적인 '도도(陶都)'로 알려져 있다. 도시 이름은 '유전(有田)'이지만, 농사채라 할 만한 땅이 거의 눈에 띠지 않는 산골마을이다. 그래서 도리어 '유전(有田)'이 되었는지는 모르겠다. 그런데 이 아리타가 '도도'로서 이름을 떨칠 수 있었던 것은, 전적으로 도조 이삼평의 공이라 할 수 있다.

•무명 도공들의 위업

잘 알려진 바와 같이 이삼평은 정유재란 때에(1598) 나베시마군이 철수하면서 휘하의 다쿠(多久)군에 의하여 일본으로 이송되었다. 그는 처음 다쿠(多久)라는 곳에 거주하다가 질 좋은 도토를 찾아 아리타의 미다레바시(亂橋)로 옮겼는데, 1616년 여기에서 가까운 위치의 아리타 이즈미야마(泉山)에서 자기 제작의 원료가 되는 백자광(白磁鑛)을 발견한다. 이후 부근 가미시로가와(上白川)에 주거를 옮겨 가마(天狗谷窯)를 열었고, 이를 기점으로 아리타는 일본 도자기의 가장 중요한 거점으로서 번영하게 된다. 이 무렵에 대한 이삼평의 사정은 후대의 자료(1808)에 다음과 같이 기록되어 있다. "저는 명하신대로 찾아본 결과 지금의 이즈미야마(泉山)에서 도석(陶石)을 발견했습니다. 무엇보다 물과 나무가 좋아서 처음에 시로가와텐구다니(白川天狗谷)에 가마(窯)를 만들고 화공

(畵工)의 자손을 가르쳐 가면서 점차로 번성하게 되므로, 태자(太子)께서 기뻐하시고 노고를 위로해 주셨습니다. 그 후 영주(長州樣)께서 숙박소에 있던 여성을 구해 주셔서 부부가 되었습니다."

이삼평은 1579년 생으로 1598년 정유재란 때 피랍되어 사가현으로 옮겼을 때 나이 스물이었다. 1616년 아리타에서 백자생산에 성공하였을 때의 나이는 28세, 얼마 되지 않아 현지에서 처를 얻어 가정을 꾸린 것처럼 되어 있다.

이후 아리타와 주변지역에 엄청난 수의 조선 도공이 활동하였다. 아리타의 이삼평은 120명의 도공을 거느리고 있었다 하며, 나베시마에 의하여 피로된 심해종전(深海宗傳, 후카우미 소덴)과 백파선(百婆仙, 하쿠바센)은 조선의 부부 도공으로서 1618년 종전(宗傳)의 사망 이후 부인 백파선이 9백 명이 넘는 사기장(沙器匠)과 함께 아리타의 히에코바(稗古場)에 옮겨왔다. 연전에 방영된 드라마 〈불의 여신 정이〉는 바로 이 백파선을 소재로 한 것이라 한다.

한편 일본에서 처음 아카에(赤繪)를 만들었던 아리타의 사카이다 카키에몽(酒井田柿右衛門)의 탄원서에 의하면 그 조상은 나베시마(鍋島直茂)가 조선 남천원(南川原)이라는 곳에서 연행해온 인물이며, 그때 나고야(名護屋) 성 아래에서 150명의 사기장(沙器匠)이 자기를 구웠다는 것이다. 그러니까 아리타에는 이삼평 이외에도 수다한 조선의 도공이 모여 있었던 것이다. 아리타 백자 도석을 채취했던 이즈미야마 자석장(泉山磁石場) 입구에는 한국의 성곽을 모티브로 하여 제작한 '무명도공의 비'가 있다. 이 '무명 도공'들이야말로 아리타에서 활동하였던 많은 조선 출신의, 이름을 알 수 없는 도공의 위업을 기린 것이다. 그러니까 '도조(陶祖)'만으로 '도도(陶都)'가 가능했다고 보기는 어렵다.

1637년 3월 20일 아리타에서는 '요장정리령(窯場整理令)'이 내린다. 조선 장인의 요청으로 일본 장인의 가마를 폐쇄하고 이들을 추방하는 조치이다. 이에 의하여 아리타에서 7개소, 이마리에서 4개소, 합계 11개소에서 826명의 남녀공인(남 532인, 여 294인)이 폐업, 제도소의 수가 150호, 녹로 155대, 도업

지는 13개소로 지정되었다. 이들 도업 관계자는 모두 이삼평에 의하여 총괄되었다고 한다.

• 가키에몽(柿右衛門)의 도자 세계

이후 아리타에서는 색깔을 화려하게 장식하는 무늬(色繪)가 등장하고, 적·황·녹 등 컬러풀한 색채가 놓여지고 자기는 점점 화려해진다. 이러한 채색 비법을 처음 완성한 것이 바로 아리타의 초대 가키에몽(柿右衛門)이라고 한다. 가키에몽의 채색 도기에 의하여 아리타 도자기는 일본적 감성에 어필하는 또 다른 느낌의 도자문화 세계를 개발해 갔던 것이다. '내화토빚음받침' 대신 '하리(원뿔모양받침)'라고 하는 핀으로 받쳐 굽는 새로운 방법도 등장한다. 17세기 전반 명의 멸망(1644)과 함께 이후 중국(명)으로부터의 자기 수입은 감소하고, 이를 계기로 아리타 지역 백자가 일본의 도기 시장을 장악한다. 아리타는 처음 청화백자에서 시작하지만, 3, 40년 후부터는 중국에서 색채 안료가 유입되어 에도시대에 전국적 인기를 끌었고, 네델란드를 통해 해외까지 명성을 얻게 되었던 것이다.

아리타 도자기는 흔히 이마리야키(伊万里燒), 혹은 고이마리야키(古伊万里燒)로 불렸다. 아리타 도자기가 인근 이마리 항구를 통하여 외부로 수출되었기 때문이다. 당시 나베시마번은 도자기 제작 기술이 외부로 유출되지 않도록 상인 등의 아리타 출입을 막았으며, 상업행위를 이마리항에 한정하였다는 것이다. 도자기의 유럽 수출은 1641년부터 나가사키 항을 통하여 이루어졌다. 네델란드의 동인도회사(VOC)에 의한 것이다. 1655년 이삼평은 세상을 떴지만, 이후 동인도회사에 의한 유럽에의 자기 수출은 본궤도에 올라 1658년부터 1682년까지 25년 간 자기 수출량은 19만 개에 이른다. 독일의 마이센 도자기의 발전에도 영향을 주었다고 일컬어진다. 이같은 아리타 도예의 성업과 국제화는 중국 명말 청초의 정치적 불안 및 경덕진 요의 쇠퇴에 의하여 동인

도회사가 교역 주체를 경덕진에서 아리타로 전환한 것이 중요한 요인이 되었다. 이에 의하여 아리타의 도자기는 수요자의 기호에 부응하여 새로운 도자기의 길을 걸었던 것이다.

아리타에 옮겨 이삼평이 가마를 새로 열었던 텐구다니요(天狗谷窯)는 그 후 5대째에 이르러 가운이 기울자 인척에게 이를 양도하고 히에코바(稗古場)로 이주하여 가마를 운영한다. 조선에서 피랍된 도공들에 의하여 도자기가 생산된 지역은 적지 않다. 그러나 그 가운데 아리타는 지금도 '일본자기의 고향'으로, 이삼평은 '도조(陶祖)'라는 칭호를 가지고 있다. 이는 아리타의 경우 도기가 아닌 자기, 백자 생산이 시작된 점과 17세기 이후 아리타의 도자기 산업의 발전에 토대를 두고 있다. 매년 5월 초에 열리는 도자기시장(陶器市)과 도조제는 아리타의 명성을 지금도 상징하고 있다.

• 큐슈박물관의 특별전

학봉리의 철화분청사기로 공주는 도자기를 지역 발전의 새로운 소재로서 개발해야 한다는 필요성을 절감하고 있다. 또한 공주는 백제 역사의 특성상 일본과의 특별한 관계를 유지하고 있다. 이러한 점에서 아리타와의 특별한 인연을 상징하는 이삼평 기념비는 공주의 도자 문화, 도자 산업 진흥에 있어서 매우 유용한 매체라고 할 수 있다. 이삼평 기념비를 보다 소중한 지역자원으로 인식하고, 이를 도자문화 발전의 계기로 활용하는 방안과 인식이 필요한 것이다. 반포 박정자 언덕에 소재한 이삼평 기념비는 도로 건설과 관련하여, 앞으로 이전이 불가피한 상황에 있다고 한다. 기념비 문제에 대한 지역에서의 관심, 시에서의 적극적 대응이 필요한 시점인 것 같다. '도도 공주(陶都公州)'에의 길, 공주에서의 도자 문화의 진흥은 이삼평기념비 문제로부터 출발해야 한다고 나는 생각한다.

연초 백제 특별전을 열었던 큐슈국립박물관은 백제전에 이어 3월부터 바

로 아리타 가키에몽 도자기전을 열고 있다. 1년 뒤인 2016년 아리타는 이
삼평 도자 400주년을 맞는다. 400년의 전통을 이어오며 새로운 기법과 기
술을 개발해온 아리타의 도자기에서 '자기의 자기화(自己化)'는 무엇보다 돋보
이는 점이다.

(『문화와 꿈』 25, 2015년 4+5월)

'소설 이삼평'을 말한다

아리타에 거주하는 이삼평의 열성 팬 한 사람이 '소설 이삼평'을 출간한 것은 2011년의 일이다. '소설 이삼평'이라고 했지만, 이는 소설의 제목은 아니다. 소설의 제목은『일본 자기 발상(發祥) -도공 이삼평공의 생애』이다. 소설의 제목이라기보다는, 무언가 사람들이 쉽게 접근하기 어려운 전문서적 같은 제목이다. 저자는 구로카미 슈텐도(黑髮酒呑童), 이것은 필명이고 본명은 요시지마 미키오(吉島幹夫)이다. 필명의 '구로카미(黑髮)'는 아리타를 지칭하는 이름이다. 아리타의 주산(主山)이 '구로카미산(黑髮山)'이기 때문이다.

• 구로카미의 집념

아리타의 공무원으로 근무하던 구로카미 씨가 이삼평 소설을 생각한 것은 1992년부터의 일이었다고 한다. 그것은 공주에 건립한 이삼평 기념비 비문에 대한 항의 운동을 목도한 이후였다. 이삼평은 아리타의 도조이기도 하지만, 씻을 수 없는 상흔이 남겨진 한일 두 나라의 역사적 특수성이 혼재되어 있는 존재이기도 한 것이다.

구로카미 씨는 정년을 4년 앞두고 퇴직, 이삼평 소설의 집필에 전념하게 된다. 각종 문헌 자료의 섭렵은 물론 수 차례에 걸친 현장 답사는 필수적인 것이었다. 소설을 통하여 그가 묘사하고 싶었던 것은 이삼평이라는 극적 인물의 독특한 인생 역정에 대한 정리였다. 사실 조선 출신의 무명의 도공이 이역 아리타에서 도자기의 새로운 역사를 기록하게 된다는 것은 그 사실 자체만으로 이미 드라마틱한 구성을 가지고 있는 것이다. 구로카미는 소설을 통하여 침략 전쟁으로 인하여 고통 받았던 조선, 그러나 그 틈바구니에서 이삼평에 의한 도자기 역사가 일본에서 새로 꽃을 피우게 되는 역사의 이중성과 아이러니, 실패와 성공을 대비 시키고 있다.

• 소설에서 묘사된 이삼평

내가 특별히 이 소설에서 관심을 가졌던 부분은 이삼평에 대한 여러 논란을 어떻게 처리하고 있는가 하는 점이었다. 우선 소설에서 이삼평의 출신지는 '공주 학봉리'로 설정되어 있다. 그러나 그가 왜군과 처음 조우하는 곳은 학봉리나 계룡산이 아니고, 속리산의 법주사였다. 이삼평이 법주사에 친구들과 함께 수행차 왔다는 것인데, 그 시점은 임진왜란 발발 직후인 1592년의 4월 24일로 되어 있다. 삼평 일행 5인이 법주사를 겨우 벗어나 고향 학봉리에 돌아온 것은 4월 30일, 돌아와보니 사기를 굽던 가마는 왜군들에 의하여 파괴되고, 마을은 큰 피해를 입은 상태였다. 삼평의 아버지와 동생 등 가족들조차 죽음을 당한 상태였다.

혼자 몸이 된 삼평은 더 전문적인 도자기 수업을 받고 싶어 했다. 그러나 경기도의 광주는 전란으로 인하여 신변의 안전을 장담하기 어려웠다. 이렇게 하여 이삼평은 왜군의 침입이 미치지 않은 남원으로 내려간다. 남원 만복사의 사기소, 그곳이 이삼평의 새로운 출발지였다. 남원에서의 도예 수업으로 이삼평의 도예 기술은 크게 성장하였다. 그러나 전쟁은 아직 진행 중이었다. 1597년 8월 왜군은 남원성을 공격하였다. 직전, 이삼평 일행은 남원을 탈출하여 지리산으로 향하였다. 그러나 함양에서 남원으로 향하던 나베시마 군에 의하여 이삼평은 체포되고 만다. 여기에서 이삼평은 남원성에 대한 길안내를 하게 된 것이다. 그들이 남원에 도착했을 때는 이미 가토 등의 군에 의하여 남원성이 함락된 상태였다. 1598년 토요토미의 죽음과 함께 왜군은 조선에서 철군하였다. 이삼평이 나베시마 군에 의하여 다쿠에 옮겨지고, 이후 다시 도석이 발견된 아리타로 옮겨 백자 생산에 전력을 다하게 된 것은 잘 알려진 바와 같다. 1655년 8월 1일, 77세의 나이 이삼평이 이역 아리타에서 세상을 뜨는 것으로 소설은 끝난다. 그가 미리 준비한 백색의 한복, 저고리와 두루마리를 입혀주는 것으로 일생이 마감되는 것이다. 그는 이역 일본에서도 결코 고국 조선과 학봉리 고향을 잊지 않고 있었다는 것이다.

• '난류'가 이루어낸 따뜻한 성취

소설을 자비 출간한 구로카미는 이 작품이 번역되어 한국에서도 읽혀지기를 바라는 것이 소원이었다. 이 소박한 바람이 최근에 드디어 이루어졌다. '지식과감성'이라는 출판사에서 『일본도자기의 신, 사기장 이삼평』이라는 제목으로 번역 출판된 것이다. 간행일은 2015년 4월 30일, 439쪽의 적지 않은 분량이다.

번역본 『사기장 이삼평』이 국내에서 간행될 수 있었던 것은 전적으로 나인숙이라는 한 사람의 집념 때문이다. 나인숙은 '한일친선교류협회 난류'의 대표이다. 전남 광주에서 태어나 일본 와세다에 유학한 것이 계기가 되어 지금까지 오랜 세월 일본에 거주하고 있다. 나인숙 선생은 한일 민간교류의 중요성을 절감하고 2009년 '난류'라는 법인을 만들어 활동해오고 있다. 왜군에 의하여 졸지에 가족을 잃는 아픔을 경험한 이삼평이 도리어 일본의 도조로 추앙받게 된 이삼평의 이야기에 감동을 받아 번역을 결심하게 되었다. 그러나 번역 출판은 생각처럼 간단하지 않았다. 분량도 분량이지만, 난해한 지명과 인명, 역사용어는 번역자에게는 넘기 어려운 높은 산이었다. 또 다른 난제가 있었다. 출판 비용의 문제였다.

우선 난류 회원 4명, 김창복, 노미애, 홍남희, 홍성숙이 번역을 분담하기로 하고 나인숙이 그 작업을 점검하였다. 출판은 이삼평의 출신지인 공주시의 재정적 도움을 받는 것으로 협의가 진행되었다. 번역의 초고가 만들어졌을 때, 나에게 나인숙 이사장을 공주에서 만나는 기회가 주어졌다. 그 무렵 나는 공주에서 '이삼평 연구회(회장 이종태)'라는 시민 모임의 창립에 간여하고 있었다. 공주 박정자, 학봉리가 바라다보이는 언덕에 외롭게 서 있는 이삼평 기념비를 위하여, 시민 모임이 필요하다는 생각에서였다.

공주시에서 출판비를 돕기로 한 애초의 약속은, 그러나 지켜지지 못하였다. 불필요한 '오해'의 가능성이 제기되었기 때문이다. 이미 이삼평은 '건너가'라는 단어 하나에 묶여 10년을 얼굴 붉혔던 상처를 가지고 있다. 한일관계는 너무 예민하여, 단어 하나에도 조사(助詞) 하나에도, 쉽게 오해되고 진의(眞意)가 왜곡되는 경우가 허다하기 때문이다. '한일 수교 50년'에도 불구하고 지금 오랜 냉각기를 지나고 있는 한일관계는, 근본적으로는 일본의 편협한 역사인식에 기인하는 것이지만, 다른 한편으로 서로간의 오해와 불신이 너무 뿌리 깊게 깔려 있기 때문이라는 점도 부정하기 어렵다.

나인숙 이사장은 출판 비용을 스스로 해결하지 않으면 안되었다. 뜻밖의 도움은 남원에서 왔다. 도자기 문제로 지면(知面)을 갖게 된 남원의 정창진 선생이 병상에서 비용을 지원한 것이다. 작가 구로카미의 소설도 그렇지만, 『사기장 이삼평』 번역의 출간도 이처럼 다난한 고개를 넘어서 가까스로 이루어진 것이다.

• 21세기, 세라믹 로드의 길

딱 1년 후인 2016년은 이삼평이 아리타에서 백자를 생산한지 400년이 되는 해이다. '아리타 4백 년'은 일본 도예의 역사, 그리고 사가(佐賀) 지방의 역사에서 특별한 의미를 갖는다. 이삼평의 기념비가 세워진 공주와 충청남도에서는 이 400년을 어떻게 맞을 생각인지 궁금하기도 하다. 소설에서는 이삼평이 아리타의 백자 도석(陶石)을 발견한 것이 '6월 1일'이라 하였다.

구로카미는 번역 소설의 후기(後記)에서 한중일을 연결하는 세라믹 로드, 그리고 이를 부각하는 세계문화유산의 추진을 제안하고 있다. 도자기가 중국에서 발생하여 한반도와 일본으로 전해지면서 새로운 문화 역사를 선도해갔던 사건을 부각시키자는 것이다. 구체적으로는 중국 경덕진, 공주 학봉리, 그리고 아리타의 도자 유적을 연계하는 세계유산의 추진을 제안한 것이다. 거기에는 '문화와 전쟁'이라는 영광과 상처가 뒤섞여 있다.

이제 이삼평의 이야기에는 구로카미와 난류의 아름다운 뜻이 함께 더해질 것이다. 2016년 아리타 400년에 시작되는 앞으로의 '새 400년'은, 이삼평에 더하여 구로카미와 '난류'의 따뜻한 사연이 함께 전해지게 될 것이다.

(『문화와 꿈』 26, 2015년 6+7월)

계룡산의 철화 어문(魚文), 어디에서 왔나

우리나라에 분청자기 도요지는 무척 많다. 그 가운데 유독 공주 학봉리는 가장 널리 알려진 분청자기 유적이다. 학봉리에서는 상감, 인화, 귀얄 등 다양한 분청자기가 생산되었지만, 그 가운데 학봉리는 철화 분청의 대표 유적으로 널리 알려져 있다. 말하자면 학봉리는 '철화'로 특성화된 도요지인 셈이다.

철화 무늬의 소재는 연꽃, 모란, 인동, 풀꽃(초화) 등의 다양한 식물과 여의두 등의 무늬이다. 그런데 가장 특징적 소재는 물고기이다. 물고기가 학봉리에만 있는 것은 아니지만, 유독 계룡산 철화분청에 즐겨 등장하는 소재의 하나가 물고기라는 점은 퍽 인상적이다. 물고기도 여러 종류의 물고기라기보다는 특정 종류의 물고기가 중심을 이룬다. 등과 배에 날카롭게 펼쳐진 지느러미, 입이 뾰죽하게 돌출하고, 눈은 만화에 나오는 사람의 눈 같은, 매우 특이한 인상의 물고기이다. 물고기의 모습은 살아 움직이는 듯 아주 생동적이고, 무언가 '의인화'된 느낌이 있다는 표현이 적합하다. 이 물고기는 필시 구체적인 특정의 어류일 것이 분명하다. 그래서 어떤 이는 이 물고기가 쏘가리 종류라 하고, 또 읍지에 나오는 궐어(鱖魚)라고 말한다.

• 계룡산 철화 분청자기의 물고기

계룡산 분청사기의 물고기는 위에 언급한 것 이외에, 조기나 갈치, 혹은 전어 같은 생선도 포함되어 있다. 이들 생선은 아마 제사와 같은 제한적 용도로 사용했음인지 수량이 많지 않다. 결국 쏘가리인지 무언지 알 수 없는 이 물고기는 학봉리의 철화분청을 대표하는 무늬인 셈이다.

계룡산에서 물고기가 이처럼 집중적으로 등장하는 이유는 무엇일까. 물고기(魚)의 발음 '어'가 중국어로는 '여(餘)'와 같기 때문에, 여유와 재산의 넉넉함, 자손의 번창 등의 복합적 의미를 갖는다는 해석이 있다. 물고기는 많은 양의 알을 뿌리기 때문에 다산(多産)의 상징이라고도 한다. 그런가 하면 쏘가리는 한자로 '궐어(鱖魚)'이고, '궐(鱖)'은 대궐의 '궐(闕)'과 발음이 같아 '출세' 혹은 '고귀한 신분'을 나타내는 것이라고도 하였다. 그러나 그러한 해석에도 불구하고 유독 계룡산 학봉리에서 이 물고기가 즐겨 등장하는 이유를 이해하기는 쉽지 않다.

계룡산 철화분청에는 앞에 언급한 바와 같이 또 하나의 의문이 남아 있다. 왜 그 많은 분청자기 생산지 가운데 유독 학봉리에서 철화가 집중적으로 생산되었는가 하는 문제이다. 그릇을 만들기 위해서는 도토가 필수적이듯, 철화 분청이 만들어지기 위해서는 철화의 안료가 관건이다. 계룡산의 풍부한 철화분청의 생산은 필시 이 철화 안료가 도요지 인근에서 생산된 것임을 암시한다. 풍부한 철화 안료의 산지가 도요지 주변에 분포하고 있을 것이라는 가설인데, 그렇지 않고서야 특화된 철화분청의 이유가 설명되지 않는 것이다.

반포면의 면사무소가 있는 공암리 부근 국도변의 한 바위산에 인공의 동굴이 있다. '공암굴'이라고도 하고, '고청굴'이라고도 한다. 면소재지의 동네 이름이 '공암리(孔巖里)'가 된 것은 1914년 행정구역 조정시에 중산·덕곡·연정·서원·길만 등을 통합하여 '공암리'라는 새 이름을 짓게 되면서였다. '공암리'의 '공암'은 바로 '길만이' 앞 소재 공암굴의 존재 때문이라 할 수 있다.

공암굴은 높이 약 6m, 너비 4m에 10m 길이의 비교적 큰 인공 동굴이다. 이 동굴이 어떤 이유로 조성 되었는지는 기록이 남겨져 있지 않다. 그러나 굴 착된 지 퍽 오랜 세월이 지났다는 것은 분명해 보인다. 공암굴을 '고청굴'이라

칭하는 것도 그 증거가 될 수 있다. 공암굴을 고청굴이라 부르는 것은 조선 중기의 저명한 유학자 고청(孤靑) 서기(徐起. 1523~1591) 선생이 태어난 곳이라는 전설 때문이다. 고청 선생은 공암리의 연못 뒤에 서당을 짓고 후생을 가르쳤다. '연정(蓮亭)'이라는 곳의 기원이다. 그리고 1581년(선조 14)에는 충현서원이 창립된다. 이 서원은 뒤에 고청 선생과 함께 사계 김장생, 동춘당 송준길, 우암 송시열 등 호서의 거유들을 배향하는 저명한 학교가 되었다.

계룡산 도예촌에서 오랫동안 작품 활동을 하고 있는 이재황 교수는 철화분청의 안료가 바로 반포면 일대에서 공급된 것이라는 주장을 오래 전부터 해오고 있다. 그리고 대표적 철화 안료 산출지가 바로 이 공암굴이라는 것이 그의 오랜 주장이다. 공암굴의 형성 요인을 한약재로 쓰이는 '산골'과 도자기의 철화 안료(石間朱) 채굴에 의한 것으로 판단하고 있는 것이다.

• '공암굴', 철화 안료의 채취처?

이재황 교수에 의하면 공암굴에서는 자철석(Fe_3O_4) 황철석(F_2S_2)이 채굴된다. 그 밖에도 공암리의 아래사기골과 온천리의 희망교 개천에 많은 철분이 포함된 점토가 대량으로 분포하고 있는데, 이들이 모두 철화원료로 사용이 가능하다는 것이다. 철화 분청에 많이 사용하는 백토의 귀얄 역시 인근 지역에서 풍부하게 부존되어 있는 백토를 사용하였다는 것이 이교수의 주장이다. 학봉교회 뒷산 분토골의 백색 분장토는 그가 발견한 자료중의 하나이다.

학봉리의 철화분청은 대략 15세기 후반에서 16세기 중반 혹은 후반까지 생산된 것으로 추정된다. 출토된 도편에서 '가정(嘉靖) 15년(1536)'이라는 절대 연대가 확인된 데 근거한 것이다. 만일 그렇다면 공암굴의 조성도 15세기 후반에서 16세기 전반 경의 일이었다고 추정할 수 있다. 서기 선생의 출생이 1523년이라면 마침 16세기 전반이어서, 이 무렵 공암굴이 조성되어 있었던 시점이라고 보아도 모순이 없는 것이다.

이재황 교수는 자신의 주장을 입증하기 위하여 실제로 공암굴의 시료를 채취하여 철화 분청의 제작에 사용하기도 하였다. 이에 의하여 공암굴의 철광석 재료가 철화의 안료가 될 수 있다는 점은 일단 입증된 셈이다. 다만 현재 확인된 철화 분청의 자료가 실제 공암굴의 재료를 이용한 것인가 하는 것은 다시 과학적으로 입증해야 하는 과제를 남기고 있다. 그러나 기본적으로 학봉리 철화분청의 철화 안료가 현지에서 공급하였을 것이라는 점은 매우 상식적인 발상이며, 이 점에서 이교수의 주장은 상당한 개연성을 갖는 것이라고 나는 믿고 있다.

계룡산 철화분청에 전속 모델처럼 등장하는 물고기의 실체는 과연 무엇일까. 부와 여유, 혹은 다산의 상징으로서 물고기가 선호된 것일까. 아니면 출세와 부귀에의 소망을 상징하는 것일까. 만일 그렇다고 한다면 그것은 계룡산에만 국한될 일은 아니다. 분청사기가 만들어지는 곳곳에서, 그리고 도자기가 만들어진 곳곳에서 다양하게 활용되어야 한다. 그러나 이 물고기가 유독 계룡산에서만 브랜드마크처럼 등장하는 것이라면, 그 이유는 보다 특별한 것이지 않으면 안된다. 그렇다고 볼 때 이제 주목되는 의견은 문제의 물고기가 맑은 계곡에 서식하는 쏘가리이고, 기록에 '궐어'라고 적힌 그 물고기라는 견해이다.

• 철화분청의 물고기는 누치?

반포면 공암리, 온천리, 상하신리 일대는 금강의 지류인 용수천(龍秀川)이 흐른다. 용수천은 계룡산에서 내리는 물이어서 대단히 청정한 물이다. '반포면'이라는 지명은 18세기 『여지도서』에 이미 등장하고 있어서 퍽 오래된 지명임을 알 수 있는데, 아마 물이 굽이도는 부분이 많아서 붙여진 이름일 것 같다. 상신리와 하신리의 중간에 옛날에 신소(莘沼, 용툼벙)라는 큰 둠벙이 있었다. 여기에는 선녀가 종종 내려와 낚시질을 했다는 다음과 같은 전설이 전한다. "옛적에 이곳이 바다이고 그 가운데 솟은 봉우리에서 선녀가 낚시질하는 것을 임금이 억지로 궁으로 데려가 사는데 옥황상제가 노하여 선녀를 용으로 변하여 이곳에 살게 하였다. 임금이 선녀를 못잊어 선녀가 앉았던 자리에서 늘 낚시질을 하는데, 용이 된 선녀가 물고기를 몰아주었다(한글학회, 『한국지명총람』)."

학봉리에서 공암리에 이르는 일대는 용수천의 맑은 물이 계룡산과 함께 빼어난 경관을 이루고 있는데, 앞의 전설은 이 계곡에 물고기가 많이 서식하고 있음을 암시하고 있다. 일대에서 이 물고기가 중요한 먹거리로도 기능하였을 것이다. 쏘가리(궐어)는 농어과에 속하는 민물고기이다. 매운탕용의 고급 식재료로 치는 것인데, 몸에는 가물치 같은 느낌의 얼룩무늬가 특징이다. 그러나 등의 지느러미가 넓거나 날카롭지 않고, 꼬리 지느러미도 뭉툭하여 꼬리가 갈라지는 학봉리 분청의 물고기와는 다르다.

『신증동국여지승람』에 의하면 공주의 '토산'으로 '눌어(訥魚)'라는 것이 등장한다. 눌어는 잉어과에 속하는 민물고기인 '누치'이다. 누치는 우리나라에 비교적 널리 분포하는 것으로서, 몸은 기다란 원통형으로 주둥이가 튀어나와 머리모양이 전체적으로 뾰족한 특징이 있으며, 눈은 크고 등지느러미는 삼각형에 가깝다. 또 물이 맑고 깊은 곳을 좋아해서 큰 강의 상류에 많이 서식한다고 하였다. 뾰족한 머리모양, 갈라진 꼬리, 날카롭게 펼쳐진 위 아래 지느러미의 모양이 아무래도 철화분청의 그것과 흡사하다.

계룡산 철화분청의 물고기는 15, 6세기 '공주의 토산'으로 문헌에 기록된 '누치(訥魚)'일 것이라고 김영원 관장은 말한다. 아무래도 그 말이 맞는 것 같다. 지금도 금강에서 흔히 잡히는 이 누치는 옛날 반포면의 용수천 물길에 풍부하게 서식하던 물고기였을 것이다. 이렇게 보면 계룡산의 철화분청에 생동감 있는 누치가 자주 등장하는 것은 자연스러운 일이다. 철화에서는 무늬를 직접 그리기 때문에 인화 혹은 상감 같은 기법에 비하여 자유로운 표현이 가능했던 것도 하나의 이유일 것이다. 앞에서 이야기 한 철화의 안료 역시 누치와 마찬가지로 바로 주변에서 공급된 토산의 재료였다고 할 때, 무언가 비로소 수수께끼의 퍼즐이 맞추어지는 듯한 느낌이다.

계룡산 철화분청은 무늬의 표현이 그러하듯 소재와 재료 역시 가장 자연스럽고 토착적인 요소를 그대로 반영한 것이라 할 수 있다. 분청이라는 도자기에 지역의 콘텐츠를 덧입혀 탄생시킨 계룡산 철화분청의 의미를 여기에서 다시 한번 되새기게 된다. 우리 지역에 흩어져 있는 각종의 소재와 콘텐츠, 그것이 바로 새로운 작품과 상품 개발의 귀중한 열쇠가 되는 것이다.

(『문화와 꿈』 28, 2015년 10+11월)

계룡산, 성(聖)과
속(俗)의 교직(交織) 공간

삼강변(三江邊)의 행복도시 지구에서 남쪽을 바라보면 용이 꿈틀대는 듯한 계룡의 자태가 눈앞에 다가온다. 5세기 후반 백제가 한강변을 떠나 공주에 도읍한 이후 21세기의 현금에 이르기까지 계룡산과 그 주변 지역은 천도와 새 수도의 입지로 끊임없이 주목되어 왔다. 계룡산 중심의 정씨 왕조의 도래에 대한 정감록의 예언도 그중의 하나이지만, 이러한 점에서 계룡산은 한 시대의 권력 이동과 관련한 지극히 정치적 공간이어왔던 셈이다. 그러면서도 불교문화 혹은 국가적 제사처로서의 대표적 신성 공간으로 꼽혀온 것이 계룡산이기도 하다. 계룡산만큼 다양한 특성이 함께 섞여 있는 경우도 많지 않을 것이다. 이러한 점에서 한마디로 계룡산의 역사는 성과 속이 교직(交織)되어온 특수한 공간이었다고 할 수 있다.

• 계룡산의 이름

'계룡'이라는 산 이름은 닭과 용이라는 두 가지 동물로 구성되어 있는 것이 특징이다. 우리나라에는 많은 산들이 있지만 이처럼 동물이름이 산 이름으로 사용된 것은 흔하지 않다. '계룡'이라는 이름의 연원은 계룡산의 산봉우리와 줄기가 마치 닭의 벼슬을 머리에 단 용처럼 생겼다하여 붙여진 이름으로 흔히 생각되고 있다. 그러나 혹자는 이 산이 풍수적으로 '금계포란형(金鷄抱卵型)'

'비룡승천형(飛龍昇天型)'이라는 데서 붙여진 것이라 하기도 하고, 일제 때 공주 유지로 이름이 높았던 김윤환(金閏煥)은 「갑사중수기」에서 "닭이 홰를 치고 용이 하늘로 올라가는 것 같은 형세 때문에 '계룡'이라 이름하였다(如鷄搏龍騰之勢故取以稱)"고 풀이한 바 있다.

계룡산의 다른 이름으로서는 계람산·옹산·서악·중악·계악 ·마골산 등 여러 명칭이 있다. 그 중 계람산(鷄藍山)이라는 이름은 백제 및 신라시대 계룡산의 이름으로 기록상 가장 오랜 이름이다. 따라서 계룡산의 이름에서는 닭이 먼저이고, 용이 나중에 더해진 것임을 알 수 있다. 닭이라는 동물은 일찍부터 가축으로 길러지며 사람들과 가장 가까운 동물이다. 하루가 새롭게 열리는 새벽의 시점을 사람들에게 알리는 특별한 역할을 담당한 것이 닭이기도 하다. 빛이 오면 어둠은 물러나고 온갖 잡귀가 함께 소멸하는 것이라서 종종 닭이 벽사(辟邪)의 의미로 절에 장식된 경우를 볼 수 있고, 또 한 시대를 미리 일깨우는 선지자적 역할에 대한 상징성을 갖기도 한다. 한편 계룡의 용은 우리나라에서 예로부터 상서로운 동물의 대표격으로서 상상의 산물이다. 이 때문에 용은 왕과 같은 지극히 높은 자에 대한 상징으로 사용되어 왔다. 이렇게 볼 때 계룡산은 나쁜 것에 대한 정화 기능, 선지자적 상징성, 그리고 고귀함을 나타내는 지극히 존귀한 의미를 그 이름에 담고 있는 것이라 할 수 있다.

기록상 '계룡'이라는 산 이름이 처음 나오는 것은 통일기 신라와 관련된『삼국사기』의 기록 중에 "서악 계룡산(웅천주)"이라 한 것이다. 이로써 '계룡'이라는 산 이름은 이미 1천여 년 전 통일신라기에 정착되었음을 알 수 있는데, 아마 이것은 백제시대 이름의 계승일 것이다. 계룡산에 대한 가장 오랜 기록은 당나라 장초금(張楚金)의 저서『한원(翰苑)』에서『괄지지(括地志)』를 인용하여 계룡산을 '계람산(鷄藍山)' 혹은 '계산(鷄山)'이라 한 것이다. 백제시대의 중국 기록에서 언급한 '계산', '계람산'은 그 의미가 '계룡산'과 거의 상통하는 것이어서, 계룡산의 이름은 사실상 백제시대 때부터 시작되었다고 보아도 좋을 것이다.

• 백제 이래의 제사처

계룡산은 백제 왕도의 산악으로서 특별한 정치적 의미를 가졌던 것으로 보인다. 백제 이후 경주의 신라 정부는 전국의 5대 명산을 5악(五嶽)으로 지정하고 이를 국가적 제사처로 삼았다. 그리하여 토함산(동), 지리산(남), 계룡산(서), 태백산(북), 그리고 팔공산(중)을 각각 동서남북중의 5악으로 지정하였던 것이다. 그리고 계룡산은 그중 서악(西嶽)이 되어 있었다. 이는 이전부터 존재해온 산악신앙의 전통을 정부가 일종의 정치적 의도를 반영하여 조직화한 것이라 할 수 있다.

5악신앙의 성립은 대략 통일 직후인 문무왕 혹은 신문왕대의 일로 추정되고 있다. 통일 초기의 상황은 백제, 고구려 등 신라에 대립적이었던 정권의 소멸에도 불구하고 점령지역의 반신라적 민심으로 인하여 사회적으로 불안정한 상태였다. 이 같은 상황에서 계룡산을 신라의 서악으로 지정한 것은 백제 세력에 대한 진압과 회유, 그리고 이를 통한 통일사회의 안정화를 도모하려는 의도가 깔려 있었던 것이다. 이러한 점에서 신라시대 중사(中祀)에 웅천하(熊川河)가 4독(瀆)의 하나로 포함되어 있고 그 제행처(祭行處)가 공주였다는 것 역시 백제 유민에 대한 회유책과 관련이 있다고 하겠다.

신라 5악신앙에 의한 국가적 제사의 전통은 후대로 계승되었는데, 고려 태조 26년(943) 4월 계룡산을 비롯한 5악에 대한 제사의 기록이 있고, 현종 9년(1018) 2월에는 5악을 비롯한 산천신에 대한 작호(爵號) 하사의 기록이 보인다. 조선 태조 2년 2월에는 전국의 주요 명산, 대천, 서낭(성황)에 대하여 작호가 내려졌고 이때 계룡산신은 호국백(護國伯)에 봉해졌다. 태종 13년 10월에는 태종이 내시를 파견, 공주 계룡산신과 금강의 '웅진신'에게 제사를 지낸 사실이 기록에 있다. 이로써 볼 때 계룡산신에 대한 국가적 제사는 고대 이래 정해진 규례를 따라 줄곧 거행되어 왔던 것임을 알 수 있다.

고대 이래 계룡산신에 대한 제사는 사당이 마련되어 일정한 장소에서 거행되었다. 조선조 읍지에 의하면 계룡산사의 위치는 공주의 남쪽 40리 지점이라 하였다. 그런데 이 읍지에 의하면 공주 남쪽 40리 지점에는 신원사가 있는 것으로 되어 있다. 신원사에는 현재에도 계룡산신의 제사처로 알려진 중악단이 있다. 중악단의 '중악(中嶽)'은 조선시대에 묘향산, 지리산과 함께 계룡산이 중악으로 지정됨으로써 계룡산의 지칭이 되었다. 그러므로 중악단은 '계룡산사'의 별칭인 셈이다. '계룡산사'가 '중악단'으로 그 이름이 공식 개칭된 시기에 대해서는 『공주군지』(1957)에 '고종 기묘'라 하였는데, 이는 고종 16년(1879)에 해당한다. 신원사의 한자 표기는 현재 '新元寺(신원사)'로 되어 있지만 본래 그 이름은 '神院寺(신원사)'였다. '신원(神院)'이라는 것은 다름 아닌 제사처의 의미이며, 이는 고대 이래 계룡산사의 존재를 확인하는 의미를 갖는 것이기도 하다. '神院寺(신원사)'가 '新元寺(신원사)'로 개칭된 것은 구한말 대한제국의 수립 이후이다. 제위에 오른 고종은 이듬해 1889년 계룡신사의 격을 올려 중악단(中嶽壇)으로 개칭하고 건물을 새로 위엄 있게 짓는 한편, 중악단이 위치한 '신원사'를 새로운 제국의 기원을 연다는 의미에서 '신원사(新元寺)'로 개명하였다는 것이다.

신원사 이름의 개칭과 함께 중건된 중악단의 건물은 신원사의 경내에 있으면서도 그 배치가 절 건물과는 무관하게 되어 있다. 또 건물의 배치가 남향으로 되는 통례와는 달리 중악단은 서남향으로 되어 있는데 이 또한 계룡산 신단으로서의 성격 때문에 계룡산을 중심으로 방향을 설정한 때문인 것 같다. 이것은 완연 하나의 독립적 성소의 성격을 건물에 나타낸 것이며, 계룡산신에 대한 국가적 제사처로서의 중악단의 위치를 확인해주는 것이다.

• 불교문화의 성지

계룡산은 일찍부터 산악 신앙의 대상이면서 동시에 풍수도참설과 불교문화가 개화한 특별한 지역이었다. 계룡산에는 이미 백제시대로부터 절이 건립

되었던 것으로 추측되고 있다. 이는 신원사 경내에서 발견된 백제 연화문 와당편, 그리고 불확실한 것이기는 하지만 구룡사(반포면 상신리)에서도 백제 와당편이 나온 것으로 전해진다. 백제시대 불교가 전래되고 공주 남천 이후 불교가 보다 넓은 신앙층을 형성하면서 계룡산에는 불교 사원이 들어서기 시작했을 것으로 생각된다. 다만 아직까지 계룡산 지역에서 백제시대 절의 존재가 구체적으로 확인된 바는 없다.

신라시대 계룡산에서 가장 번창한 사원은 갑사였다. 갑사(甲寺)는 옛 문헌에 '갑사(岬寺)' 혹은 '계룡갑사(鷄龍岬寺)'로 표기되어 있는데, 통일 이후 특히 화엄종 사찰로 이름이 높았다. 갑사는 계룡산의 여러 절중에서 웅천주의 치소에 가장 근접한 위치이며, 신라 통합운동의 사상적 기반이 되었던 화엄종 사찰이었다는 점은 갑사의 번영이 중앙 교단으로부터의 일정한 뒷받침이 있었으리라는 것을 암시한다. 신라시대 갑사의 번영은 오늘날 대적전 건물 주변에 있는 금당지의 초석과 철당간이 입증하고 있다.

갑사와는 반대편에 해당하는 계룡산 동북편 기슭(반포면 상신리)에 '구룡사(九龍寺)'라는 이름의 절이 조영되어 있었다. 구룡사는 신라, 고려시대에 걸쳐 번영하였는데 사역(寺域)의 규모에 있어서 계룡산 최대의 사원으로 꼽는다. 현재에도 통일신라기의 당간지주가 지상에 남아 있는데 1980년대 말 공주대 박물관의 사역(寺域) 일부에 대한 조사에 의하여 그 폐사 시기는 고려 말 조선 초로 추정되고 있다. 다만 구룡사의 경우 현재 아무런 관련기록이 없고, 폐사된 지도 오래이기 때문에, 그 규모에도 불구하고 번영의 배경이나 폐사의 이유 등 모든 것이 수수께끼이다. 심지어는 '구룡사(九龍寺)'라는 절 이름 자체도 의문시될 정도이다. 그 규모의 거대함에도 불구하고 『신증동국여지승람』에 '구룡사'라는 절 이름이 나오지 않고 있는 점, '구룡사'라는 명문와가 출토되었다고 하지만 신빙성 있는 증언이나 실물이 존재하지 않는 점 때문이다. 1957년에 간행된 『공주군지』에서는 이 절터를 '중심사(中心寺)'의 터로 추정하였다. 발굴조사의 결과에 의하면 '구룡사'는 통일기에 창사되어 고려시대에 번창하고, 조선 초에 이르러 폐사되었다. 인근 도요지에서 제작된 분청사기 편이 다수 나오는 것으로 보아 대략 16세기까지 절은 존속하였던 것으로 생각된다.

동학사와 신원사도 계룡산의 품에서 성장한 큰 절들이다. 동학사는 구룡사와 비교적 가까운 위치로서 계룡산 동편의 수려한 산세를 따라 조영되었고, 신원사는 계룡산 신사(神祠)가 있다는 점에서 나름대로의 위치를 확보하고 있었다. 이들 절에 대한 발굴 등의 학술적 조사 작업이 이루어진 적이 없기 때문에 그 역사나 번영기의 규모 등은 알려져 있지 않다. 그러나 계룡산을 중심으로 한 당시의 불교 확산의 추이로 보아, 이들 절도 갑사나 구룡사와 같이 통일신라 및 고려시대에 번영을 구가하였을 것이다.

갑사, 구룡사, 동학사, 신원사 이외에 기록에는 계룡산에 등라사(藤羅寺), 가섭암(迦葉庵), 율사(栗寺), 중심사(中心寺), 상원사(上院寺) 등의 사찰이 조선조까지 있었던 것으로 되어 있다. 기록에 남겨지지 않은 절도 확인된다. 계룡산의 등산로에는 남매탑(오뉘탑)이라 불리는 고려초의 석탑 2기가 남아 있다. 이곳에서는 '淸凉(청량)'이라는 와편이 출토되어 고려시대에 청량사(淸凉寺)라는 절이 있었던 것으로 간주되고 있다. 청량사지의 5층 및 7층의 2기의 석탑은 그 조형 양식이 백제탑 형식이라는 점 때문에 일찍부터 주목되었는데 이들 탑의 조성 시기는 고려 12, 3세기로 비정된 바 있다. 계룡산의 절들은 전란시에 때때로 큰 피해를 입기도 하였다. 몽고군의 침략이나 임진왜란시 왜군의 침략 등이 그것이다. 이같은 전란이나 혹은 민간 반란에 의하여 한 때 사세가 위축되기도 하지만, 계룡산의 불교문화의 중심적 기능은 지금까지 면면히 계승되고 있다.

• 계룡산, 성속(聖俗)의 교직(交織) 공간

성속의 교직공간으로서의 계룡산, 그 계룡산의 역사를 상징한 장소의 하나가 신도안이다. 계룡산은 한 때 무속과 신종교의 중심지로 각광 받았다. 특히 왕도가 될 뻔 하였던 신도안 일대는 밀집된 종교공간으로서 독특한 특성을 가지고 있었다. 이 신도안은 지금은 육해공 3군의 군사본부가 자리 잡고 있고 계룡시라는 새로운 군사도시를 탄생시켰다. 이로써 계룡산에의 천도론, 그리고 정씨왕조의 무성한 '참설'은 종식 되는 것 같았다. 그러나 1979년 공주 장기지구에의 행정수도 조성 계획, 그에 뒤이은 참여정부의 행복도시 건설이 21세기 벽두 계룡산의 바로 건너편에서 목하 진행 중에 있다. 계룡산 주변에 1백만이 넘는 신도시 대전의 성장이라는 20세기의 변화에 뒤이은 또 하나의 대역사(大役事)이다. 계룡산을 둘러싸고 조선조를 휩쓸었던 정감록의 '참설'은 실제로는 지금 이렇게 현실로서 전개되고 있는 것이 아닌가 하는 생각이다.

그래서 우리에게 계룡산은 하나의 산, 그 이상의 존재이다. 전에도 그랬고, 지금도.

(국립공주박물관, 『계룡산』, 2007)

금강, 충남 역사문화의 젖줄

금강은 전북 무주에서 발원하여 서천과 군산, 충남과 전북의 경계선을 만들며 서해로 유입하는 길이 401.4km, 유역면적 9,886km^2, 남한에서는 한강과 낙동강에 이은 세 번째 길이의 하천이다. 전북 장수에서 발원하는 본류수계와 충북 진천에서 발원하는 미호천 수계로 나누어지며, 부강에서 강경까지 85.7km의 중류, 강경–하구 간 41km가 하류로 구분된다. 금강은 북으로 올라가다 서쪽으로 꺾어져 흘러 세종시에 이르러 충북에서 들어온 미호천과 합류하는 삼기강(三岐江)을 이루며 진행하다 공주에 이르러 다시 방향을 남으로 꺾어 내려가 서천에서 서해바다로 흘러간다. 이같은 금강의 흐름은 일찍부터 '회룡고조(回龍顧祖)'의 풍수로 일컬어져왔다. 용의 꿈틀거리는 모양으로 처음 시작한 곳으로 다시 돌아오는 형세라는 뜻이다.

• 금강, 언제부터의 이름인가

금강은 원래 공주 인근에 제한적인 이름이었던 것이 강 전체를 대표하는 이름이 되었다. 예로부터 금강은 상, 하류의 구간별로 여러 이름으로 다르게 불리어 왔기 때문이다. 가령 이중환은 금강의 상류를 적등강, 공주 부근을 웅진강, 부여 부근을 백마강, 강경 부근을 강경강, 그리고 그 하류를 진강(鎭江)이라 하고 있다. 이보다 좀 더 오랜 다음의 자료는 이같은 금강의 흐름과 이름을 이해하는 데 도움이 된다.

> 적등진(赤登津)은 (옥천)군 남쪽 40리에 있다. (중략) (옥천)군 동쪽은
> 차탄(車灘), 동북쪽은 화인진(化仁津), 회인현을 지나면 말흘탄(末訖灘)이
> 되고 문의현에서는 형각진(荊角津), 공주에 이르면 금강(錦江)이 되고
> 웅진이 되며, 부여에서는 백마강이 되고, 임천과 석성의 양읍 경계에
> 이르면 고성진(古省津)이 되고 서천군에 이르러 바다로 들어간다(『신증동
> 국여지승람』 15, 옥천군 산천).

이에 의하면 '금강'은 공주 부근의 금강만이 '금강'으로 지칭되고 있다. 지
금의 행복도시 지역에서 전북에서 올라온 금강이 미호천과 합류하기 때문에
삼기강(三岐江)이라 하였던 것을 생각하면 '금강'은 삼기강과 웅진(고마나루)의 연
결구간에 해당하는 셈이다.

'금강'의 이름에 대한 첫 기록은 15세기, 『세종실록지리지』부터의 일이다.
비록 '금강'이라는 이름이 강 전체를 가리키는 것은 아니었지만, 15세기 기록
에서 자주 확인된다. 서거정(1420~1488)의 시에도 다음과 같이 금강에 대한
언급이 있다.

> 이름난 동산이 저 금강을 눌러 나직하게 있는데
> 옛날에 내가 찾으려다 길을 몰랐네

또 같은 서거정의 시에 '금강의 봄놀이'라는 시가 있다. 이로써 보면 조선
초 15세기에 금강이라는 강이름이 사용된 것은 분명한데, 백제 이후로 웅진,
웅천, 웅천하 등의 이름이 쓰이고, 고려시대에 '공주강'이라는 이름이 사용되
었다. 15세기에서 조금 거슬러 오르는 고려 후기 14세기 경에 '금강'이라는
이름이 보편화된 것이 아닐까 생각된다.

'금강'이라는 이름은 '비단강'이라는 뜻이어서 금강의 풍광에 퍽 어울린다. 그러나 강 이름의 기원에 대해서는 이것이 '곰강'을 예쁘게 표현한 것이라 한다. 금강이 '곰강'에서 비롯되었으리라는 의견은 상당한 가능성이 있다. 남수문의 시에는 다음과 같이 '웅강(熊江)'이라는 이름이 나온다.

한가닥 웅강은 새파랗게 땅을 두르고
일천겹 계룡산은 파랗게 허공에 떴네.

금강에는 곰에 대한 애절한 전설이 오래전부터 내려오고 있다. '웅강'을 번역하면 '곰강', '고마강'이 되므로, 금강이 곰강에서 비롯되었다는 것은 흥미있는 의견이다. 원래 금강의 다른 이름이었던 '웅진'은 백제시대 공주의 도시명이기도 하였다. '웅진'은 한자 표기이고, 원래의 이름은 '고마나루'였다.

• 백제문화의 탯줄이 된 금강

금강은 백제시대 혹은 이후 역사시대에 있어서 한반도의 가장 중요한 도시 입지로서 발전해 왔다. 그리고 그 연원은 역사시대 이전, 선사시대로부터 비롯된다.

금강변 가운데서 가장 유명한 선사유적지는 역시 공주시 장기면의 석장리 구석기 유적이다. 석장리 유적은 1964년 미국인 대학원생 모아(Mohr) 부부에 의하여 발견되었다. 이들은 부산 동삼동 패총 발굴 작업 후 금강변에 대한 조사과정 중 석장리의 무너진 토층에서 구석기시대의 석기를 발견하게 된다. 연세대 손보기 교수 등에 의하여 1992년까지 12회에 걸쳐 발굴 조사되었으며 이에 의하여 한국의 선사시대를 구석기시대로 끌어올리는 결정적 계기가 되었다. 유적의 시기는 방사성탄소연대측정법에 의하여 2만년, 3만년, 5만년 전 등의 연대가 서로 다른 층위에서 확인되었으며, 이에 의하여 이 유적이 오랜 기간에 걸쳐 생성되었음을 입증하고 있다. 석장리 유적의 중요성을 반영하여 손보기 교수의 발굴 유물 등을 중심으로 박물관이 만들어져 금강변 선사인의 삶을 일반인들에게 보여주고 있다.

금강변 구석기 유적은 1990년대 이후 활발한 조사가 이루어져 많은 유적이 확인되었다. 공주 내촌리 · 영정리 · 해월리 · 유구리, 부여 신안리 · 가덕리 · 죽교리, 대전 용호동, 둔산동, 노은동 등 여러 곳에서 조사되어 석장리 이외에도 금강의 본류와 지류 많은 곳이 구석기 이래의 주거지였음을 확인하게 되었다.

금강이 역사의 전면에 부각되는 것은 475년 백제의 공주 천도에 말미암은 것이다. 공주는 금강의 중류에 위치하며 백제 서울이었던 지금의 서울과는 거의 남북 직선상에 위치한 곳이기도 하다. 공주에서 64년 그리고 부여에서 660년까지 도합 185년은 금강 연안의 도시가 백제 왕국의 도읍이었던 시기이다. 이 때 백제문화가 크게 꽃피워졌으며, 발전된 문물은 바다 멀리 일본에까지 전해져 일본 고대문화 발전의 중요한 계기를 마련하였던 것이다.

백제는 강을 터전으로 발전한 국가였다. 한성으로부터 공주, 부여 등지로 몇 차례 도읍을 옮겼지만 이들 도읍이 모두 한강 혹은 금강, 강을 터전삼고 있었던 것은 공통적이다. 백제의 어원이라는 '백가제해(百家濟海)'의 단어에 표현되어 있듯, 백제는 외부로부터 새로운 문물을 받아들이고 이를 전파하였다. 강과 바다는 그 통로로 이용되었으며, 특히 5세기 후반 이후 금강은 그 중심 통로가 되었다.

공주와 부여는 금강 연안의 형승 좋은 곳에 자리한 점에서 매우 유사한 입지적 조건을 가지고 있다. 그러나 공주가 산으로 둘러싸인 작은 분지를 거점으로 삼은 데 비하여, 부여는 보다 넓은 구릉지를 가진 개방된 지형을 특징으로 한다. 이같은 지형적 차이는 공주에 도읍을 옮겼던 5세기 후반과 부여로 천도하였던 6세기 중반의 상황을 각각 반영하고 있다. 고구려의 군사적 침입으로 왕통을 유지하여야 했던 수세적 위기 상황이 5세기 후반이라면, 6세기 중반은 회복된 국력을 바탕으로 중흥의 꿈을 펼치려 했던 백제의 기상이 반영되어 있는 것이다. 부여에는 외부로부터의 공격을 대비한 나성을 축조하고 계획적 도시 시설을 배치한 것에 비하여, 공주는 산으로 둘러싸인 자연적 지형으로 인하여 별도의 나성을 축조하지 않아도 되었다. 최근 공주시에서는 '공주대간'이라는 이름으로 일종의 '올레길'에 해당하는 산행로를 개발하였는데 이같은 자연지형에 말미암는 것이다.

공주가 다른 금강의 왕도에 비하여 거점 도시로서의 기능을 백제 이후에도 오래 지속할 수 있었던 것은 수륙의 교통 요충이라는 지리적 위치에 그 요인이 있었다. 공주는 대표적인 '금강의 도시'였던 셈이다. 백제는 공주에서 64년을 지내고 도읍을 다시 부여로 옮기지만, 공주가 갖는 중부지역의 중심권으로서의 기능은 근대에 이르기까지 1천 4, 5백년 간을 지속하였다. 14세기 말 조선 초 신도안 천도론, 조선조 정감록의 정씨왕조 도읍설, 1970년대 말 공주 장기지구에의 행정도시 건설 계획, 그리고 현금의 세종시에 이르기까지 끊임없이 이어져온 천도론은 사실 금강이 역사 속에서 살아 있는 강이었음을 말해주는 것이었다.

• 종교적 공간으로서의 금강

산과 강은 신성성이 있다. 고대 이래 강은 제사의 대상이었다. 통일 이후 정비된 제사규정에 의하면 통일신라의 국가적 사전(祀典)은 대사(大祀)·중사(中祀)·소사(小祀)로 3구분된다. 그리하여 대사는 수도인 경주를 중심으로 한 3개처이며, 중사는 계룡산을 포함한 5악을 비롯하여 4진(鎭), 4해(海), 4독(瀆) 및 6개의 산(山), 성(城), 진(鎭)이 있으며, 그리고 소사는 전국 24개의 산이 포함되어 있다. 중사에 속하는 동, 서, 남, 북의 4독은 주요 하천에 대한 제사로서 북쪽은 한산하(漢山河) 즉 한강이고, 서쪽의 웅천하(熊川河)가 금강에 해당한다. 국가적 제사처로서의 금강에 대한 제사 전통은 고려시대를 거쳐 조선시대까지 계승 되었다. 조선 태종조에 정비된 주요 하천에 대한 제사는 6독, 혹은 7독으로 늘었는데 금강은 웅진(熊津)이라는 이름으로 남독(南瀆)에 속하였다. 금강이 신라시대 4독의 하나에 포함되었다는 것은 그 이전 백제시대에 있어서도 금강이 중요한 제사처였음을 말해주는 것이라 할 것이다.

금강에서는 대표적인 제사처로서 웅진, 고마나루가 있다. 고마나루 중 대표적인 곳이 공주의 고마나루이고 고마나루의 제사처는 『세종실록지리지』에 '웅진연소(熊津衍所)'라는 이름으로 기록되어 있다. 그런데 금강에는 고마나루 웅진 이외에도 웅진(熊津) 지명을 가진 공식적 제사처가 몇 군데 더 있다. 금강 하류 서천군 장항읍의 '웅진명소(熊津溟所)', 금강 상류인 전북 진안, 용담현의 '웅진분소(熊津濆所)' 등이 그것이다. 금강에는 상류, 중류, 하루에 도합 3개소의 국영의 웅진 제사처가 마련되어 있었던 셈이다.

서천의 웅진명소에 대해서는 『신증동국여지승람』에 "용당진사: 군 남 24리에 있다. 고려 때에는 웅진명소로 되어 향과 축문을 내렸는데 지금은 본읍으로 제를 지내게 한다"고 하였다. 이 서천의 용당진은 금강 하류에서 특히 군산 쪽과 연결되는 나루였다. 이 때문에 인근의 금강을 '용당강'이라고 할만큼 중요한 교통 기능을 가지고 있었다. 한편 용담현(진안)의 웅진분소는 "용왕신이 있으며 춘추로 관에서 제를 지낸다"고 하였고, 이곳의 사당은 "마산담(馬山潭)에 있으며 춘추로 제사를 지낸다"고 하였다. 이로써 보면 서천과 용담(전북진안)의 제사는 공주 고마나루에서의 제사와 같은 수신(水神) 제사의 성격이었다고 할 수 있다.

국립공주박물관에서 가까운 공주의 고마나루 소나무 숲에는 강변 쪽으로 웅진단(熊津壇, 웅진사) 터가 있었다. 이에 대해서는, 봄가을에 제사를 지내다가 해방 후에 폐지되고 주춧돌만 남아 있다가 1965년에 어떤 사람이 묘를 쓸 때 옛 흔적을 모두 없앴다고 한다. 이 고마나루 제사는 오랜 역사를 가지고 있었고, 국가적 제도의 틀 안에서 제행이 이어져 왔다. 이같은 내용에도 불구하고 고마나루의 제사는 수신제의 성격을 가지고 있었고, 날이 가물때 기우제의 제사처로서 곧잘 활용되었다. 다음은 조선 초 왕명에 의하여 지어진 수헌(睡軒) 권오복(權五福, 1467~1498)의 웅진기우제문의 일부이다.

시원스럽게 단비 내려주소서
그것도 급히 하여 더디지 않게
오직 그해에 풍년이 되는 것은
오로지 신의 마음에 달려있도다

웅진단의 공식적 사전은 일제 이후 폐지되었지만, 해방 이후까지도 한동안 이곳은 지역민들이 기우제 등의 제를 지내는 장소로서 이용하였다.

•금강의 경관과 누정(樓亭) 문화

금강은 교통로라는 기능 이외에 사람들에게 풍광을 제공해주는 소중한 자원이기도 하였다. 금강을 오르내리며 몇 군데 풍광 좋은 곳에는 사람들이 그 승경을 감상하였는데, 이를 위하여 아예 누정 건물이 만들어지기 시작한다. 이 '금강'의 구간은 금강 1천리 중에서도 선비들의 거처가 많이 형성되고 동시에 유서 있는 명승이 공사간 다수 조성되었다. 독락정(공주 동 30리), 금강루(금강 남쪽 언덕), 금강원(금강 북쪽 기슭), 영춘정(동 3리), 안무정(금강아래, 2리), 금벽정, 사송정, 벽허정, 창벽 등이 그것이다.

그 가운데 안무정은 고마나루 가까운 정지산, 즉 왕릉 안치 이전 무령왕비를 모셨던 곳으로 알려진 정지산 유적과 같은 위치이다. 이곳은 공주시내, 공산성, 계룡산, 고마나루와 금강 등이 한 눈에 들어와 다른 어느 곳보다 조망(眺望)이 뛰어난 곳이다. '안무정(按撫亭)'이라는 이름도 "옛날 어느 안렴사가 이 정자에 올라와 멀리 앞을 바라보고 술에 취하여 춤을 추었다"는 데서 유래하였다는 것이다. 정자가 폐해진 것을 뒤에 목사가 중수하려다 감사(관찰사)에

제지를 받아 성사되지 못하였다는데, 이에 "전에는 취해서 춤추는 안렴사가 있는가 했더니 뒤에는 술 깨서 꿍얼거리는 감사도 있구나"하고 사람들이 조롱하였다 한다.

장기면 금암리의 금벽정은 조대수(趙大壽, 1655~1721)가 낙향하여 창건한 정자로, 처음 호해루(湖海樓)라 한 것을 금벽정으로, 그리고 나중에 탁금정(濯錦亭)으로 바꾸었다가 1982년에 없어졌다고 한다. 사송정은 공주시 월송리 공주-대전간 대로변에 새로 만들어 놓았는데 원래 사송정은 『택리지』의 저자 이중환(169~1756)의 집안 소유이다. 벽허정은 충청 관찰사 이익보가 1751년에 건립한 것으로 도로변은 정자, 금강쪽은 누각으로 꾸며 '제승루'와 '벽허정'으로 각각 현판을 달았는데, "지붕의 기와, 구부러진 난간, 주사(朱砂)로 바른 붉은 벽은 푸른 강물과 어울려져 악양루보다 아름답다"고 하였다.

창벽은 공주 금강변의 대표적 경관으로 알려져 있는데 1602년 관찰사로 부임한 유근은 이 창벽에 대하여 『택리지』에서는 "소동파는 일찍이 적벽에 놀았으나 나는 지금 창벽에서 놀고, 유량은 남루에 올랐지만 나는 여기 북루에 올랐노라"고 하여 금강의 창벽을 적벽에 비유한 바 있다.

백마강이라는 이름으로 널리 알려진 부여 부근의 금강은 시인 묵객이 일찍부터 자주 찾던 명승 중의 하나이다.

> 삼천궁녀들이 모래에 몸을 맡기니
> 꽃 지고 옥 부서지듯 물 따라 가버렸네
> '우미인이여, 어찌할꼬'하며 항왕이 울었고
> 옥노가 언제 제나라 임금을 져버렸던고
> 가벼운 걸음 비단 버선은 아득하니 어디쯤 있을까
> 지금까지 구름과 비가 바위 가에 머무네

조선 초의 선비 김흔의 낙화암 시이다. 석벽 홍춘경(1497~1548)의 시는 가장 널리 알려진 백마강 시이다.

나라가 망하니 산과 강도 예와 다르구나
홀로 강에 뜬 달은 몇 번이나 차고 기울었나
낙화암 언덕에는 아직도 고란초 피었으니
당시 비바람은 아직도 다 불지 않았던가

논산시 강경읍 금강변의 팔괘정은 『택리지』의 저자 이중환(1690~1752)이 『택리지』를 저술할 때 종종 드나들던 곳이다. "내가 황산강 가에 있으면서 여름날에 아무 할 일이 없었다. 팔괘정에 올라 더위를 식히면서 우연히 논술한 바가 있다"고 한 것이 그것이다. 팔괘정은 인조 4년(1626) 우암 송시열이 건립한 것이라 한다. 한편 인근 임리정은 사계 김장생(1548~1631)의 강학장소로 알려져 있다. 본래는 '황산정'이라는 이름이었으나 "깊은 못가에 서있는 것 같이 얇은 얼음장을 밟는 것과 같이 항상 처신을 신중히 하라(如臨深淵 如履薄氷)"는 『시경』의 문구에서 가져온 것이다. 금강은 시인, 묵객 선비들의 문화의 공간이었음을 알 수 있다.

• 근, 현대의 금강

금강은 육로를 통한 군사적 공격을 저지하는 방어선을 기능을 가지고 있다. 백제시대 금강 이남 공주 부여에의 천도는 이같은 금강의 방어적 기능과 일정한 연관이 있다. 후삼국 쟁패시에 금강은 후백제와 고려 간의 전선이 형성되는 경계선이 되기도 하였고, 조선 인조가 이괄의 란으로 공주 공산성에 피란하였던 것도 금강이 갖는 방어적 기능과 연관이 있다. 6.25 전쟁 때 북한군의 방어를 위한 저지선이 금강을 경계로 설정되어 연기군 금남면 일대에서 미군과의 치열한 교전이 있었던 것도 같은 개념이다.

금강 하류는 특히 풍부한 수량으로 내륙수로와 해로를 연결하는 교통 기능을 근대에까지 유지하였다. 근현대에 이르러 금강은 범선만이 아니라 정기적인 동력선이 운행되었다. 그러한 가운데 교통을 매개로 한 도시의 성장을 수반하였다. 금강 하구의 군산과 장항은 연해 교통로와 연결되는 결절점(結節點)으로서 중요성이 높았으며, 강경은 중개 시장이 형성되어 번창하였다. 금강을 통한 내륙 수운 교통로는 공주를 거쳐 충북 부강이 그 종점이었다. 1899년 군산항의 개항은 내륙 항로로서의 금강의 기능을 강화시키는 한 계기가 되었다.

하류 37km 길이의 군산─강경 구간은 수심이 5~7m이고 하폭이 넓어 선박 운행에 어려움이 없었다. 선박의 적재 규모는 400~500석 정도이며, 강경항을 출입한 석박 수는 1904년의 경우 이미 1만 척에 이르렀다. 부강에서 군산에 이르는 항로에는 강을 따라 많은 나루가 조성되어 있었다. 1921년의 조사 보고서에는 21개의 나루가 소개되어 있다. 부강 · 태평리 · 마어구 · 공주 · 웅진 · 분포 · 왕지 · 부여 · 규암리 · 장암리 · 반조원 · 강경 · 논산 · 난포 · 웅포 · 나포 · 지포 · 서포 · 복원리 · 월포 · 신아포 · 길산장 · 용당 · 군산 등이 그것이다.

부강에서 강경까지는 하상이 낮아 여객은 육로를 이용하고 화물만 운송하였다. 반면 군산─강경 간은 조수가 밀물이 될 때에는 항해에 거의 지장이 없었다. 이 때문에 강경은 조선 후기 이후 급격히 성장하여 전국 3대시장의 하나로 꼽힐 정도였다. 미곡 400~500석 규모의 대형 범선이 출입하고, 개항 이후로는 동력선이 함께 운항하였다. 호남평야의 미곡의 상당량이 강경에서 적재되어 군산으로 이송되었으며, 어항으로서도 발전하였다. 강경에 형성된 수산시장은 건어류와 염장류 이외에, 명태와 조기 등이 강경을 통하여 유통되었다. 지금까지 강경에 형성되어 있는 젓갈 시장도 이같은 강경포의 전통이 이어진 것이라 할 수 있다.

군산항은 원래 토사 등으로 항구로서의 입지가 우수하지 않았으나 강경시장과의 연계, 김제평야의 미곡 반출 등의 필요성 때문에 그 효용이 높았다. 이에 외항을 건설하여 항구로서의 기능이 강화되면서 철도교통과의 연계에 의하여 일제강점기에 항구도시로서 크게 발전하였다. 1899년 개항 당시 군산은 인구 700명의 어촌마을에 불과하였으나, 10년이 안된 1927년에 무역량이 666만 원에 이를 정도로 급격히 성장하였다. 군산의 대안, 금강 하구의 서천은 기벌포 전투 등 고대 이래의 군사적 요충이었다. 수심이 깊어 선박의 접안 조건도 좋아 1936년 장항제련소가 건설되고 1964년에는 국제항으로 승격되기도 하였으나, 군산항의 개발에 의하여 항구로서의 기능이 활성화되지는 못하였다.

그러나 철도의 부설은 교통로 기능의 재편을 가져와 내륙수로의 화물 운송 기능은 차츰 약화하게 되고 이로 인한 도시의 성쇠를 가져왔다. 강경의 침체는 대표적인 사례가 된다. 금강하구의 두 도시 군산과 장항은 전북과 충남으로 행정구역도 다르고 강에 의하여 단절성이 많았지만 육로 교통이 발전하면서 근년 급격한 변화를 가져왔다. 1990년 약 2km 금강 하구둑이 완성되어 육로로 이어지고, 2008년에는 군산 장항을 연결하는 철도가 개통되고 서해안 고속도로가 준공됨으로써 지척의 도시가 되었다. 금강이 만들어 놓은 자연적 조건이 커다란 변화를 거듭하고 있는 것이다. 지역에 사는 사람들의 생활환경에 대한 급격한 변화를 예고하는 것이기도 하다.

(공주향토문화연구회, 『웅진문화』 25, 2012)

새 서울의 꿈, 세종시의 역사

세종시는 2012년 주로 충청남도의 연기군에 공주시 및 충북 청원군 일부를 편입 개편하여 특별자치시로 출범한 도시이다. 공주시 및 청원군 일부가 포함되기는 하였지만, 그 중심은 역시 구 연기군이다. 연기군은 식민지시대 초기인 1914년의 지방제도 개편에 의하여 연기현과 전의현을 통합하고 공주군의 일부를 편입하여 이루어진 통합군이다. 이때 공주에서 편입된 지역이 주로 세종신도시 지역 일대이다. 말하자면 세종시는 북부의 전의현과 남부의 연기현을 통합한 연기군이 공주 땅 일부를 합쳐 1세기 만에 세종시로 재출범한 것이라 할 수 있다.

• 연기와 전의

전의현(全義縣)의 백제시대 이름은 구지현(仇知縣)이었다. 통일신라기에 금지(金池 또는 金地)로 이름을 바꾸고, 전의현이란 이름을 갖게 된 것은 고려시대의 일이었다. 전의현은 공주와 천안의 사이에 위치하고 내륙의 산지가 발달한 지역이다. 운주산성, 금이성, 고산산성, 증산산성 등 산성이 발달한 것은 전의현이 갖는 지리적 특성과 연관이 있다.

연기현(燕岐縣)은 백제시대 두잉지현(豆仍只縣)이었고, 통일신라기에 '연기'라는 이름으로 고친 것이다. 이러한 점에서 '연기'라는 이름은 대략 1천 2백 년 이상, 매우 오래된 역사가 축적된 이름이라고 할 수 있다. 전의현이 금남정맥의 산지가 뻗어내린 지역에 소재한 곳에 비하여, 남쪽의 연기현은 금강 중류의, 강을 중심으로 발달한 지역이라는 지리적 특성을 가지고 있다. 이러한 점에서 전의현과 연기현은 다른 지리적 조건을 가지고 있으며, 전의가 산의 고을이라 한다면, 연기는 강의 고을이라 칭할 만한 곳이다. 세종신도시는 금강을 끼고 있는 연기현 지역에 개발된 강변의 도시이다.

세종시에 이르는 행정구역 변천사

백제	통일신라	고려시대	조선	1914	2012
구지현	금지	전의현(全義縣)		연기군	세종특별자치시
두잉지현	연기현(燕岐縣)				

연기 혹은 세종의 금강은 원래 전북 장수에서 발원하여 서천과 군산 하구를 통하여 서해 바다로 흘러가는 401km 길이, 남한지역 제3의 강이다. 그런데 금강은 한강과 같이 남쪽 강이 있고 북쪽 강이 있다. 충북에서 발원한 청주 무심천과 남쪽에서 발원한 금강이 합류하는 한강의 양수리(兩水里)와 같은 곳이 바로 연기(燕岐)인 것이다. '연기'는 남북의 금강물이 합류하는 모양이 '제비의 갈라지는 날개' 모양에서 비롯된 것이고, 이 때문에 연기 일대의 금강은 예로부터 '삼기강(三岐江)'이라는 이름으로 불렸다. 남북의 금강물이 합류하여 서쪽으로 흘러가는 형상이 삼거리 길과 같이 '세갈래(三岐)' 물길이 되기 때문이다. "산은 멀리 계룡산을 연해 푸르고 물은 금강에 들어와 밝구나. 오가는 손들이 저다지 빈번하니, 보내고 맞는 일 어느 때 끝이 나랴." 서거정(1420~1488)의 시이다.

다음은 남수문(1408~1443)이 지은 「독락정기」이다. 독락정의 위치는 지금의 세종시 구역 내에 위치하였는데. 특히 현재 세종시 일대의 경관이 다음과 같이 묘사되어 있다.

내가 일찍이 그곳을 지나다니며 이상스레 여기다가 시험 삼아 한번 올라가 보았다. 북쪽을 바라보니 원수산이 성곽처럼 둘러 있고, 남쪽을 바라보니 계룡산이 하늘의 은하수까지 솟아 있는데, 동서쪽의 여러 산들은 혹 (신하들이) 조회하는 듯도 하고 혹 읍을 하는 듯도 하여 기이하고 이상함을 나타내는 것이 한 모습이 아니고, 시골마을의 터와 들판의 언덕들이 바둑판처럼 멀리 가까이 펼쳐져 있었다. 내가 그 기이한 아름다운 경치를 즐거워하고 앞사람들이 버려둔 것을 안타까이 여겨 드디어 그 봉우리 좌측에 특별히 작업하여 터를 닦고 그 위에 정자를 세웠다. … 이 때에 강의 평평한 모래밭과 유유히 흐르는 물결이, 하늘과 물이 어울려 한 빛이었다. 바람이 불면 푸른 물결이요, 달이 뜨면 은빛 파도였다. 돛과 노, 물고기, 새들이 오락가락 하는 모습이나 잠겼다 떴다 하는 광경이 모두 다 발 밑에서 나오는 것 같았다.

전의와 연기, 세종시 지역의 공통적인 특산물은 도자기이다. 조선 초 15, 16세기의 분청자기가 대표적 특산물로 기록되어 있다. 실제 세종시 지역에는 조선 초기의 많은 도요지가 분포되어 있다. 도자기 제작의 기본이 되는 물과 나무, 그리고 양질의 도자기 흙이 풍부하게 분포하고 금강에 의한 교통의 편의성이 뒷받침되기 때문인 것으로 보인다.

• '연기파'의 백제예술

세종시는 연기와 전의, 두잉지와 구지, 백제시대부터 치소가 구성되어 있었던 전통을 가지고 있다. 그리고 백제 전통을 그대로 보여주는 통일신라 초 제작의 일련의 불상군을 대표적 문화재로 꼽을만하다. 이른바 '연기 불비상(佛碑像)'이라 불리는 독특한 불상군이다.

신라 통일기 충남지역에서 가장 괄목할 미술작품은 연기 지방을 중심으로 한 불비상 7구를 들 수 있다. 이들 비상은 발견지가 모두 연기군과 그 인접지역으로, 조각 수법과 양식의 유사성 및 흑회색의 납질편암이라는 재료 역시 유사하여 같은 조각가 집단에 의한 작품으로 추정된다. 특히 이들 불비상의 연대가 673년, 678년, 689년 등 모두 신라 통일 직후라는 점이 주목되는데, 작품의 양식은 신라의 새로운 경향을 반영하는 것이기보다는 백제의 양식을 구현하고 있다는 점이 흥미롭다.

이들 비상중 계유년명 비상에는 백제의 관직인 달솔과 백제의 성씨인 전씨(全氏), 목씨(木氏), 진모씨(眞牟氏) 등이 적혀 있다. '국왕 대신 급칠세부모 함령'이라 하여 망국 백제의 국왕 대신 및 칠세부모와 모든 중생을 위한 기원의 의미가 포함되어 있다.

연기 불비상의 내용

번호	비상 이름	발견지	제작 시기	문화재 지정
1	계유명 전씨 아미타불 비상	비암사	673(문무왕 13)	국보 106호
2	기축명 아미타불 비상	비암사	689(신문왕 9)	보물 367호
3	미륵보살 반가사유 비상	비암사	7세기 후반	보물 368호
4	계유명 삼존천불 비상	조치원읍 서광암	673(문무왕 13)	국보 108호
5	무인명 불비상 및 대좌	연서면 연화사	678(문무왕 18)	보물 649호
6	칠존불 비상	연서면 연화사	7세기 후반	보물 650호
7	삼존불 비상	공주시 정안면	7세기 후반	보물 742호

불비상은 중국 남조에서 비롯된 불상 제작의 한 유형으로서, 이들 작품이 백제 멸망 후 20년이 안된 시점에 제작되었다는 점에서 백제 장인에 의하여 백제인들의 바람과 기원을 담은 것이라고 할 수 있다. 백제 예술의 정수와 함께 백제의 정신이 함께 어우러진 작품이라는 점에서 그 의미가 적지 않다. 이들 비상은 일괄하여 '연기파' 불상으로 불릴 정도로 다른 유례를 보기 어렵다. 국보 2점, 보물 5점의 7점이 모두 국가문화재로 지정되어 있는 것도 이 문화재의 중요성을 입증한다.

• 이도와 임난수, 이유태

이도와 임난수, 이유태는 세종시를 대표할만한 역사 인물이다. 이도는 10세기 고려 초, 임난수는 고려 말 조선 초의 14세기, 그리고 이유태는 17세기 조선조 인물이다. 대략 3, 4백 년 씩의 간격이다.

공주시 신관동 공주대교가 내려다보이는 금강변 야산에는 전의 이씨 시조 선대묘가 자리 잡고 있다. 전의 이씨의 시조인 고려 개국공신 이도(李棹)에 대해서는 『신증동국여지승람』에 "태조(왕건)가 남쪽을 정벌하러 금강에 이르렀는데 물이 넘치므로 도(李棹)가 보호하여 건너는 공이 있었다. 이에 이름을 내려 '도(棹)'라 하고 벼슬이 태사 삼중대광에 이르렀다"고 소개되어 있다. 고려 개국공신인 전의 이씨 시조 태사공 이도가 본래 금강을 중심으로 활동하였던 인물임을 말해준다.

여기에서 언급한 금강은 공주의 금강이다. 태조 왕건으로부터 하사받은 그의 이름 '도(棹)'의 글자 뜻은 배의 '노'를 의미한다. 즉 동력선이 없는 옛날에 인력으로 배를 저어 전진하게 하는 노를 가리키는 것이다. 태사공 이도가 왕건을 호위하여 때마침 물이 넘치는 금강을 건너 후백제를 물리치고 936년 마침내 통일을 이루게 되었다는 이야기인 것이다.

고려 고종 때 온양에서의 전투에서 몽골군을 격퇴한 이천(李阡) 장군, 장영실을 지휘했던 조선 세종대의 과학자 이천(李蕆, 1376~1451)을 비롯하여 조선시대에는 충청도관찰사 11명을 배출한 것으로 알려져 있다. 시조 이도의 묘소는 전의면 유천리에 있다. 전의면의 이성산성(李城山城)은 시조 이도가 거처하던 곳으로 기록되어 있다. 아마 일대의 땅을 공신의 식읍으로 받아 전의 지역이 그 거점이 된 것으로 생각된다.

조선시대에 연기현, 특히 지금 행복도시가 건설되는 남부지역에서 가장 유력한 가문을 형성한 것은 부안 임씨이다. 연기현에 부안 임씨가 정착하게 된 것은 고려 말의 인물 임난수(林蘭秀, 1342~1407) 장군으로부터이다. 공조전서

(공조판서에 해당)를 지낸 임난수는 고려 말 공민왕 때 탐라 정벌 등, 최영과 함께 활약한 인물이다. 그러나 이성계에 의하여 조선왕조가 개창되자 불사이군(不事二君)의 정신으로 벼슬을 포기하고 연기의 남면에 칩거하게 된 것이다. 이같은 사정에 대하여는 『공주군지』(1957)에 잘 정리되어 있는데, 이를 풀어 다시 정리하면 다음과 같다.

　　임난수는 본관이 부안이며 고려조에 공조전서를 지냈다. 공민왕 때 최영장군과 함께 탐라를 토벌하는데 대적하여 싸움을 지휘하다가 오른쪽 어깨가 잘리므로 왼손으로 칼을 잡고 전투를 지휘하여 크게 승전하였다. 조선왕조가 건국되매 공주의 삼기촌으로 물러나 금강 가에서 세월을 보냈는데, 세종 임금이 그 절의를 가상히 여겨 나성리 지역을 하사하고 시호를 문희공(文僖公)이라 하고 가묘(家廟)의 이름은 '임씨 가묘'라 하였다.

　문희공 임난수가 조선 건국 이후 정착한 삼기촌(三岐村)은 현재 세종시의 신도시 지역으로서, 임난수의 위패를 모신 임씨가묘는 나성리에 있다. 원래 그 일대는 고려시대 절이 있었던 곳이다. 지금도 초석과 함께 돌로 만든 미륵상이 세워져 있다. 전설에는 '임장군'이 멀리 서역에서 가져와 겨드랑이에 끼고 금강을 건너 이 장소에 세웠다는 것이다. 나성리 강변의 독락정은 원래 전서공의 둘째아들로 양양도호부사를 지낸 임목(林穆)에 의하여 건축된 것이다. 전서공 임난수의 묘소는 동면 용호리에 있다. 경사가 급한 야산의 구릉 사면에 3단의 층단을 조성하고 묘를 시설하였는데 문인석과 양석(羊石) 각 2기가 있다.

　조선 중기의 저명한 성리학자 초려(草廬) 이유태(李惟泰, 1607~1684)는 금산 출생의 공주 사람이다. 김장생과 김집의 문인이며 송시열, 송준길과 함께 '삼족(三足)'으로 칭해진 호서유학의 대표 인물인 셈이다. 그의 묘소가 지금의 세종 신도시에 자리 잡고 있어서 이유태는 공주인이면서 동시에 세종시의 상징 인물의 한사람으로 꼽히게 되었다.

• 전란과 세종시

원 간섭기에 접어든 1290년(충렬왕 16) 원의 반적(叛賊) 합단(哈丹. 카단)의 침입 은 세종시 지역 일대를 격렬한 전투의 현장으로 만들었다. 원의 합단의 란은 원 쿠빌라이 황제권을 둘러싼 내분의 산물이다. 쿠빌라이와 대결한 아리부케 를 지지했던 합단 세력은 원군의 공격을 피하여 고려에 진입한 다음 원주와 충주를 거쳐 연기현에까지 이른 것이다.

연기현(燕岐縣)에서의 전투는 충렬왕 17년(1291) 5월 2일 새벽에 개시되었 다. 전날 목천(천안)에 있던 고려의 3군과 설도간군은 적이 연기현에 주둔중이 라는 정보에 따라 밤을 이용해 강행군을 하였고, 다음날 밝을 무렵 서면(西面) 쌍전리(雙錢里)의 정좌산(正左山)에 주둔하고 있던 합단군을 포위, 기습적인 공 격을 감행하였던 것이다.

갑작스런 포위 공격에 혼란에 빠진 합단군은 미처 손쓸 새도 없이 무너지 고 말았다. 아군은 달아나는 적을 추격, 금강까지 이르렀는데 "죽어 넘어진 시체가 30여 리에 이어졌고 익사한 자도 매우 많았다"는 것이다. 부녀자, 의 복, 말안장과 보기(寶器) 등도 숱하게 노획하였는데 합단군의 정예 기병 1천 은 물을 건너 빠져나갔다. 합단군의 전력(戰力)이 크게 무너진 이 싸움이 연기 현에서의 1차 승전이다.

정좌산에서 원수산까지의 거리가 대략 30리, 그리고 원수산이 바로 금강 (공주하)에 연(沿)해 있음을 생각하면 당시 합단의 주력은 원수산 쪽으로 도망해 왔음을 시사한다. 아마도 도망하던 합단군의 상당수는 금강에 의해 후퇴로 가 차단되자 원수산을 근거로 최후 저항전을 벌였고 이 때문에 원수산 일대 는 정좌산에 이어 다시 치열한 격전지가 되었던 것으로 보인다. 정좌산은 전투가 개시된 지점이며 동시에 연합군이 확실한 승기(勝機)를 잡은 곳이었다고 한다면, 원수산은 적을 다수 살상하면서 전투를 종료시킨 지점이었다고 할 수 있다.

승전한 연합군은 회군하여 연기현 치소 북쪽 50리 지점에 주둔하였다. 그 사이 적은 다시 대오를 정비, 최후 결전을 감행하게 된다. 5월 8일, 합단의 정예 기병이 연합군을 공격하였으나 이때에는 원의 후속부대인 나만타이(那蠻歹)군까지 합류하여 있었으므로 연합군의 대승으로 끝났다. 정좌산에서의 1차 연기 승전은 우익군만호 김흔의 역전에 크게 힘입었는데, 며칠 후 연기 북쪽 50리 지점의 2차 연기전투에서는 좌익군 만호 한희유의 독전이 주효하였다. 합단(哈丹)과 노적(路的) 부자가 이끈 2천의 정예기병은 포위를 뚫고 도주하였다. 연기현에 늦게 도착한 관계로 승첩에 참여하지 못한 원의 나만타이(那蠻歹)는 도망간 합단을 추격할 것을 제의하였으나 설도간이 이를 거절하였다. 5월 27일, 연합군은 개경으로 개선하였으며, 다음날로 원군은 모두 고려로부터 철수를 시작하였다.

원 합단의 적이 세종시 지역 전투에서 최후를 고함으로써 원 제국은 쿠빌라이 체제가 안정적으로 자리잡는 계기를 맞는다. 이 전투가 세종시 지역 일대에서 벌어진 것은 당시 합단군이 고려의 공격에 쫓기면서 남하하는 루트를 세종시 지역을 선택하였기 때문이다. 이에 의하여 세종시의 조치원 부근, 그리고 세종신도시 지역이 국제적 전투의 현장으로 화했던 것이다.

1950년 6.25 전쟁 때에도 세종시 지역은 치열한 전투 지역이었다. 북한군이 천안-조치원-대전을 남침의 주요 루트로 설정했기 때문이다. 전의 일대에서의 전의-조치원 전투, 그리고 금강 방어선을 경계로 한 대평리 전투가 그 과정에서 야기되었다. 전투는 남하하는 북한군을 미 24사단(사단장 윌리엄 딘 소장) 예하 병력이 방어하는 것이었다. 7월 9일부터 11일까지 치러진 전동면 청람리의 개미고개 전투는 6.25 전쟁의 대표적 격전지의 하나로 꼽힌다. 이 전투에서 512명의 미군이 전사한 것으로 알려져 있다. 한 전투에서 가장 많은 미군 희생자가 나온 전투라고 한다.

7월 12일 미군은 금강 남쪽 대평리와 공주 쪽으로 철수하였다. 12일 공주의 금강교가 미군에 의하여 폭파된 것도 금강 방어의 일환이었다. 그러나 북한군의 공격에 의하여 7월 14일 공주에 이어 16일 대평리가 무너진다. 당시 북한군 1군단 2, 3, 4사단은 천안-조치원-대전을 돌파한다는 작전에 의하여 병력을 집중하였는데 미군은 효과적인 방어전 전개에 실패하였다. 이후 전선은 대전으로 옮겨져 21일까지 이어진다. 전의-조치원 전투 및 대평리-공주 전투를 지휘했던 미 24사단 딘 소장은 대전에서 후퇴하는 과정에서 북한군의 포로가 되는 등 세종시 지역은 6.25 전쟁 초기, 잊을 수 없는 격전의 현장이었다. 세종시 지역에서의 치열한 전투는 미군의 많은 희생이 수반된 채 방어전에 실패하였지만 북한군의 남하를 지연시킴으로써 그 작전에 차질을 가져왔다는 평가를 받고 있다.

• 세종, 새서울의 꿈

한강 일대에서 남으로 수도를 옮기려 하게 되면 그 대상은 바로 금강 일대가 된다. 서기 475년 백제가 한성(서울)에서 공주로 천도한 것은 결코 우연이 아니었다. 한강이 아니면 그 대안이 금강이기 때문이다.

1392년 조선 건국 이후 한양으로의 천도가 여의치 않자 태조 이성계는 돌연 계룡산 기슭의 신도안으로의 천도를 결정하고 공사를 시작하였다. 1970년대 유신정권은 북한으로부터의 안보 위협에 대비하기 위하여 서울 남쪽에 행정수도를 건설하는 작업을 극비리에 추진하였다. 1979년 박정희 정권이 무너지면서 이 사업은 백지화 되었는데, 당시 계획에 의하면 행정수도의 중심부는 지금 세종시의 장군면 일대였다. 이 계획은 2000년대 다시 점화되어 결국 장군면에서 약간 동측으로 중심이 옮겨진 현재의 세종 신도시가 확정된 것이다.

    2012년 7월 1일 출범한 세종특별자치시는 연기군을 중심으로 공주시 일부, 청원군 일부를 편입한 것이다. 2002년 민주당 노무현 대통령후보가 선거 공약으로 내세운 지 10년의 우여곡절 끝에 이루어진 결과이다. 세종특별자치시의 성립은 국토의 균형발전이라는 대전제를 정책화한 것이다. 이것은 중앙과 지방의 조화, 지방의 균형 있는 발전을 전제하는 것이라는 점에서 향후 대한민국 발전의 핵심적 시금석이 된다.

(2016.10.4., 한국산업연구원 특강 원고)

청산(聽山),
진정한 호서(湖西)의 역사학자

　35년 전의 일이 되었지만, 1978년부터 나는 공주사대의 박물관과 백제문화연구소의 일을 거들면서 모교에서의 강의를 맡게 되었다. 때마침 '백제문화권 개발'이 정책적 화두가 되기 시작하여 관련 업무가 늘어나는 시점이었다. 나의 은사가 되는 안승주 선생님은 공주에서 백제문화 연구의 일익을 담당하고 계셨다. 청산 성주탁(成周鐸) 선생님을 처음 뵙게 되는 것은 아마 그때의 일이었던 것 같다.

　이 무렵 충남대에서도 백제에 대한 관심이 높아져 백제연구소가 설립되고, 유성 궁동의 신 캠퍼스의 조경에는 정림사지의 백제탑과 연지가 만들어지는 등 백제문화 연구의 주요 기관으로서의 자리매김을 위한 박차를 가하고 있었다. 그리하여 선생님이 주도적으로 참여하신 백제연구소는 안승주 선생님의 공주사대 백제문화연구소와 함께 초기 백제 연구를 견인하는 역할을 담당하였다. 그러나 현장에서 두 대학 간의 공동 연구 활동의 기회가 조성되지는 않았기 때문에 선생님을 자주 뵙는 기회가 있었던 것은 아니었다. 다만 『백제연구』를 통하여 지속적으로 발표되었던 선생님의 백제 성지(城址) 관련 연구를 접하는 것은 당시 백제 연구의 새로운 세계를 여는 것이었다는 점에서 나에게 깊은 인상으로 새겨지게 되었다. 자타가 모두 인정하는 바일 것이지만, 백제 성지를 학문적 영역에서 본격 논의한 것은 역시 백제사와 백제 연구에 있어서 선생님이 남기신 가장 커다란 학문적 공헌이었다.

• 무령왕 지석으로 맺어진 학문적 인연

나에게 있어서 선생님은 오로지 '백제 성지(城址)' 연구자였다. 그것은 구태여 분류하자면 고고학의 학문적 영역에 속하는 분야이다. 그런데 실제 선생님께서 경학에 토대한 깊은 문헌적 축적과 토대를 가지고 계시다는 것을 안것은 한참 뒤의 일이었다.

1991년에 무령왕릉 발굴 20주년을 맞았다. 공주대 초대 총장으로 재임하시던 안승주 선생님께서 주선을 하셔서 충남도의 지원에 의한 20주년 학술사업을 공주대에서 주관하게 되었다. 마침 나는 대학박물관장의 보직을 맡고있어서 이 사업의 실무 작업을 총괄하였다. 그리하여 백제문화연구소 이름으로 무령왕릉 국제학술세미나의 개최, 관련 전문서의 출간을 추진하였다.

무령왕릉 발굴20주년 기념학술세미나는 1991년 10월 18~19일, 양일간에 걸쳐 개최되었다. 그것은 왕릉 발굴 이후 사실상 최초의 학술세미나였으며, 일본 측 연구자의 참가, 고고학 역사학 이외에 보존과학 분야까지를 포괄한 것이었다는 점에서 당시로서는 퍽 주목을 받았던 본격적 학술회의였다. 발표와 토론 등에 동원된 연구자도 20명이 넘었다. 첫째 날 주제는 '백제사와 무령왕릉', 둘째 날에는 '무령왕릉과 출토유물'이었는데, 출토유물 중 지석에 대한 발표는 빼놓을 수 없는 것이었다. 그러나 적절한 발표자를 구하는것이 쉬운 일이 아니었다. 지석에 대한 연구가 거의 진전이 없었기 때문이다. 그러던 차에 선생님께서 직접 전화를 주셔서 무령왕 지석에 대한 발표를 자원해 주셨다. 그것은 나에게는 퍽 의외의 일이었다. 그때까지도 선생님은 어디까지나 백제 성곽 연구자로서 내게 각인되어 있었기 때문이다. 조선시대사상사 혹은 회덕, 연기의 향약과 향안에 대한 연구 등 단단한 문헌적 토대를가지고 계시다는 것을 잘 알지 못했기 때문이다.

지석에 대한 발표에서 선생님은 지석이 매지권에 부수된 것이라는 논의를부정하고, 지석으로서의 기본 성격을 가지고 있다는 점을 분명히 하였다. 동시에 지석 작성의 사상적 배경으로서는 도교보다는 유교사상의 관점에서 파악해야 한다는 점을 강조하셨다. 지석에 뚫려 있는 구멍은 왕릉의 위치를 표시한 것이라 하고, 미심한 몇 글자에 대한 새로운 관견도 아울러 제시하였다. 무령왕릉 학술세미나를 계기로 나는 선생님의 학문 세계의 진면을 재인식하게 되었다.

• 진정한 호서지역의 사학자로서

선생님의 학문적 업적의 하나로서 빼놓을 수 없다고 생각되는 것은 선생님이 호서사학회의 창립과 발전에 기여하신 점이다. 호서사학회의 창립과 발전에는 정덕기 선생님을 비롯한 충남대학교 여러분들의 공헌이 많았다. 선생님 역시 학회에 크게 기여하신 한 분으로 나는 알고 있으며 특히 기관지 '호서사학'의 제호가 선생님이 쓰신 글씨라는 것은 매우 상징적 의미를 담고 있다. 아쉬운 것은 '호서사학'의 제호가 다른 이름으로 바뀌면서 학회지에서 선생님의 수적(手迹)을 볼 수 없게 된 점이다. 지방사학회는 지방학회로서의 정체성이 매우 중요하다는 생각을 나는 가지고 있기 때문에, 학회의 제호 변경에 대해서는 지금도 서운한 마음이 적지 않다.

백제성지의 연구, 조선시대 사상사 연구, 무령왕 지석에 대한 연구 등 이같은 선생님의 연구업적은 얼른 생각하면 무언가 연구가 흩어져 있는 듯한 느낌을 주기도 한다. 그러나 이들 연구에는 하나의 중요한 공통적 흐름이 있다. 그것은 이들 연구가 선생님이 태어나 평생을 활동하신 호서(湖西)라는 지역적 전통과 역사에 대한 연구였다는 점이다. 사람들은 선생님을 보통 '백제 연구자'로 규정하지만, 이점에서 나는 백제보다 오히려 호서지역의 지역사학자로서 선생님을 파악하고 싶다. 호서라는 지역의 토대 위에서 백제사에 접근 하였다는 점에서 일반적인 '백제 연구자'와는 학문적 기반과 지향에 차이가 있으며, 따라서 선생님이야말로 진정한 '호서의 선비'로 불릴만한 분이라는 생각인 것이다.

　퇴임 이후 선생님께서 신앙인으로서 열심히 생활하신다는 소식을 바람결에 들은 적이 있다. 유학적 전통이 깊은 명가 출신이라는 선생님에 대한 두 번째 인식이 이미 워낙 깊어져 있었기 때문에, 새로운 '신앙인'으로서의 풍문은 또 한 번 나에게 신선함으로 다가왔다. 개인적으로 깊은 인연을 쌓은 것은 아니었지만, 지척에 가까이 계시는 존경하는 학문의 선배로서, 혹은 마음 든든한 따뜻한 선생님으로 선생님은 나에게 그렇게 기억되고 있다.

(성주탁교수추모논총간행위원회, 『백제와 주변세계』, 진인진, 2012)

고려의 뱃길, 중세의 바다 6

공주의 고려 현종 기념비

황도, 개성과 강화의 고려 5백 년

한국의 다른 이름 '코리아'가 '고려'에서 나온 이름이라는 것은 널리 알려진 사실이다. 그 5백년 역사의 중심 거점이 개성이었다는 점에서, 개성은 공간적으로 한국 역사의 중요한 한 축을 차지하고 있다고 할 수 있다. 연대적으로 말하면 918년부터 1392년까지의 일이다. 그때 개성의 이름은 개경이었고, 사람들은 자주 '황도(皇都)'라고도 불렀다.

• 경주 그 반대쪽에 위치한 개성

고려의 황도, 개성에 대하여 이를 연대적으로 좀 더 명확히 하면, 고려왕조의 기간과 '개경'의 기간이 정확히 일치하는 것은 아니다. 우선 개성으로 도읍을 잡는 것은 고려 건국 이듬해인 919년의 일이고, 조선왕조 역시 건국 후 2년이 지난 1394년에 개성에서 한양으로 도읍을 옮겼기 때문이다. 그리고 그 사이, 1232년부터 1270년까지의 햇수로 39년은 전란으로 인하여 황도가 강화 섬으로 옮겨진 기간이었다.

개성에 신왕조의 도읍이 자리 잡게 된 것은 신라에서 고려로 왕조가 바뀐 것 이상으로 '혁명적'인 사건이었다. 신라는 말하자면 '경주의 나라'였고, 이 경주는 신라가 무너질 때까지 천 년 세월을 바위처럼 부동(不動)의 신라 터전이었기 때문이다. 경주에서 보면, 개성은 북으로 아스라이 멀리 떨어진 변경의 땅이다. 음지가 양지되고, 상전(桑田)이 벽해(碧海)되는 사건이 개성 정도(定都)의 사건이었다고 할 수 있다. 개성 5백 년은 다시 한양 5백 년을 낳고, 그것이 지금 대한민국의 서울에까지 이어지고 있다는 것을 생각하면, 개성에 도읍을 정한 1100년 전의 사건은 현재까지도 우리에게 영향을 미치고 있는 셈이다.

개성이 지리적으로 경주의 반대편에 위치해 있는 만큼이나 고려는 신라와는 많은 차이가 있었다. 경주 사람 중심의 지배 체제인 골품제는 폐기되고, 전국에 걸쳐 다양한 인물들이 개성을 중심으로 지배층으로 재편된 것이 고려였기 때문이다. 고려는 내용적으로는 신라를 계승한 나라이지만, 이념적으로는 고구려 계승이라는 의식이 강하였다. 이는 고려의 대 북방 영토에 대한 정책이나, 국호를 '고려'라고 정한 점에서 분명하게 나타난다. 그리하여 고려 5백년 간 개성은, 천년 신라의 경주와는 구별되는 새로운 중세문화의 중심 공간이 되었다. 중세의 도성이 건설되고, 많은 사원이 만들어지고, 사람들의 주거가 신도시 개성에 집중되었다. 정치제도와 조세제도, 군사제도 등의 시스템이 모두 새로 구축된 것은 물론이다.

지방의 경제적 물류는 이제 개성으로 집중되었다. 이를 위해서 고려는 '조운'이라는, 강과 바다를 이용한 조직적인 운송 시스템을 구축하였다. 고려의 귀족이 당시 세계 최고 수준의 도자기 문화를 향유하고, 화려한 비단과 금속 공예품을 누릴 수 있었던 것은 이 조운의 덕이 컸다. 근년 서해 연안에서 이루어지고 있는 수중 발굴의 결과는 이같은 고려 귀족의 생활 배경을 이해할 수 있는 생생한 자료들을 제공하고 있다.

• 중세국가로서의 고려

여러 논란이 있기는 하지만, 한국역사에서의 고려시대는 '중세'의 사회로 인식되고 있다. 즉 고대의 역사에서 중세 사회로의 발전과 전환이 고려왕조와 더불어 시작되었다는 것이다.

천 년 신라 왕조는 골품제도라는 폐쇄적 신분제도를 토대로 국가를 발전시키고 체제를 유지하였지만, 그것은 새 시대로의 발전에 족쇄가 되고 있었다. 특정 지역, 특정 혈통에 의한 폐쇄적 사회운영을 지양하고 보다 광범한 지역을 배경으로, 사회의 새로운 발전 동력을 만든 것은 고려 왕조의 역사적 역할이었다. 농민들의 조세 부담을 경감시키기 위하여 노력하고, '과거'라는 혁신적 시험 제도에 의하여 다양한 인재 선발이 가능해진 것도 이러한 고려사회의 진전된 성격을 반영하는 것이다.

고려사회는 다양한 문화를 창조하고 발전시킨 사회였다. 융성한 불교국가이면서도 유교를 학문으로서 숭앙하고, 도교와 풍수지리 혹은 전통종교까지를 포괄하는 다양한 사상적 스펙트럼을 보여준 것이 고려사회였다. 청자 혹은 불화에서 보는 섬세한 귀족적 예술이 발달한 반면에 다른 한편으로는 거칠고 투박한 지역문화가 함께 공존했던 사회였다. 이것은 고려사회의 다양성과 역동성을 반영하는 것이다. 중세 국가 고려에 있어서 개경은 지역을 아우르는 중앙의 도성일 뿐 아니라 동아시아 여러 나라와 어깨를 겨루며 함께 소통하는 교류의 거점이었다. 거란과 금, 혹은 남송, 일본, 원, 때로는 아라비아로부터도 상인이 내도(來到) 하였다.

우리 한국의 역사가 통일의 역사로 진전해 간 것, 북방과 해양으로부터의 끊임없는 외압을 이겨낸 것, 팔만대장경, 금속활자 혹은 고려청자 등 자랑스러운 문화 창조를 기록한 것은 바로 고려왕조의 시대적 역할이었다. 21세기 당면한 문제의 극복과 새로운 발전의 과제를 안고 있는 우리 역사에서, 고려왕조 5백 년의 역사적 경험이 우리에게 주는 교훈과 격려는 결코 가볍게 생각할 수 없는 귀중한 유산이다. 그러나 고려 왕조 5백 년이 결코 순탄했던 시간이었던 것은 아니다. 고려를 둘러싼 동아시아의 정세가 다른 어느 시대보다 역동적인 변화 속에서 움직였기 때문이다.

• 개경을 위협했던 것들

고려왕조 5백 년만큼 외압에 시달리고, 외교의 중요성이 극대화된 시대는 별로 없었다. 바람과 파도가 그치지 않는 격랑의 바다를 항해한 5백 년이었다. 이는 거란과 여진과 몽골 등 다양한 민족의 흥기가 만들어낸 국제 정세의 변동에 의한 것이었다. 그러한 고려는 동아시아 문화 국가로서의 자존에 바탕한 자기의식을 실현하면서도, 국제정세의 변화에 능동적으로 대응하는 외교적 입장을 구사하였다. 40여 년에 걸치는 치열한 전쟁, 한 세기에 가까운 자주성의 훼손에도 불구하고 독립국가로서의 최소한의 기본을 지켜 나갔던 것이다. 그 틈바구니에서 고려의 황도 개경은 여러 차례 위기를 맞았다.

건국 이후 첫 위기는 거란의 침입이었다. 10세기 말에서 11세기 초, 세 차례에 걸친 거란의 대규모 침입이 이어졌고, 1010년(현종 1)의 연말, 거란군은 개경을 함락하였다. 11, 12세기 요와 금과의 관계에서 고려는 형식적으로나마 사대적 관계를 수용함으로써 고려는 국체와 국도를 지킬 수 있었다. 1231년 이후 진행된 몽골의 끈질긴 침입에 고려는 도읍을 인근 강화 섬으로 옮겨 장기 항전을 전개하였다. 이 기간 몽골군에 의한 도성 개경의 파괴는 피할 수 없는 재난이었다.

개경의 위기는 외적의 침입만은 아니었다. 건국 초인 정종대(945~949)에는 개경을 포기하는 서경(평양)으로의 천도를 기도하였으며, 이같은 서경으로의 천도 운동은 1135년 묘청의 난으로 재연되었다. 내부에서 치열하게 전개된 귀족들 간의 정치적 다툼이 개경을 위기에 몰아넣은 경우도 있었다. 1126년 인종대 이자겸의 난이 그 대표적 예이다. 그 북새통에 궁궐이 불타는 등 개경은 크게 위협을 당하였다.

14세기에 이르러서도 개경의 위기는 지속되었다. 원의 반적인 합단(카단)의 침입, 혹은 홍건적의 침입과 같은 북방으로부터의 군사적 위협이 이어졌기 때문이다. 뿐만 아니라 14세기의 후반에는 왜구가 벌떼처럼 전국 각처를 위협하면서 개경에서의 위기의식은 더욱 높아질 수 밖에 없었다.

요, 금에 대한 사대관계에도 불구하고 고려는 내부적으로 중국 왕조와 대등한 독자적 체제를 그대로 유지하고 있었다. 고려의 국왕은 '해동의 천자'로 인식되었고, 군주의 위호, 관제, 국가의례 등에 있어서도 황제국으로서의 체계를 유지하였다. 그러나 원 간섭하의 고려는 이러한 독자성이 부정되고 일종의 제후국으로서의 위치가 강요되었다. 이것은 대중국 관계의 새로운 질서 형성을 가져왔고 이후 조선의 명에 대한 사대관계 정립에도 영향을 미쳤다.

• 강도 40년, 그리고 8백 년 망각의 세월

몽골의 고려 침입은 1231년부터 시작되었다. 당시 무인집정자였던 최우는 이 전쟁이 과거의 상황과는 다르다는 것, 정권의 위기를 결코 피할 수 없다는 것을 직감하였다. 1232년 개경에 가까운 강화도로의 천도는 이러한 배경에서 전격적으로 이루어졌다. 39년만인 1270년 개경으로의 환도가 실현되지만, 이것은 무인정권의 붕괴에 의하여 가능한 것이었다. 말하자면 고려의 100년 무인정권은 개성에서 태어나 강화도에 뼈를 묻은 셈이다.

'강도 39년'은 고려에 있어서 참담한 전란의 세월이었다. 천도 이후 고려는 강화도에 새로운 도성을 짓고, 시스템을 전면적으로 재정비하지 않으면 안되었다. 한편으로는 전쟁을 치르고 다른 한편으로는 새로운 도시와 제도를 정비하지 않으면 안되었던 만큼, 고려 상하 모두가 맛보는 전란의 쓰라린 추억은 결코 잊을 수 없는 것이었다. 이 몽골 전란의 고통의 중심점이 강화였던 셈이다. 고려는 이 시기에도 고급의 상감청자를 생산하고, 금속활자를 사용하는 등 문화적 역량을 유감없이 과시하였다.

이 전란기 강도의 유적이 강화도 섬 안 여기저기에 산재하여 있다. 왕릉과 귀족들의 무덤, 선원사지를 비롯한 절터, 전란기 강도를 둘러싼 중성(中城) 유적 등이 그것인데, 그 수량은 일단 매우 희소한 편이다. 유적의 성격에 대해서도 논란이 적지 않다. '고려 궁지'가 국가 사적으로 지정되어 있지만, '고려

궁지'의 실체에 대해서는 여전히 의문이 적지 않다.

당시 몽골에 맞선 세계 어느 나라보다 고려의 대항은 더욱 치열하였다. 아쉬운 점은 강화의 무인정권이 이러한 항전을 효율적으로 주도해 가지 못했다는 점이다. 40년 강도시대에 대하여 '피란 정권'이라는 비판에 직면하는 것도, 이러한 무인정권의 역할의 한계점을 지적한 것이라 할 수 있다.

무인정권에 의한 강화도에서의 40년을 비판하는 것은 좋지만, 그러나 40년 강도시대의 역사적 비중을 지나치게 가볍게 여기고 있다는 것, 그것이 오늘날 우리들이 범하고 있는 일반적인 오류이다. 강도시대는 시간적으로 개경시대의 1/10에도 미치지 못하는 기간이다. 그러나 강도시대가 시간적으로 개경의 1/10이라 하여 그 상대적 비중이 그에 비례한다고는 할 수 없다. 백제시대 공주에 도읍한 기간은 백제 전 역사의 1/10에 미치지 못하는 기간이지만, 백제 역사에서 차지하는 공주의 비중이 그에 비례하지 않는 것과 마찬가지인 것이다. 강화 신도읍은 개경에 대신하는 새로운 고려의 '황도'로 건설되었다. 전시라는 제반 제약의 조건 때문에 규모의 차이는 있을 수 있겠지만, 강도 역시 도성으로서 있어야 하는 모든 요소를 갖춘 도시였다. 그리고 그 실체를 밝히는 일은 앞으로의 과제라고 해야 할 것이다.

앞서의 '1/10 미만'이라는 수치는, 자칫 무시해도 좋을만한 것으로 오해될 수 있는 수치이다. 그래서 우리들은 '강도'를 지금까지 잊고 지내고 있다. 1270년 개경에서 환도하던 고려의 왕실과 귀족들이 강도를 버린 이후로 지금까지 그 망각은 이어지고 있다. 오늘날 강화도에 고려의 흔적이 많지 않은 것은, 말하자면 강화에 대한 '8백 년 망각'의 결과인 것이다. 그러나 강화가 개경에 버금하는 고려의 서울이었다는 것은 부인 할 수 없는 사실이다.

• '꿈은 이루어진다'

21세기의 한국은 식민지시대, 그리고 그에 뒤이은 60년 분단의 시대를 살고 있다. 따라서 후삼국의 분열을 통일하고 민심을 통합해 간 고려 왕조의 역사는 우리 시대에도 중요한 암시를 줄 수 있을 것이다. 근년 개성은 두 가지 점에서 우리의 관심을 끌었다. 2013년 개성의 문화유산이 유네스코 세계유산으로 지정된 것이 그 하나이다. '개성 역사지구'의 유적은 개성성벽(5개 구역), 만월대와 첨성대 유적, 개성 남대문, 고려 성균관, 숭양서원, 선죽교와 표충사, 왕건릉과 7릉군(7개 왕릉)과 명릉, 공민왕릉 등 12개 개별 유적을 포함하고 있다.

다른 하나는 남북 분단의 각박한 상황에서도 개경의 도성유적인 만월대에 대한 남북 공동 조사가 만족스럽지는 않지만, 일정한 성과를 거두고 있는 점이다. 지난 2007년부터 단속적(斷續的)으로 진행되어 온 공동 조사 사업이, 경색된 남북관계에 무언가 새로운 계기를 조성해 줄 수 있지 않을까 하는 기대가 있다.

강화는 우리가 자유롭게 출입하고 연구하고 경험할 수 있는 유일한 고려의 서울이다. 개성만이 아니라 강화 역시 '고려 황도'의 이력을 가진 도시이다. 따라서 강화를 버려두고, 개성과 평양만을 아쉬워하는 것은 잘못된 착각이다. 강화에 확실한 발판을 두고, 거기에서 개성과 평양을 바라보아야 하는 것이다.

향후 4년 뒤인 2018년은 고려왕조 건국 1100년이 되는 해이다. 또 이듬해 2019년은 개경 황도가 열린 1100년이 되는 해이다. '고려 1100년'에 즈음한 지금은 분단 한반도의 현실에 무언가 발전적 변화의 움직임이 구체화되기를 많은 사람들이 고대하고 있다. 특별히, 개성의 산천이 바라다 보이는 강화가 그 변화의 흐름에 기여하는 역사적 공간이 되기를 바라는 마음 간절하다.

(강화고려역사재단, 『강화고려역사재단 소식지』 4, 2014)

고려 현종의 피란길

고려의 제8대 임금 현종(재위 1009~1031), 대량원군(大良院君) 왕순(王詢)은 11세기 초 거란의 침입이라는 국가적 위기를 타개하고 고려의 기틀을 다지는데 크게 공헌한 임금이다. 호족들의 존재로 수령의 파견의 늦어졌던 고려시대에 비로소 지방제도를 정비하였던 왕이기도 하다. 태조 왕건이나 초기 국가 체제를 정비한 성종에 비한다면 별로 알려져 있지 않은 임금이 현종이다. 그러나 내우외환이라는 미증유의 위기를 극복하면서, 미흡한 국가 제도를 완성시키고, 불교문화의 진흥을 가져온 그의 역사적 업적은 성종과 같은 임금에 결코 뒤지지 않는다. 그럼에도 불구하고 그동안 우리는 현종이라는 인물과 그가 성취한 시대의 역사적 의미를 너무 소홀히 취급하여 온 것이 사실이다.

• 고려 제8대 임금 현종

고려 현종은 출생을 둘러싼 여러 가지 문제, 정치적 혼란과 대외관계의 위기 상황에서 쿠데타에 의하여 정권을 장악하고 국가를 안정시킴으로써 전성기의 면모를 가져온 점에서 백제 무령왕에 비견되는 인물이다. 현종, 대량원군 왕순(王詢)은 992년(성종 11) 7월 1일(음) 출생하였다. 그는 태조 왕건의 아들 왕욱(王郁, 安宗)이 5대 임금 경종의 비인 헌정왕후 황보씨와 사통하여 낳은 아들이다. 천추태후와의 사이에서 태어난 경종의 아들, 7대 목종과는 이종사촌 간이 되는 셈이다. 목종의 어머니인 천추태후 황보씨는 역시 경종의 비였으며 현종의 어머니 헌정황후 황보씨와는 자매간이었기 때문이다. 천추태후와 헌정왕후는 6대 성종을 같은 어머니로 한 남매간이며, 태조 왕건의 손녀에 해당한다. 왕실의 신성성과 결속을 위하여 왕실내의 족내혼을 일반화하고 있었던 고려 초의 독특한 분위기 때문에 상호간의 혈연 관계는 어지럽게 얽히게 된 것이다.

현종이 태어날 때 생모인 헌정왕후는 난산(難産) 끝에 목숨을 잃고 말았다. 한편 현종의 생부인 왕욱은 과부로 지내던 경종의 비 헌정왕후와 사통한 사실이 드러나 성종에 의해 경남 사천에 유배되었다. 헌정왕후를 잃고 남해 바닷가 사천에 유배된 왕욱은 아픈 마음의 시 한 수를 읊었다. "황성의 봄을 사랑하던 넋은 꿈인 양 아득한데, 바닷가 풍광에 눈물이 옷깃을 적시네." 부득이 삼촌을 귀양 보내게 된 성종은 심히 마음에 걸렸든지 왕욱에게 "숙부가 대의를 범한 까닭에 귀양을 보내는 것이지만, 초조한 마음 가지지 않도록 조심"하라고 당부하였다.

처음 보모에게 길러지던 어린 대량원군은 성종의 배려로 사천의 아버지에게 보내졌다. 그러나 왕욱의 상심이 심하였던지 안종 왕욱은 귀양살이 5년 만에 세상을 뜨고 말았다. 현종은 5살의 어린 나이에 천애의 고아가 되어 버린 셈이다. 아버지를 여의고 개경으로 돌아온 어린 왕순에게는 더 숨 가쁜 위기가 기다리고 있었다. 후사가 없는 목종 대에 그는 유력한 왕위 계승 후보자의 한 사람이었기 때문이다. 특히 이때 실권을 장악하고 있던 천추태후(헌애왕후)는 그를 억지로 절에 들여보낸 다음 여러 차례 살해하려 하였다. 대량원군은 12살 때 숭교사(崇敎寺)에 보내졌다. 헌애왕후와 김치양 사이에서 아들이 출생한 것이 그 계기가 되었다. 3년 후 목종 9년(1006), 대량원군은 다시 삼각산의 신혈사(神穴寺)로 옮겨졌다. 여기에서 대량원군은 스님의 도움을 받아 땅굴에서 생활하며 살해의 위기를 모면한다.

• 왕위에 오르게 될 징조

현종은 불우했던 시절, 여러 차례 왕위에 오를 것이라는 징조가 있었다고 한다. 개성 부근 숭교사에 있을 때는 그 절의 스님이 꿈을 꾸었는데, 큰 별이 절에 떨어지더니 용으로 변하였다가 또 사람으로 변하는 꿈이었다. 신혈사에서는 꿈에 닭 우는 소리와 다듬이 소리가 들렸다. 술사는 이 꿈을 다음과 같이 해몽하였다. "닭 울음소리는 고귀위(高貴位)요, 다듬이소리는 어근당(御近當)이니, 이것은 왕위에 오를 징조입니다."

현종은 1009년(목종 12) 목종의 모후(母后)인 천추태후(千秋太后)를 실각시키고 정변에 의하여 왕위에 오른다. 그의 인생 역정은 한마디로 끝없는 절망의 나락에서 만인이 우러르는 최고의 정상에 이르는, 극적인 요소를 가지고 있다.

1009년(목종 12)의 정변은 천추태후의 거처인 천추전(千秋殿)의 화재로부터 시작되었다. 목종 12년 봄 정월, 왕이 관등(觀燈)을 하던 중 "대부(大府)의 기름 창고에 불이 나 천추전이 연소되었다. 왕은 궁전과 창고가 다 불타버린 것을 보고 슬프고 한심하여 병을 얻어 정무를 보지 않았다(『고려사』 목종 세가)." 아마도 그것은 천추태후 정적들에 의한 계획적 방화였을 것이다. 그리고 다음달 2월 서경의 도순검사 강조(康兆)가 군을 이끌고 들어와 목종을 추방하고 대량원군을 새 왕으로 삼았다. 정변이 진행되는 동안 목종은 강조에 의하여 살해되고 말았다. 천추태후의 실각으로 정치적 주도권은 일거에 뒤집힌다.

삼각산 신혈사에 스님으로 있을 때 왕은 이미 특별한 문학적 재능을 발휘하였다. 그 때 지은 '시냇물(溪水)'이라는 다음과 같은 시가 전한다. "백운봉에서 흘러내리는 한 줄기의 물 / 만경창파 머나먼 바다로 향한다 / 바위 밑을 스며 흐르는 물 적다고 하지 말라 / 용궁에 도달할 날 그리 멀지 않으리."

문학적 소양을 보여준 것도 그렇지만, 현종은 어렸을 때 이미 임금에 오를 경륜과 포부를 가지고 있었던 것이다.

• 개경은 함락되고

현종은 정변에 의하여 왕위에 즉위하였으나, 이에 대하여 요나라에서 문제를 제기하였다. 요는 거란족이 만주지역에 세운 나라로서 993년(성종 12), 1010년(현종 1), 1018년(현종 8) 등 도합 세 차례에 걸쳐 대규모로 고려를 침입하였다. 성종대의 1차 침입 때에는 유명한 서희의 외교적 담판이 주효하여 적군이 자진 철군하였지만, 2차 침입 때는 수도 개성이 함락되는 위기를 맞았고, 3차 침입 때는 강감찬의 귀주 대첩으로 이들을 물리치게 된다.

거란군은 현종 즉위 직후인 1010년 11월 보병과 기병 40만으로 고려를 침입하였다. 거란이 고려에 침입한 것은 현종의 쿠데타를 핑계 삼았지만, 실은 1차 침략 이후 고려에 대한 개입의 기회를 엿보고 있던 차였다. 고려와 송의 친선 교류를 차단하고 압록강 아래, 강동6주를 점거하려는 것이었다. 고려는 강조를 총사령관으로 하여 그에 대응하였으나 강조는 거란에 사로잡혀 도리어 죽임을 당하고 말았다. 고려의 관료들은 항복을 결의하였으나 강감찬은 피란하여 후일을 도모할 것을 현종에게 건의하였다.

현종의 공주 방문은 거란의 2차 침입시, 수도가 함락되는 상황에서 이루어졌다. 항복하자는 의견이 무성한 가운데 강감찬의 제의로 국왕 현종은 왕비와 함께 몸을 피하게 된다. 1010년(현종 원년) 12월 개성을 탈출하여 남으로 피란 길에 오른 현종은 멀리 남으로 피란하였다. 50명 군인이 그를 호위하였으며 적성, 양주, 천안 등을 거쳐 공주를 지나게 되었다. 남으로 내려오는 사이 현종은 지방 세력가들에게 여러 차례 수모를 당하였다. 적성에서는 군졸들이 왕의 처소를 범하려 하였고, 창화현(양주)에서는 향리의 노골적 야유를 받기도 하였다. 창화현 향리는 왕에게 자기 이름과 얼굴을 알겠느냐고 텃세를 부리며 왕에게 화를 내기까지 하였다는 것이다. 천안에 이르자 그나마 왕을 호종하던 신하들마저 도망해버렸다. 이러한 파란 많은 피란 과정에서 현종이 유일하게 큰 환대를 받은 곳이 공주였다.

현종이 경기도 광주(廣州)에 이른 1011년 1월 1일, 새해 벽두에 거란군은 개경에 진입하여 태묘와 궁궐을 불태웠고 황도 개경은 초토화되었다.

• 공주에서 비로소 환대를 받다

현종이 피란 중 공주에 이르렀을 때, 공주의 수령인 절도사는 김은부(金殷傅)라는 사람이었다. 국왕이 피란길에 공주에 이르자 김은부는 사람들을 데리고 고마나루까지 영접을 나가는 등 극진한 접대를 아끼지 않았다. 현종은 쿠데타 세력에 의하여 막 즉위했던 데다, 외란으로 인하여 왕위가 지극히 불안한 형편이었다. 사태를 예측하기 어려워지자 주변의 신하조차 도망하는 실정이었고, 거기에 피란의 와중이었다. 이러한 시점에서 공주절도사 김은부의 극진한 접대는 국왕 현종에게 커다란 위로와 힘이 되지 않을 수 없었다.

현종이 고마나루를 건너 공주에 들어오자 김은부는 예를 갖추고 나와서 왕을 맞이하였다. 김은부는 아뢰기를 "폐하께서 산 넘고 물 건너, 서리와 눈을 무릅쓰고 이런 지경에 이를 줄을 어찌 생각이나 했겠습니까" 하면서 의복과 토산물을 바쳤다. "왕은 가상히 여겨 받아 옷을 갈아입고 토산물은 호종하는 신하에게 나누어 주었다"고 한다. 현종은 옷조차 제대로 갈아입을 형편이 되지 못하였던 것이다. 왕이 공주를 거쳐 파산역에 도착 했을 때는 아전들이 다 도망하여 끼니조차 거르게 되었다. 김은부가 또 음식을 올리어 아침 저녁으로 나누어 공궤하였다. 피란 길의 현종은 처음으로 공주에서 김은부로부터 고려 임금으로서의 대접을 받았던 것이다.

현종의 피란 여정은 1월 13일, 전라도 나주에까지 이른다. 공주에서 나주에 이르는 데는 6일이 소요되었던 셈이다. 그 무렵 고려는 거란의 침입을 물리쳤고, 현종은 다시 상경 길에 올랐다. 현종이 나주를 출발하여 2월 4일 공주에 이르는 일정은 다음과 같다.

1월 20일 나주 출발

　24일 고부군

　25일 금구현

　26일 전주(7일 간 체류)

2월 3일 여산 도착

　4일 공주 도착(6일 간 체류)

　귀경 중의 현종은 공주에 다시 들러 6일 간을 머물렀다. 현종이 피란중 공주에 처음 들른 1011년 1월 7일은 양력으로는 2월 12일, 그리고 귀경중 다시 공주를 들른 2월 4일은 양력 으로는 3월 11일이었다. 6일 간의 공주 생활에서 현종은 김은부의 딸(장녀)과 연을 맺게 된다. 김은부가 딸을 시켜 어의(御衣)를 만들어 바치게 했다는 것이다. 김은부의 계산된 작전이었을 것이다.

•공주, '별처럼 빛나서 억년의 터전 되기를'

　현종은 김은부의 큰 딸을 왕비로 맞이하였으니, 이이가 원성태후(元城太后)이다. 김은부가 중앙으로 영전하여 승승장구 승진의 가도를 달렸음은 물론이다. 김은부는 큰 딸에 이어 둘째와 셋째도 모두 현종에게 시집보냈는데, 원혜태후(元惠太后)와 원평왕후(元平王后)이다. 김은부의 외손자인 원성태후의 아들들은 9대 덕종(德宗, 1031~1034)과 10대 정종(靖宗, 1034~1046)이 되었고, 원혜태후의 아들은 11대 문종이 되었다. 거기에 원혜태후의 딸은 덕종의 비(孝思王后)가 되고, 원성태후의 딸은 문종의 비(仁平王后)가 되었으니, 김은부는 딸 셋이 왕비에, 외손자 3명이 국왕에 오르고, 외손녀 2명이 다시 왕비가 되었던 셈이다. 이 시기는 고려가 내우외환에서 벗어나 제도문물이 완비되고 평화와 번영의 시기가 시작되었던 때이다. 김은부는 국왕의 장인으로, 또는 국왕의 외조부로서 4대 임금 50년 간 영화를 누렸으며, 고려의 왕통은 현종 이후 안산김씨 소생에 의하여 계승되었다. 그 역사적 계기가 1011년 공주에서 만들어졌던 것이다.

현종이 공주에 들렀을 때, 공주에 대하여 지은 시가 있다. 아마도 그것은 귀경 중에 공주에서 지은 시인 것 같다. 나주 피란 중 공주를 지날 때는 공주에 숙박할 겨를조차 없었다. 그러나 귀경 중에는 거란군의 철수로 위기를 일단 넘긴 상태였고 공주에서도 느긋하게 6일간을 머물렀기 때문이다. 『신증동국여지승람』에 이 한 구절이 전한다.

> 일찍이 남쪽에 공주라는 곳이 있다고 들었는데
> 선경(仙境)의 영롱함이 길이길이 그치지 않도다
> 이처럼 마음 즐거운 곳에서
> 군신(群臣)이 함께 모여 일천 시름 놓아 본다.

현종의 흡족한 감정이 표현되어 있는 이 공주 시는, 현재 전하는 가장 오래된 공주 관련 시 가운데 하나이다.

현종이 지은 공주 시는 이후 공주목 관아 동헌 건물에 걸려 있었다. 동헌에는 '공산아문'이라는 현판이 있는데 현종의 시가 거기에 함께 걸려 있었던 것이다. 문종의 아들이면서 현종의 손자가 되는 대각국사 의천(1032~1083)은 뒤에 공주를 지나는 길에 공주동헌에 걸린 현종의 시를 보게 되었다. 공주 동헌에 걸린 이 시는 대각국사 의천의 시심(詩心)을 자극하였던 듯하다. 그는 다음과 같은 시를 남겼다.

> 옛날 현종께서 시 한 수를 남기시니
> 지금에는 영물(靈物)되어 특별히 보호하네
> 눈을 씻고 바라보며 무엇을 기원할까
> 별처럼 빛나서 억년의 터전 되기를.

현종은 원래 "천성이 총명하고 어질었으며, 학문에 통달하고 문필을 잘 하였다"고 한다. 현종의 흡족한 감정이 표현되어 있는 공주 찬시는, 오가는 모든 사람이 읽을 수 있도록 고려시대 내내 공주 관아에 걸려 있었다. 현종과 그의 자손이 왕위를 계승하는 이후 4백 년간, 현종의 찬시는 공주의 자랑이었다. 공주관아에서 이 시가 철거된 것은 아마 조선의 건국 때였을 것이다.

2월 13일 청주에 도착한 현종은 그 후 16일 청주를 출발, 23일 개경으로 돌아왔다. 궁궐은 모두 불타버린 상태여서, 현종은 그나마 기거가 가능한 수창궁으로 돌아왔다.

• 고려왕조를 비로소 안정시키다

현종은 허약해진 왕권의 회복을 위하여 노력하였으며 거란의 침입으로부터 국가를 보호하고 왕권의 회복과 안정을 위하여 23년 동안 진력하였다.

현종대 가장 큰 현안은 역시 국방 문제였다. 1010년 제2차 거란 침입에 이어, 거란은 군사적으로 고려를 위협하며 왕의 친조를 요구하였다. 현종이 거란의 요구를 거부하자 거란은 1018년 고려에 대한 대대적 군사적 침입을 재개하였다. 그러나 즉위하자마자 거란의 침입을 맞아 개경이 함락되고 남으로 피란해야 했던 때와는 달랐다. 개경은 철저히 방비되었으며 뜻을 이루지 못하고 철수하던 거란군을 강감찬이 크게 격파 하였다. 이른바 1018년 강감찬의 귀주대첩이다. 국방과 관련하여 개경의 외곽에 나성을 축조한 것도 중요한 업적으로 꼽힌다. 30만의 인부가 동원된 둘레 23km의 나성 축조 사업은 현종 20년(1029) 8월 완공을 보기에 이른다. 현종 9년(1018) 4도호 8목 56지주군사 28진장 20현령을 설치하였으며, 이에 의하여 고려의 지방제도의 완성형인 '5도 양계제'가 성립하였다. 고려는 원래 지방 호족들의 나라였기 때문에 수령을 지방에 파견하는 중앙집권 제도는 시행에 많은 어려움이 있었다. 고려왕조가 건국한 지 꼭 1백 년만인 현종대에 이르러 비로소 지방 제도의 기본 틀이 잡히는 것이다.

현종의 공주 방문 1천 년이 되는 2011년은 유명한 고려대장경의 각판이 시작된 해이기도 하다. 주로 현종 년간에 만들어진 이 초조대장경은 대구 부인사에 보관중 1232년 몽고군에 의하여 불타고 말았는데, 최우와 최항에 의하여 다시 만들어진 것이 유명한 팔만대장경이다. 후인들은 거란으로부터 고려의 안전을 지켜준 것이 바로 이 대장경이었다고 믿고 있었다. "옛적 현종 2년에 거란의 임금이 크게 군사를 일으켜 침입해오자 임금은 남으로 피란하였는데, 거란군은 오히려 송악성에 머물러 물러가지 않았습니다. 임금이 여러 신하들과 함께 크게 발원하여 대장경 판본의 판각을 맹서하자 거란군들이 스스로 물러났습니다." 거란으로부터 고려를 보호해준 부처의 힘이 새로운 대장경 조성으로 몽고로부터 고려를 보호하여 주지 않겠느냐는 믿음이 팔만대장경 조성의 동기였던 것이다.

• 고려 대장경 1천 년

현종은 불우한 성장기를 절에서 스님으로 살면서 천우신조(天佑神助)로 목숨을 부지하였다. 이 때문에 왕에 오른 이후에도 지극한 신심을 보여주고 있다. 즉위하자마자 성종대 이후 폐지되었던 연등회를 부활하였다. 특히 1018년(현종 9)부터 5년 동안의 작업으로 이루어진 개경 현화사의 창건은 현종의 대표적인 불교 사업이었다. 현화사는 한을 안고 일찍 세상을 뜬 어머니의 명복을 비는 의미에서 건축된 고려의 대표적인 사찰이었다. 현화사비는 이 절을 짓게 된 배경과 과정을 약 2,400자의 글자로 정리하여 적은 것인데, 사실적으로 조각한 귀부의 대석과 아홉 마리 용이 꿈틀거리는 화려한 머리돌이 11세기의 예술적 역량을 유감없이 보여하고 있다. 대리석 비신의 옆면에 새겨진 꿈틀대는 용 조각도 일품인데, 특히 '현화자은지비(玄化慈恩之碑)'라 한 이 비석의 제액은 현종 자신이 친필로 쓴 것이다.

개경의 현화사 이외에도 부여 정림사, 당진 안국사, 천안 천흥사, 홍경사 등 충남지역의 거찰들도 현종 년간에 재건되거나 만들어진 것이었다. 천안은 원래 태조 왕건에 의한 통일사업의 주요 근거지로서 이 시기 성거산(聖居山)에 천흥사(天興寺)가 조영되었다. 절터에는 현재 보물 99호 당간지주와 보물 354호 오층석탑이 있는데 이 절과 유물이 정확히 언제 조성된 것인지를 짐작케 하는 것은 천흥사의 범종이다. 여기에 새겨진 글씨에 의하면 천흥사 동종은 1010년(현종 원년) 제작된 것이다. 당간지주와 탑도 비슷한 시기에 함께 조성되었을 것이다. 한편 성거산 인근의 천성사(天聖寺)에서 같은 현종대인 1010년(통화 28)에 제작된 3구의 금동관음보살입상이 동경대(문학부)에 소장되어 있다는 점도 흥미 있다.

천안은 천흥사와 천성사 이외에도 성환읍 읍내리에 1026년(현종 12) 건립된 봉선홍경사비(국보 7호)가 있다. 1021년 홍경사를 건립하고 1026년에 건립한 비이다. 당대의 대학자 최충(984~1068)이 비문을 짓고 해서체로 유명한 백현 례가 썼다. 성환은 서울에서 지방으로 통하는 중요한 길목이었음에도 불구하고 사람들이 별로 살지 않아 도적이 들끓고 행인들의 통행을 방해하였다. 이에 현종 7년(1016)에 착공하여 5년 만에 2백 여 칸 규모의 큰 절을 이루게 되었다는 것인데, 이규보의 글에는 "마치 도솔천과 같이 신비롭고 종과 탑이 있었다. 장엄하기 이를 데 없어 등이 1천 여 개나 이어져 켜져 있다"고 묘사되어 있다.

부여의 유명한 유적 정림사가 현종 년간에 복원된 것은 1942년의 발굴에 의하여 고려 현종 19년(1028)에 해당하는 연대(대평 8년)의 명문기와가 나옴으로써 밝혀지게 되었다. 5층탑 뒤에 자리한 높이 5.6미터의 고려시대 석불좌상 역시 바로 이 무렵에 제작되었을 개연성이 높다. 이와 비슷한 시기 당진

정미면 수당리에 소재한 안국사의 존재도 주목된다. 안국사는 고려시대의 삼존보살입상으로 주목되어온 절이다. 그러나 정확한 건립시기는 다소 불명한 상태였다. 2004년도 삼존불 주변 시굴조사에서 '대평(大平)', '안국사(安國寺)' 등 명문이 있는 기와가 발견되었다. '대평'의 연호는 현종 12년(1021)부터 21년(1030)에 해당한다. 이것은 아마 삼존불의 전각(殿閣) 연대일 것이고, 삼존불의 연대 역시 이와 같은 시기일 것이다.

• 현종 공주 방문 1천 년의 날

2011년 3월 11일 공주시 웅진동 한옥마을 부지에서 현종의 공주 방문 1천 년을 기념하는 기념비가 세워졌다. 양력 3월 11일은 1011년 고려 현종이 나주로부터 귀경 중 다시 공주에 들른 날이다. 그 천 년의 날을 기념하는 기념비인 것이다. 기념비 본체 높이 2.0m, 길이 4.9m, 대석을 합한 높이는 2.8m이다. 빗돌은 보령 웅천에서 나온 흑색 사암이다. 여기에 '고려 현종임금 일천년 공주 기념비'라는 제목으로 고려 현종의 공주 찬시를 새기고, 다음과 같은 비문을 적고 있다.

고려 제8대 임금 현종(재위 1009~1031)은 외침의 위기를 잘 극복하고 고려문화를 발전시키는 데 크게 기여한, 백제의 무령왕에 비견되는 임금입니다. 거란족의 침입으로 개경이 함락되자 나주까지 피란하는 과정에서 1011년 1월 7일, 그리고 상경중의 2월 4일부터 6일 간을 공주에서 머물게 됩니다. 이때의 인연으로 공주절도사였던 김은부의 딸 3인이 현종의 왕비가 되어 고려왕조의 왕통을 계승함으로써 안정된 국가발전을 이룩하였습니다. 내우외환의 위기에서 나라의 역사가 다시 일어나는 계기를 마련한 공주와의 인연을 기억하며, 현종 임금의 공주 방문 1천 년이 되는 해에 공주시의 보조금과 시민 모금으로 이 비를 세웁니다.

2011.1.7.
공주시.공주향토문화연구회

공주대 교수 윤용혁이 글을 짓고
동천 이기하의 글씨로
거산 윤태중이 새기고
공주향토문화연구회(회장 최석원)가 세움

이 비를 세우기 위하여 2009년 12월 현종기념비 건립추진위원회(위원장 최석원)가 발족하고 이듬해 2010년 3월에는 한국중세사학회 주관으로 〈고려 현종과 공주〉라는 주제로 학술세미나를 개최하였다. 4월에는 시민들의 나주답사 등 제반 과정을 진행하며 2011년 기념비 건립에 이른 것이다. 전남 나주 답사는 당시 현종이 공주를 거쳐 나주에까지 이르렀기 때문이다. 기념비의 제막에는 고려 현종의 비석과 함께 역시 공주에서 머물렀던 경험을 가진 조선 인조임금의 비석을 함께 세웠다. 시민 모금에는 약 3천여 만원이 모였으며, 공주시의 보조금 도합 6천을 합쳐 두 기념비 건립에 1억에 가까운 비용이 소요된 것이다.

3월 11일 기념비 제막식에서는 나태주 시인은 자작의 시, '천 년의 강물을 건너'를 낭송하였다.

천년, 천년이라 하셨나이까
오색 빛 구름에 싸여
일곱 빛 가마타고 오신 임
천년의 강물을 건너 머나 먼 나라
고려의 현종 임금님

뒤이어 조선의 인조 임금님

어소 오소서 웅진 땅 여기

빛과 기쁨을 주신 두 분 임금님

천년 강물을 다시 건너

오늘에도 오시고 다시 천년

천년 뒤에 또 웅진 땅에 오소서

• 현종과 김씨 왕비, 3왕 2비

현종은 14명의 왕비를 두었다. 그 가운데 현종의 비가 된 안산 김씨 김은
부의 첫 딸은 원성태후(元城太后)였다. 현종이 나주까지 피란하였다가 상경 중
공주에 다시 들렀을 때, 절도사 김은부는 큰 딸을 시켜 왕의 옷을 지어드리게
하였고, 이러한 인연이 왕비가 되는 계기가 되었다. 이후 둘째와 셋째도 현종
의 비가 되었는데 곧 원혜태후(元惠太后)와 원평왕후(元平王后)이다.

원성태후는 현종과의 사이에서 덕종(德宗)과 정종(靖宗), 그리고 인평(仁平)왕
후와 경숙(景肅)공주를 낳았다. 원혜태후는 문종(文宗)과 평양공(平壤公) 기(基),
그리고 효사(孝思)왕후를 낳았고, 원평왕후는 효경(孝敬)공주를 낳았다. 효사
왕후는 덕종의 비가 되었으며, 인평왕후는 문종의 비가 되었다. 현종의 나이
40되는 1031년에 갑자기 위독해져 태자 흠을 불러 뒷일을 부탁하고 중광전
에서 숨을 거두었다.

(『현종.인조기념비』에 실린 2011년 원고를 2016년에 다시 정리함)

13세기, 지역을 통해 전쟁을 읽는다
〈여몽전쟁과 강화도성 연구〉(혜안, 2011)

1977년 나의 석사학위논문은 고려 무인정권과 여몽전쟁에 대한 것이었다. 무인정권의 '주체적 항몽'에 대한 당시까지의 높은 평가를 비판하고 나선 논문이었다. 그것이 내가 여몽전쟁을 연구 주제로 갖게 된 출발점이었다. 사실 처음 관심은 '여몽전쟁'이 아니라, '무인정권', 그 정권의 정체성에 대한 비판이었다. 왜 표적이 무인정권이었는지는 1970년대 후반, '유신'이라는 시대적 환경을 생각하면 금방 이해가 될 것이다. 그런데 이 첫 논문 때문에 나는 무인정권으로부터 여몽전쟁으로, '전향'하게 된다. 그 단초는 여몽전쟁 자체에 대한 객관적 실증적 연구가 당황스러울 정도로 빈약하다는 사실 때문이었다.

10여 년 후에 나는 〈고려 대몽항쟁사 연구〉라는 주제로 박사학위논문을 제출하였고, 다시 10여 년이 지난 서기 2000년에『고려 삼별초의 대몽항쟁』이라는 연구서를 출간함으로써 13세기 40여 년간 전개된 고려 항몽 전쟁의 줄거리를, 나름 실증적으로 정리할 수 있었다. 2011년에 간행된『여몽전쟁과 강화도성 연구』(이하 '강화도성 연구'로 칭함)는 대략 10년 간격으로 이어진 나의 세 번째 연구서인 셈인데, 이는 여몽전쟁 전개의 공간적 핵심 포인트였던 '강도(강화도)'의 문제를 학문적으로 강조한 것이었다.

• 여몽전쟁 연구하기

『강화도성 연구』는 3장으로 구성되어 있다. 고려시대사와 여몽전쟁, 고려 지역민의 대몽항전, 그리고 여몽전쟁기 강화도성의 제문제 등이 그것이다. 전체적으로는 지역의 시점에서 정리한 13세기 여몽전쟁의 양상이 그 주제라 할 수 있다.

제1장 '고려시대사와 여몽전쟁'에서는, 여몽전쟁에 대한 2편 논문과 부인사 초조대장경 소실에 대한 문제, 전란기의 군주였던 고려 고종에 대한 논문 등 4편이 포함되어 있다. 여몽전쟁에 대해서는 여러 가지 논쟁점이 있다. 가령, 몽골군은 왜 강화도를 공격하지 않았는가, 고려의 장기 항전이 가능했던 이유는 무엇이었는가, 삼별초를 어떻게 평가할 것인가 등의 문제가 그것이다. 고려와 몽골의 관계는 1218년 형제 맹약의 단계로부터, 군사적 대결과 외교적 대응을 거쳐, 고려의 정치적 복속의 단계로 옮겨간다. 마침 다가오는 2018년이 한국과 몽골관계 성립 800주년이 되는 셈인데, 고려의 복속 이전 단계 대략 50여 년 간(1218~1270) 여몽관계의 추이를 논문을 통하여 정리하였다.

전란기의 군주 고려 고종은 어린 시절을 강화에서 지낸데다 몽골 침입으로 27년을 강화도에서 재위하였으며 강화도에서 생을 마감한, 그야말로 '강화의 인물'이다. 팔공산 부인사는 여몽전쟁 초기인 1232년 초조대장경이 소실된 현장이며, 팔만대장경 조성의 계기를 만든 공간이라 할 수 있다. 이러한 문제를 다룬 논문이 『강화도성 연구』의 1장에 포함되어 있다.

제2장에서는 지역에서 전개된 용인, 충주, 상주, 아산 등 4건의 대몽 전투의 사례를 정리하였다. 고려의 항몽전쟁은 각 지역에서 자발적으로 전개된 지역민의 항전이 핵심 골격이다. 바로 여기에 여몽전쟁의 중요한 키(key)가 들어 있고, 당 시기 고려사회의 역사적 특징이 포함되어 있기도 하다. 고려의 항전을 '민중에 의한 대외항전'으로 평가할 수 있는 근거도 여기에 있다. 이러한 문제는 무엇보다 실증적 검토가 일차적으로 요구되는 작업이 아닐 수 없다.

• '강화도성' 문제를 제기하다

최항의 묘지(墓誌)에는 강화를 고려의 새 '황도'로 지칭하고 있다. 더욱이 '강도'는 고려의 수도였던 개성에 대한 연구가 자유롭지 않은 우리시대의 여건에서 그 의미가 더욱 두드러진다. 그러나 강화도는 13세기 39년 간 고려 '황도'의 경력에도 불구하고 '도성'으로서의 개념은 망각 속에 머물러 있다. 섬에서 사는 사람도 그렇고, 강화도에 관심 있는 섬 밖의 사람에게도 이것은 마찬가지이다. '강도'는 13세기 여몽전쟁을 이해하는 데 있어서도 중요하지만, 13세기 1백 년 고려 역사의 핵심공간이라는 점에서도 그 의미가 되살려지지 않으면 안된다.

「고려시대 강도의 개발과 도시정비」, 「고려 강화도성의 성곽연구」, 「고려 도성으로서의 강도의 제문제」 등 『강화도성 연구』의 몇 논문은 말하자면 고려 도성으로서의 강도의 의미를 처음으로 본격 거론한 일련의 제안을 모은 것이라 할 수 있다. 거기에는 13세기 당시의 궁궐과 관아, 사원과 고분, 성곽과 같은 방어시설 등을 전체적 시야에 넣고 이를 조망하는 작업이 필요해진다. 이러한 작업에 의하여 잊혀진 강화도성이 되살려질 수 있을 것이다. 그러나 그 목적이 이루어지기 위해서 아직은 넘어야 할 산이 적지 않다. 연구의 과정에서 확인한 사실의 하나는 국가사적으로 지정되어 있는 '고려궁지'의 실체가 사실은 모호하다는 것이었다. 황당한 것이기는 하지만, 이러한 엄연한 사실을 진지하게 전제 하지 않는 한 우리의 연구는 결코 앞으로 나갈 수 없다는 생각을 갖게 되었다.

모호한 것은 궁지만이 아니라, 내성·중성·외성이 시설된 성곽의 경우도 비슷한 사정이다. 다행스러운 것은 근년 도로 개설의 과정에서 도성을 둘러싼 '중성'의 존재가 구체적으로 드러났다는 점이다. 유적이 갖는 절대적 의미에도 불구하고 이 유적을 어떻게 처리할 것인가에 대해서는 아직 구체적 방향이 마련되어 있지 않은 것 같다. 이것은 역사도시로서의 '강화도성'의 정체성을 어떻게 받아들일 것인가에 대한 우리시대, 우리들에 대한 질문이기도 하다는 점에서 '중성'의 문제는, 지금 '현안'이 되어 있다.

• 사료문제, 극복을 위하여

13세기 고려에 대한 사료가 형편없이 빈약하다는 점, 그것이 여몽전쟁에 대하여 관심을 갖는 사람이 처음으로 부닥치는 벽이다. 황당하기도 하고 당황스러운 일이기도 하다.『강화도성 연구』에서 나는 두 가지 자료를 곁들여 이용하였다. 하나는 지방지 혹은 읍지류의 지방자료이고, 다른 한 가지는 현지의 지표조사 혹은 고고학 자료를 활용하는 것이었다. 이렇게 지역의 자료를 이용하면서, 나의 연구가 결국 여몽전쟁이라는 전쟁이 아니라 전쟁의 무대가 되었던 13세기 고려의 각 지역 자체에 대한 것으로 달라져 간 듯한 느낌을 갖는다.

다행히 근년 여몽전쟁의 현장이 되었던 국내 여러 유적에 대한 고고학 조사가 진행되어 연구의 진전에 많은 도움을 주고 있다. 한국 중세사 연구에 있어서 고고학 자료의 중요성과 의미에 대해서도 차츰 인식이 깊어지고 있다. 고고학 자료의 이용이라 하더라도 역사학에서의 고고학 자료 이용과 고고학에서의 역사적 접근은 상호 보완의 효용을 가지고 있다. 근년 제출된 이희인의 박사학위논문 〈고려 강도 연구〉는, 나의『강화도성 연구』와는 반대로 고고학에서의 역사학적 접근이라는 점에서 의미 있는 대조가 되고 있다.

여몽전쟁은 그 공간이 고려의 각 지역이기는 하지만, 동아시아 여러 나라가 엮여져 있는 국제적 사건이라는 점도 소홀히 할 수 없는 점이다. 따라서 국외의 여러 사례와 자료 역시 여몽전쟁의 이해를 위해서 유익한 기능을 가지고 있다.

• 강화도에서 오키나와까지

2013년 12월, 나는 『강화도성 연구』에 이은 또 하나의 책을 준비하고 있다. 남해 일대에서 전개된 삼별초의 항전, 혹은 이와 밀접한 연관을 가지고 전개된 여몽군의 일본 침입에 대한 논문을 정리한 것이다. 이에 의하여 한반도를 중심으로, 몽골─중국대륙과 일본열도를 포함한 '13세기의 동아시아'라는 나의 연구 시야가 비로소 들어오게 된다.

나는 연구 생활 1년을 목포의 국립해양문화재연구소에 적을 둔 적이 있다. 진도, 완도, 제주도로 이어지는 삼별초의 문제, 그리고 근년 고려시대 연구의 블루오션으로 등장한 수중 자료에 대한 관심 때문이었다. 삼별초에 관한 연구는 해양과 도서라는 공간적 배경을 특징으로 하고 있는데, 그래서 해양과 관련한 몇 편 논문을 여기에 더 얹어 앞으로 간행할 책의 이름을 『한국 중세 해양사 연구』라고 하면 어떨까 생각 중에 있다. 그리고 삼별초가 오키나와와 연관이 있다는 주장 때문에 쓰게 된 오키나와에 대한 몇 편 논문을 발전시켜, 한국─오키나와 초기 교류사에 대한 연구서를 조만간 곁들여 낼 생각이다.

석사학위논문을 낸지 딱 40년이 되는 2017년 2월, 나는 공주대학교에서 정년을 맞는다. 강화도에서 시작한 나의 연구의 역정이 40년을 지나며, 진도와 제주도를 거쳐 오키나와에 이르게 되는 셈이다. 그 40년은 고려가 몽골과 항전을 벌인 기간과 거의 비슷한 길이의 시간이기도 하다. 요즘 강화 도성 '코 앞'의 국제공항에서는 2시간 정도로 오키나와에 이르는 직항이 운행되는데, 생각하면 그 길이 나의 40년 연구의 항로였던 셈이다.

(강화고려역사재단, 『강화고려역사재단 소식지』, 2011)

고려의 뱃길, 중세의 바다

전남 신안군 중도면 방축리 해역에서 14세기 원대의 무역선 '신안선'에 대한 발굴조사가 있은 지 꼭 30년이 되었다. 해군 지원단의 협조를 받아 1976년 10월부터 시작된 신안선 조사는 1984년까지 10여 차례에 걸쳐 거의 10년이 걸렸는데, 이것이 우리나라 최초의 수중 고고학 발굴이었음은 널리 알려진 바와 같다. 1988년에 간행된 조사보고서에 의하면 이 발굴을 통하여 무려 2만여 점의 중국 송 원대 도자기, 28톤에 이르는 수량(8백만 개 추정)의 동전, 1천여 본의 자단목(紫檀木), 7백여 점의 금속제품, 목제품, 석제품을 비롯하여 다양한 자료가 확인되었고, 길이 28.4m(최대 길이 34m 추정)의 선체도 인양되어 14세기 동아시아 무역에 대한 생생한 자료로서 국제적인 주목을 받기에 부족함이 없다.

• 중세의 바다, 그리고 7백 년

이 신안선의 조사에서는 '경원로(慶元路)'라는 글자가 든 청동추와 함께 '지치(至治) 3년'이란 연대가 표시된 목간이 8점, 4월 22일부터 6월 3일까지 날짜를 표시한 것이 121점이었다. 날짜는 물품을 포장하여 적재한 시점을 의미하는 것인데 5월 11일 36점, 6월 3일 55점이고, 확인된 자료 중 6월 3일이 마지막 날이 되고 있다. 이에 의하여 하물의 적재가 대략 1323년 4월부터 6

월 초에 걸쳐 이루어졌고, 중국 양자강 하구 영파(寧波)항에서의 출발은 6월 3일 이후에 있었음을 추정할 수 있게 된다. 추정 배수량 260톤의 신안선은 배 밑을 뾰족하게 한 첨저형(尖底型)에 선실을 7개의 칸막이를 한 구조로서, 기왕에 조사된 남송대 천주선(泉州船)과 유사한 중국 원대의 선박이다. 행선지가 하카타(후쿠오카)이고 적재한 화물의 화주(貨主)는 일본 측이었던 것으로 정리되어 있기 때문에 후쿠오카의 큐슈국립박물관과 시박물관에는 바로 이 신안선에 대한 전시 코너가 설치 운영되고 있다.

한편 유물 중에는 고려청자 7점을 비롯하여 청동 숟가락(2점)과 젓가락 등 고려의 생활도구가 포함되어 있는데, 이는 신안선의 선원 중 수 명의 고려인이 승선하고 있었던 때문이다. 따라서 신안선은 14세기 전반 중·일·한 3국이 관계되어 있던 동아시아 해양무역의 실상을 보여주는 중요한 자료인 것이다. 이 배가 유독 신안 해역에서 침몰한 이유에 대해서는 태풍으로 인한 완전한 항로 이탈의 결과였다고 보는 것이 일반적인 견해이지만, 침몰지점이 바로 고려의 해운로였다는 점에서 고려 기항 가능성에 대한 검토도 아직 포기할 수 없는 문제의 하나일 것이다.

신안선 발굴 이후 우리나라에서는 충남 태안반도 해역(1981~1987), 완도군 약산면(1983~1984), 목포 달리도(1995), 전남 무안 도리포(1995~1996), 군산시 비안도(2002~2003)와 십이동파도(2003~2004), 안좌도(2005) 등지에서 지속적인 수중 발굴 조사가 진행되었다. 지금까지 조사된 이들 해저 유적은 거의 대부분이 지리적으로는 서해안과 남해 연안 일부에서, 그리고 시기는 11~14세기의 고려시대의 선박 혹은 고려청자를 발굴하는 것이었다. 발굴 유적이 이처럼 거의 고려시대에 집중되어 있는 것은 이들 선박이 대체로 강진이나 변산 등지에서 제작된 청자를 소비지인 개경으로 운송하던 중 침몰한 것이기 때문이다. 이렇게 보면 한국의 서해안은 이른바 비단길(Silk Road)에 비견할만한 고려의 '청자길(Ceramic Road)'이었던 셈이다.

고려의 유적에서 물론 청자가 출토되고 있지만, 무덤에서 산출되는 청자는 양적으로 소량이고, 요지(窯址)에서 확인되는 자료는 거의 파편의 상태에 그치고 있다. 이에 비해 해저 유적에서는 완전한 고품질의 유물이 대량 매장되어 있는 경우가 많다. 무안 도리포에서는 약 7백 점, 비안도에서는 약 3천여 점, 십이동파도에서 8천여 점, 그리고 완도에서는 3만여 점 이상의 청자가 인양 되었다. 육지에서는 상상할 수 없는 대량의 자료가 고스란히 남겨져 있는 것이다. 완도, 십이동파도, 안좌도 등지에서는 청자 이외에 고려의 선박이 인양된 바 있거니와, 이로써 해저에 매장되어 있는 문화재의 중요성을 실감하지 않을 수 없다.

• 고려청자의 길

고려의 해양문화재는 서, 남해 연안에만 분포하는 것이 아니다. 일본 나가사키현의 다카시마에서는 1281년 태풍으로 수몰된 원군의 수중 유물을 매년 조사하고 있다. 그 가운데는 고려의 청자 혹은 불상과 같은 자료도 포함되어 있는데, 고려에서 제작한 각각 9백 척의 대선단으로 2차에 걸쳐 큐슈 침입이 있었을 때 침몰된 군선의 일부가 아직도 그 연안에 남겨져 있을 것은 분명한 일이다. 한편 최근 국립해양유물전시관(관장 김성범)에서는 고대 이래 우리나라와 교역이 번성했던 산동반도의 봉래시에서 발견된 선박 2척이 바로 고려의 선박임을 확인한 바 있다. 공간적 제약으로부터 훨씬 자유롭게 분포하는 이러한 해양유적의 특성은 육지에서의 유적과는 또 다른 특성을 보여주고 있는 것이다.

목포 갓바위 해안에 자리한 국립해양유물전시관에서는 지난 9월 22일 신안선 발굴 30주년을 기념하는 〈신안선과 동아시아 도자교역〉 특별전을 개막하였다. 전시회에서는 1323년 영파항에서 출항하여 신안 앞바다에서 침몰한 7백 년 전 원대의 선박을 직접 관찰할 수 있도록 하였으며, 이 배에 실려 있던 엄청난 양의 자료 중 가리고 뽑은 주요 명품 유물들이 한국과 일본의 자료와 함께 비교하여 전시되고 있다. 여기에 신안선 발굴 30주년을 기념하는 국제학술세미나가 ICOMOS 한국위원회와의 공동 주관으로 11월 17일부터 3일간 같은 공간에서 개최될 예정으로 있다. 이 학술대회에는 중국, 일본은 물론 아시아와 유럽 등 도합 8개국으로부터 발표 혹은 토론에 직접 참가하는 학자만 자그마치 40여 명이 넘는 전문가가 동원될 예정으로 있다. 갈치 낚시가 한창인 이곳 전시관 주변이 그때에는 각국에서 모여든 관련 학자들로 바야흐로 '파시(波市)'를 이룰 전망이다.

(문화재청, 『월간 문화재사랑』 2006년 11월호)

6

삼별초, '사실'과 '관념'의 사이에서

『삼별초』(혜안, 2014)

인생에는 적지 않은 우연의 요소가 있다. 역사를 '필연'의 산물이라고 하지만, 그러나 그 굽이굽이에 '우연'이라는 것이 양념처럼 섞여 있는 사실을 부정하기 어렵다. 내가『삼별초』라는 책을 쓰게 된 것도 그러한 우연적 요소가 없지 않다. 그 우연의 첫 단추는 대학원에서 강진철 선생님을 지도교수로 모시게 된 것에서 출발한다.

• '삼별초'라는 한 척 배

알려진 바와 같이 강 선생님은 고려 토지제도에 대한 전문가이다. 그러나 동시에 거란 혹은 몽골과의 대외관계에 대한 좋은 글을 여러 편 남기셨다. '경제관념'이 박약한 나는 대외관계에 대한 글에서 깊은 인상을 갖게 되었다. 그때 우리의 시대는 '유신'이었다. '민주'라는 단어조차 입에 올릴 수 없었던 폐쇄된 공간이었다. 그 유신이라는 창을 통하여 몽골전란과 삼별초를 처음 만나게 된 것인데, '민족항쟁'의 신화가 사실은 당시 정권의 사적인 이해와 깊이 연계되어 있다는 진면(眞面)을 나는 확인하게 되었다. '최씨 무인정권의 대몽항전 자세', 그것이 1977년에 강진철 선생님의 지도로 제출된 나의 석사논문이었다.

논문을 작성하면서 알게된 또 하나의 사실은, 몽골전란에 대한 실증적 정리 작업이 뜻밖에도 이루어진 바가 없다는 점이었다. 물론 여기에는 관련 자료가 매우 빈약하다는 것이 하나의 이유였을 수 있다. 임진왜란 7년이 지난 후, 사람들은 임란에서의 전승을 자랑하고 헌창하며, 참담하게 진행된 전쟁의 근본 원인을 짚어보는 일도 가능하였다. 그러나 몽골과의 40년 전쟁 끝에 '원 간섭기'로 진입한 고려는, 몽골과의 대결 역사를 서둘러 지우는데 급급하였다. 그리고 그 관계가 원래 친선과 평화의 역사였다고 분식(粉飾)하기에 분주하였다. 고난에 찬 항전의 역사는 아예 일어나지 않았던, 잊고 싶은 역사가 되어버린 셈이다. 『고려사』배중손의 열전에 배중손 이야기가 들어 있지 않은 것은, 전쟁 이후 전란의 역사가 얼마나 철저히 지워졌는지를 잘 말해주고 있다. 15세기 역사 편찬시에 이미, 넣을만한 자료를 찾기 어려웠던 것이다.

'민족 항전', 말은 무성하였지만 열어보니 곳간은 비어 있었다. 역사에는 철학도 있고 이념도 있지만, 역사에서 보다 중요한 것은 기초적인 '사실' 그 자체라고 나는 믿고 있다. 사실관계에 바탕 하지 않은 각종 철학이나 이념, 나는 그것이야말로 '허무'에 지나지 않는다고 생각한다. 바로 그러한 관념을 구체화하고 입증하는 뼈대를 공급하는 것이 바로 역사학의 중요한 기능의 하나일 것이다. 박용운 선생님의 지도로 1988년에 제출된 나의 박사학위논문 〈고려 대몽항쟁사 연구〉는 이같은 문제 의식에서 1231년부터 1259년까지의 전란과 항전의 족적을 정리한 것이었다. 『고려사』 등의 공식 사료의 한계점을 극복하는 방편으로, 지역의 자료인 지지류(地誌類)를 적극 활용하고, 현장 답사와 고고학 자료를 원용하여 줄거리를 복원하고자 노력하였다. 그러한 노력과 방법이 2014년의 『삼별초』에까지 이어진 것이라 할 수 있다.

현장 답사는 논문을 작성하는 과정에서의 필수적 작업이었다. 답사를 통하여 얻게 되는 현장감은, 문헌 자료의 기록을 더욱 구체적으로 인식할 수 있게 한다. 또한 기록으로 전달되지 않은 '느낌'이라는 또 다른 차원의 자료를 획득하는 데 유용하다. 강화도와 진도와 제주도는 중심적 답사 지역이었다.

그러나 13세기 몽골전란의 공간은 북한을 제외하더라도 강원도에서 경상도 전라도 남부 지역에까지 광범하게 전국에 걸쳐 있었다. 『고려 대몽항쟁사 연구』 이후 2000년에 출판된 『고려 삼별초의 대몽항쟁』, 그리고 2011년 『여몽전쟁과 강화도성 연구』의 출판은 이렇게 이루어진 작업의 결과였다고 할 수 있다.

• 750년 만에 드러나는 역사 현장

13세기 몽골은 말을 주무기로 활용하여 침략의 주도권을 장악하였지만, 이를 방어하는 고려는 바다를 적극 활용하였다. 고려는 3면이 바다로 둘러싸인 나라이고, 바다와 내륙수로가 물류의 근간이었다. 바로 이같은 시스템을 유지할 수 있었던 것이 장기 항전의 요체였던 것이다. 삼별초에 있어서도 역시 바다는 핵심적 키워드였다. 그러나 문헌상에 남겨진 고려의 바다는 실체를 확인하기 어려운 '소리'에 불과한 것이었다. 2006년도 교육부 지원 한국대학교육협의회 주관의 '대학교수 국내교류' 공모에 선발되어 1년 동안 목포에 소재한 국립해양유물전시관(현재의 국립해양문화재연구소)에 파견된 것은 연구의 새로운 계기가 되었다. 배와 바다에 대한 전문적 연구와 학습의 기회가 되었기 때문이다.

목포에서 돌아온 직후인 2007년 마침 충남의 서해안 태안에서 고려시대의 선박과 수중 유적이 연이어 확인되어 고려사 연구에도 큰 계기가 되었다. 태안선에 이어 마도 1, 2, 3, 4호선이 발견되고 태안 해역에서의 작업은 지금도 진행 중에 있다. 심지어 '삼별초'라는 글자가 새겨진 목간까지 출토하여 몽골전란기 서해안의 해로가 어떻게 이용되고 있었는지를 그대로 보여주는 획기적 자료들이 생산되었다. 다른 한편, 그동안 소외되었던 고려 유적에 대한 관심도 높아져 진도의 용장성, 제주 항파두성에서 본격적 발굴이 진행되었다. 목포대 박물관 혹은 제주의 고고학연구소, 문화유산연구원 등에 의하여 이루어진 발굴의 성과는 그대로 삼별초에 대한 구체적인 실물 자료로서 문헌 기록의 빈약함을 크게 보충하는 것이 아닐 수 없었다.

삼별초에 대한 획기적 신자료의 추가와 함께 나는 이 사건이 고려의 역사이기도 하지만, 동시에 동아시아 역사의 중요한 사건이라는 점에 착안하게 되었다. 그러한 관점에서의 자료에 대한 파악과 정리가 필수적이었다. 가령 삼별초는 1273년 제주도에서 끝내 침몰하였지만, 바로 이듬해 1274년 삼별초를 진압한 연합군이 일본 열도에 침입한다. 일본은 이에 대응하여 후쿠오카 해변에 20km에 이르는 석축의 장성을 구축한다. 이같은 사태 진전은 고려의 대몽골 항전, 그리고 삼별초와 밀접한 연관성이 있다. 그런 의미에서 이 사건은 고려 역사의 일부일 수 있고, 그 자료는 삼별초와 고려 대몽골 항전의 역사를 파악하는 데도 유용한 자료라는 것이다. 오키나와에서 출토하는 '계유년' 명의 고려 기와가 삼별초와 연관될 가능성을 인식하게 된 것도 이같은 접근에서였다.

2011년 대학에서 안식년을 얻게 된 나는 이 기회에 오키나와와 후쿠오카의 현장을 직접 확인하기로 하였다. 그 해 여름 3개월을 류큐대학 이케다(池田榮史) 교수의 고고학연구실에서 신세를 졌다. 그리고 다시 11월부터 이듬해 3월 초까지는 큐슈대학의 한국연구센터(센터장 松原孝俊 교수)에 머물렀다. 오키나와에서는 고려기와가 중점 출토된 우라소에 구스크를, 그리고 후쿠오카에서는 '원구방루'로 칭해지는 해변 유적을 답사하면서 보고서와 관련 문헌들을 뒤적였다. 1974년 대학원 진학 이후 이렇게 진행된 40년의 연구 과정을 담은 것이 2014년의 『삼별초』라 할 수 있다. 그 기간은 삼별초의 존속 기간(1230~1273)에 거의 맞먹는 시간이기도 하였다. 이 책에서 나는 삼별초에 대하여 '무인정권, 몽골, 바다로의 역사'라는 부제를 달았다. 여기에는 삼별초에 대하여 평가적 시점보다는 사실의 진면에, 그리고 동아시아라는 보다 넓은 시각에서 이에 접근하고자 하는 의도가 반영되어 있다.

• 당위와 현실, 사실과 관념의 사이

삼별초가 초법적이며 권위적 정권이었던 무인정권의 정치적 배후가 되었다는 사실은 부정하기 어렵다. 또한 고려의 몽골에 대한 장기 항전이 그처럼 치열하게, 그리고 질리게 전개된 배경에 무인정권의 정치적 이해가 개재되었다는 점도 엄연한 사실이다. 그러나 그것으로 끝내고 만다면, 한국 역사의 13세기는 정말 무의미한 시간이 되고 만다. 몽골과의 40여 년 장기항전도 그렇고, 전란으로 희생된 그 숱한 생명들도 무의미 그것이다. 내가 『삼별초』에서 고민했던 것은 삼별초가 내포하고 있는 역사적 한계를 긍정하면서도, 다른 한편 이 삼별초가 갖는 또 다른 역사적 의미와 가치를 찾는 것이었다. '민족'이라는 관념에 함몰되지 않으면서, 정권을 사유화 했던 무인정권의 본질을 전제 하면서도, 13세기 역사에서 삼별초가 내포하고 있는 존재 의미를 짚어보고 싶었다는 것이다.

논문집이 아니면서도 『삼별초』에서는 비교적 꼼꼼하게 주석을 달았다. 이역시 사실의 객관성을 강조하려는 것이었다. 그러면서도 완도 삼별초 송징, 혹은 제주도의 김통정 등에 대해서는 흔히는 역사학자들이 주저하는 구전 자료를 적극 활용하였다. 진돗개에 대한 문제를 진도 삼별초와 연관하여 언급하기도 하였다. 문자 기록으로 남겨지지 않은 실상을 보다 다양한 자료를 통하여 접근할 수 있다는 생각에서였다.

삼별초는, 비유하자면 한 척의 배이다. 13세기라는 시대, 몽골전란이라는 거친 바다 위에서 40여 년을 운항한 한 척의 배, 1230년 경 개경에서 건조되어, 강화도와 진도 해상을 거쳐 1273년 제주도 바다에서 침몰한 한 척의 배. 그리고 삼별초는, 달리 비유하자면 40여 년을 살다 간 한 인물의 생애이기도 하다. 인간에게는 이렇게 살아야 한다는 '당위'가 있지만, 그렇게 살 수 없었던 또 다른 현실이 있다. 당위와 현실의 교차 속에서 인생이라는 천이 만들어진다. 삼별초에 대해서도 이같은 모순된 양면이 교차하고 있다고 나는 믿고 있다. 처음 삼별초의 모순에서 착안된 나의 연구는, 삼별초가 갖는 또 다른 측면, 존재의 의미를 추구하는 것으로 진행된 셈이다. 그렇게 진행되어 만들어진 한 장의 천이 바로 〈삼별초 ─무인정권·몽골, 그리고 바다로의 역사〉이다.

(강화고려역사재단, 『강화고려역사재단 소식지』, 2015)

6

'평화의 섬', 그리고 항파두리

삼다의 제주를 가장 상징적으로 보여주는 역사 유적은 무엇일까. 답은 의
외로 명백하다. 너무 단정적이라고 생각할지 모르지만, 제주에서 항파두리만
큼 제주도의 역사성을 더 잘 상징할 유적이 없기 때문이다.

•제주, '평화의 섬'?

제주를 흔히 '평화의 섬'이라고 한다. 그 '평화'의 단어에서 사람들은 종려
나무 가로수가 남국의 바닷바람에 나부끼는 조금은 나른한 풍정, 혹은 해변
에서 부서지는 하얀 포말의 낭만적 풍광을 연상 할른지도 모른다. 그러나 제
주를 '평화의 섬'이라 하는 것은 다분히 역설적이고, 기원적(祈願的) 표현이라
는 감이 있다. 아직 마르지 않은 4.3의 혈흔이 그렇고, 송악산 기슭의 알뜨
르 비행장, 해안포대의 존재가 이점을 암시한다. 그 역설적 '평화'의 중심에
항파두리는 있다.

항파두성은 13세기, 1271년부터 1273년까지 3년 간 삼별초의 항몽 거점
이었다. 초원으로부터 역사의 '지진'을 일으킨 징기스칸의 몽고는 쿠빌라이에
이르러 지금의 북경에 새 도읍을 정하고, 유우라시아에 걸치는 미증유의 대
제국을 건설했는데, 그것이 13세기의 세계사이다. 이 전쟁의 와중에서 고려
는 40년 세월을 몽고의 군사적 압력에 대항하고 있었다. 저항의 거점도 국경

으로부터 강화도로, 그리고 진도를 거쳐 이제 반도에서 남으로 바다 멀리 떨어진 제주도로 옮겨 있었다. 제주의 군사적 거점이었던 항파두성은 1273년 여몽연합군의 대공세로 침몰하였다.

본래 탐라국이었던 제주는 중세에 이르기까지 독립적 문화와 정치조직을 여전히 유지하고 있었다. 토착의 '성주(星主)', 혹은 '왕자(王子)'가 정치적 지도자로서 여전히 기능하였던 것이 고려시대였다. 그 탐라의 역사가 육지의 역사에 귀속되는 결정적 계기를 만든 것이 바로 1271년 삼별초의 제주 이동이었다. 삼별초가 무너진 1273년부터 항파두리에는 삼별초를 대신하여 몽고의 군사가 주둔하였고, 이후 백 년동안 이 섬은 몽고의 영향력 아래 두어졌다. 고려, 일본, 혹은 남중국 등을 견제하는 전략적 요충으로서의 잠재성이 착안된 때문이다. 제주도에 몽고의 풍습과 흔적이 육지보다 더 강하게 남게 된 것은 이런 연유인 것이다.

• 항파두리, 제주역사의 분수령

삼별초에 의하여 육지의 문명이 대량으로 유입되고 이후 대륙의 문물이 유입되는 것과 궤를 같이하여 이 섬은 급격히 독립성을 상실하고 육지에 부속하는 섬으로서 구조가 바뀌어갔다. 이점에서 항파두성은 독자성에서 부속성으로, 제주의 역사를 양분하는 분수령의 지점이었던 셈이다.

삼별초군에 의하여 구축된 둘레 6km의 항파두성은 아직 많은 수수께끼를 간직하고 있다. 돌 많은 제주에서 왜 흙으로 성을 만들었는가, 토축의 방식은 육지의 그것과 어떠한가, 성안 시설의 내용은 구체적으로 어떠하였나, 성안의 건축에 쓰여진 기와들은 진도 혹은 강화의 그것과 어떤 차이가 있는가, 삼별초와 제주사람들은 어떤 관계로 삶이 영위되었나, 삼별초 이후 항파두성은 어떻게 이용되었나 등의 의문이 그것이다. 이 성에 대한 정밀한 조사는 이같은 의문에 대하여 상당부분 의문을 해소해줄 것이다. 아울러 당시 여몽군의 각종 무기류, 생활 용품 등의 구체적인 증거물들을 이 성에서 확인할 수 있을 것이다.

항파두성의 역사적 가치가 주목된 것은 1960년대 이후, 군사정권에 의한 것이었다. 이른바 '호국'의 사적으로서, 그 중요성이 부각된 것이다. '항몽순의비'의 조성은 바로 이 시기 우리의 역사의식을 반영하는 또 다른 '기념물'이다. 항파두성의 중심부, 내성의 유적을 파괴하고 시설한 것이 바로 이 항몽순의비였다. 당시에 복원된 일부 토성도 원래의 축조 내용과 방법과 무관하게 시공한, '토목공사'였다. 이 항파두성이 국가사적으로 지정된 것이 1999년, 그리고 2002년에 이르러서야 초보단계의 지표조사가 시행되었을 뿐이다. 그러나 더욱 우려스러운 것은 1970년대 초에 이루어진 실패한 역사복원에 대한 인식이 여전히 부족하다는 점이다. 이 때문에 과거의 '만행'이 이 항파두성에서 다시 재현될 수 있다는 불안이 여전히 상존한다. 항파두성에서 우리의 역사 인식이 '관념'으로부터 '과학'으로, 보다 분명히 나가야 한다는 것을 절감한다.

• 우리시대의 항파두리

제주에 있어서 13세기 반몽항전의 유적은 항파두리만은 아니다. 항파두리를 중심으로 많은 군사시설들이 조직화되어 있었을 것이기 때문이다. 그 가운데 대표적인 것이 제주도의 연안을 돌로 빙 둘러쌓았다는 '환해장성(環海長城)'의 존재이다. 왜구 등에 대한 필요 때문에 후대의 보축이 끊임없이 진행된 것으로 보이기는 하지만, 이 장성의 일부는 아직도 해안 곳곳에 남은 채 훼손이 진행 중이다. 그러나 이들 유적에 대한 체계적 조사와 정리, 보존을 위한 정책은 아직도 요원한 것처럼 보인다. 1273년 제주도를 함락시킨 여몽연합군은 이듬해 1274년 일본의 서쪽 관문인 하카타(후쿠오카)에 상륙하였다. 그리고 1281년 이들 연합군이 재차 하카타에 육박하였을 때, 그 사이 일본은 하카타 해안 일대에 장장 20km에 이르는 완벽한 석축의 방어벽을 구축해버렸다. 이로써 연합군의 재상륙은 불가능하였는데, 이른바 이 '원구 방루' 구축의 아이디어가 제주도의 환해장성에서 비롯되지 않았을까, 나는 생각하고 있다. 더 남쪽, 오키나와에서는 '계유년'에 '고려' 기술자가 만든 기와가 다량으로 확인되었다. 이 '계유년'이 제주에서 삼별초가 궤멸한 1273년이라는 주장이 있고 보면, 항파두성 함락 이후 패몰한 삼별초군의 행방에 대해서도 끊임없는 상상력이 자극되고 있다.

유적도 그 가치에 상응하는 대접을 받을 필요가 있다. 그러나 그 진정한 가치를 명확히 인식하지 못하는 것이 아직 많다. 그중의 하나가, '평화의 섬', 제주에서의 항파두리 유적이다.

(문화재청, 『문화재사랑』 2006.3.)

역사에 입문하다, 『삼국유사』

역사를 전공으로 선택 하였던 30여 년 전, 나는 두 가지 책을 정독한 적이 있다. 하나는 을유문화사에서 간행된 『그리스 로마 신화』, 다른 하나는 13세기 말 일연스님이 편찬한 『삼국유사』였다. 『삼국유사』는 한문 공부를 겸하여 이를 원전으로 읽은 것이었는데, 대학 3학년 때의 여름방학 동안의 '독학'이었다.

일연스님의 『삼국유사』는 잘 알려진 바와 같이, 『삼국사기』와 쌍벽을 이루는 우리나라의 고대 역사 자료집이다. 『삼국사기』가 정통적인 역사책의 형식에 입각하여 저작된 정사(正史)라고 한다면, 『삼국유사』는 형식에 구애 받지 않고 자유롭게 만들어진 개인적 저작물이다. 그가 이 책의 이름을 『삼국유사』라 한 것은 『삼국사기』에 대응하는 것이지만, 그 내용은 『삼국사기』와는 크게 차이가 있다.

• 나를 부끄러워 아니하시면

『삼국유사』는 고조선의 단군신화, 곰과 호랑이 이야기로부터 시작하여 당시에 전하던 흥미 있는 전승들이 가득하다. 태수의 딸에 반하여 연정을 이기지 못하던 조신(調信)이라는 스님이 문득 비몽사몽 간에 경험하는 인생 살이의 고단함은, 춘원 이광수에 의하여 '꿈'이라는 작품의 소설이 되었다. 마침 춘원의 그 '꿈'을 밤새워 읽었던 감동이 남아 있던 터라, 『삼국유사』에서 만난 조신 스님 이야기는 충격이었다. 꿈에서 깨어난 조신 스님은 이런 노래를 지었다.

> 달콤한 한 시절도 지나가니 허망하다
> 나도 모르게 근심 속에 이 몸이 다 늙었네
> 허무한 부귀공명 다시는 생각 마소
> 괴로운 한 평생이 일장춘몽임을 알리

『삼국유사』에는 불교에 대한 이야기가 많다. 그 가운데 주인을 수종하여 절에 따라다니다 신심(信心)을 갖게 된 욱면(郁面)이라는 이름의 계집종 이야기가 있다. 어느 날 염불하던 중 그녀는 돌연 하늘로 들려 올라가고 육신이 부처의 몸으로 변신 하였다는 이야기이다. 성경에서 말한, '휴거'를 연상시키는데, 이러한 이야기가 성덕대왕신종에서와 같은 그 비천상의 모티브인지 모른다. 신라 경덕왕(공주 소학동의 효자 향덕을 표창한 임금)에 대한 이야기에서는 그가 아들이 없다는 이야기에서 갑자기 왕의 옥경(玉莖, 그것)이 8치라는 것으로 비약하고, 지증왕의 그것은 1자 5치나 되어 배필을 구하기가 어려웠다는 등의 극비정보(?)를 흘리기도 한다.

주옥 같은 시도 여러 편이다. "나를 부끄러워 아니하시면, 꽃을 꺾어드리오리다", 이것은 수로부인(水路夫人)에 대한, 이름이 알려져 있지 않은 한 노인이 바친 아름다운 헌화가의 한 구절이다. 그녀는 너무나 절세미인이어서 용이나 귀신들조차 탐을 냈다고 한다.

'삼국유사의 여름', 그래서 『삼국유사』는 지금도 무더위와 씨름하던 그 여름의 무더위가 느껴진다. 그리고 어린 시절 여름 밤 하늘의 별을 쳐다보며 함께 도란거리고, 겨울의 이부자리에서 할머니의 끝없이 이어지는 옛이야기를 듣는 듯한, 그러한 아스라한 감동이 있다.

• 13세기에 만나다

『삼국유사』를 읽은 그 여름은 무령왕릉 발굴 1년이 지난 때였는데, 원전 완독이 채 끝나기 전, 나는 돌연 무령왕릉으로 징발되었다. 안승주 선생님의 백제고분 연구에 참여하게 되었기 때문인데, 그 여름 8월 한 달을 꼬박 이해준 교수와 함께 나는 무령왕릉과 왕릉 옆 6호분 안에서의 실측작업에 투입되었다. 계집종 욱면이 염불하던 중 돌연 들려올라간 격이었다. 『삼국유사』속에서의 고대 체험 한 달에 이어 왕릉 안에서의 백제 체험 한 달이 지나니, 1972년 9월의 개학이었다. 1974년 대학을 졸업하자 나는 곧 대학원에 진학하였고, 생각지도 않게 13세기 역사를 전공하게 되었다. 그것은 일연스님의 시대였다.

『삼국유사』를 편찬한 일연스님(1206~1289)은 8백 년 전에 태어나 우리의 이 땅에서 13세기 한 시대를 살다 간 인물이다. 13세기는 몽고군의 침략으로 미증유의 전란이 이 땅을 피와 눈물과 한숨에 젖게 한 시대였다. 1231년 이후 몽고군의 침입이 수없이 되풀이되면서 고려의 불국토는 한없이 황폐되었다. 문화적 자랑이었던 대장경이 불타고, 그리고 사람들의 마음까지 불에 탔던 것이 이 시대의 환경이었다. 최후의 반몽세력이었던 삼별초가 궤멸되는 것은 한반도 남쪽 끝에서도 한참 남쪽인 제주도에서의 일이었다. 일은 여기에서 그치지 않고 이후 두 차례에 걸쳐 일본에의 침입 전쟁에 고려군이 동원되었다. 마산에서 출정한 여몽군이 탄 군선 9백 척은 모두 고려인들이 피눈물로 만든 배들이었다. 이들을 태풍으로 수장(水葬)시킨 것이 바로 '카미카제(神風)'였던 것이다. 일연스님은 바로 가장 불행했던 이 시대를 살았던 인물이다. 그 간난의 시대 속에서 84세의 긴 평생을 살았던 일연스님이『삼국유사』의 저작에 몰두한 것은 군위 인각사에서의 그의 만년, 1280년대의 일이었다.

나의 박사학위논문은 1231년부터 30년 간의 몽고의 침략, 그리고 이에 대한 고려인들의 항전을 정리한 것이었다. 그리고 다시 10년 후 나는 1270년부터 1273년까지, 강화도와 진도와 제주도를 전전하며 항전을 전개한 삼별초를 주제로 또 하나의 논문집을 출판하였다. 그리고 요즘은 1274년, 1281년 두 차례의 일본 침입에 대하여 자료를 모으고, 현지 답사를 하고, 논문을 쓰고 있다. 나의 평생의 연구 주제가 바로 일연스님이 살았던 그 시대의 역사인 셈이다.

• 당신의 노래, 나의 노래

2005년 정월, 공주에서 김훈 선생과의 만남이 있었다. 그는 원래 기자 출신으로, 『칼의 노래』라는 이순신 소설의 작가, KBS 드라마 〈이순신〉의 원작자이다. 『칼의 노래』 이후 그의 작품으로 가야금의 예술인 우륵을 주인공으로 하는 『현(絃)의 노래』가 출간되어 다시 화제를 모았는데, 그는 일연스님을 주제로 한 다른 작품을 구상중이라 한다. 이 때문에 13세기의 전란을 정리한 나의 논문집을 정독하게 되었다는 것이다.

일연스님을 노래한 새 작품의 이름이 무엇이 될 지는 잘 모르겠다. 칼의 노래, 현의 노래, 그 다음은 무슨 노래가 될까. 칼의 노래가 임진왜란의 전란, 현의 노래가 가야의 패망을 시대 배경으로 하고 있음에 비추어, 몽고와의 전란을 배경으로 일연스님을 등장시키는 13세기의 새 노래는 모두 일정하게 공통하는 점을 갖는 것처럼 보인다. 가장 어려웠던 시기, 그리고 절망적인 시대를 배경으로 고뇌하며 살아야 했던 운명, 그러나 어둠 속의 샛별처럼 빛나고 있는 인물들이다. 양상은 다르지만, 오늘 우리의 시대도 그같은 고뇌의 시대라는 점에서는 그때와 별로 다르지 않다. 다만 다른 것이 있다면, 우리시대의 이순신, 우리시대의 우륵, 그리고 우리시대의 일연은 누구인가 하는 점이다. 선생은 나에게 '칼'과 '현'을 선물로 남기고 갔다.

오늘은 그가 나에게 남긴 두 가지 노래, 칼과 현의 노래를 읽을 계획이다. 그리고 두 가지 해답, 일연스님의 노래, 그리고 오늘 나의 노래, 그것이 무슨 노래가 될 것인가 생각해볼 작정이다.

(공주대학교 출판부, 『나의 대학생활을 울린 책』, 2005)

오키나와의 여름 7

오키나와 나카구스크 풍경

●

2011년도에 대학에서 안식년을 얻게 된 나는 2011년 7월 1일부터 9월 28일까지 90일 간, 일한문화교류기금의 지원을 받아 류큐대학 이케다(池田榮史) 교수의 고고학 연구실에서 연구할 수 있는 기회를 가지게 되었다. 오키나와에 특별히 관심을 갖게 된 계기는 오키나와에서 고려 기와가 출토되고 있기 때문이었다. 오키나와의 고려계 기와 출토지는 현재 40여 군데라고 집계되고 있는데, 그 출발은 우라소에 구스크(浦添城)인 것으로 생각되고 있다. 우라소에 구스크는 수년에 걸쳐 우라소에 교육위원회 팀이 발굴 중에 있고, 기와에는 '계유년'이라는 연대까지도 찍혀 있지만, 그 계기와 배경은 아직도 풀리지 않는 수수께끼로 남겨져 있다.

90일 기간 동안 나는 과제 논문인 〈우라소에 구스크(浦添城)와 고려, 류큐의 교류사〉 이외에 '아카하치 홍가와라의 난'에 대한 논문을 정리하고, 그동안 발표하였던 전공논문을 모아 『여몽전쟁과 강화도성 연구』(혜안)라는 책의 출판 작업을 하였다.

그러한 가운데 나는 오키나와의 역사를 한국의 역사와 그리고 공주의 역사를 연결하여 정리해보고 싶었다. 지역의 역사, 국가의 역사, 외국의 역사는 같은 역사이지만 별도의 영역으로 인식되고 있는데 이것을 서로 연결하여 이야기를 풀어가는 시도인 것이다. 이러한 생각으로 자료들을 간략히 풀어 〈금강뉴스〉에 '오키나와 통신'이라는 이름으로 7회에 걸쳐 원고를 게재하였고, 그때 역시 격주로 짤막한 글을 싣던 예산의 〈무한정보〉에도 몇 편 오키나와의 글이 실리게 되었다.

'오키나와의 여름'은 이 글을 모은 것이다. 그리고 마지막 글 '태양의 나라'는 2016년 서울 강남문화원(원장 최병식)의 요청으로 동행하였던, 오키나와 답사의 여정을 정리한 것이다. 필자는 근년에 발표한 오키나와 관련의 논문을 모아 『류큐와 고려, 교류사 연구』(가제)를 금년에 출판할 계획으로 있다.

유구로? 유구로!

금강변 구터미널 앞 대로변에는 큰 표석 하나가 세워져 있다. 표석에 새겨진 글자는 단 석 자, '유구로'이다. 아마도 '유구읍으로 가는 대로(大路)'라는 의미인 것 같지만, 사람들이 거의 눈여겨보기 어려운, '뜬금없는' 표석이다. 오키나와로 떠나기 전날 이 대로를 지나는데 비로소 그 표석의 세 글자가 나의 눈에 들어왔다. '유구로?'

•유구로?

'유구(琉球)'는 오키나와의 옛 이름이다. '유구로'라는 글자가 비로소 눈에 들어온 것은 내가 3개월 일정으로 유구로 가게 되었기 때문이다.

공주에서 정남쪽으로 쭉 내려가면 제주도 성산포에 닿는다. 더 남쪽으로 계속 한참을 내려가면 닿게 되는 곳이 오키나와이다. 즉 공주와 오키나와는 위도는 큰 차이가 있지만 경도가 같아 해가 뜨고 지는 시간이 같은 것이다. 7월 1일 아시아 직항으로 2시간 만에 나하공항에 착륙하고, 유구대학의 게스트하우스에 일단 머물게 되었다. 오키나와에서의 3개월간 나의 신분은 유구대학 객원연구원, 법문학부의 이케다(池田) 고고학연구실에 소속된다.

유구대학은 국립대학으로 말하자면 오키나와의 서울대에 해당한다. 원래는 수리성에 있던 것을 '수리성을 수리하면서' 지금의 캠퍼스로 이전하였다.

학생 수는 대학원생을 포함하여 약 8천, 학부(대학)는 7개 학부로 공주대의 6개 대학과 내용상 큰 차이가 없지만, 의학부와 함께 관광산업과학부가 있다는 것이 특색이다. 한국과는 제주대, 계명대, 연세대, 서울시립대 등과 자매결연을 체결하고 있다. 유구대학 캠퍼스는 일본에서 세 번째로 넓은 면적을 자랑한다. 행정구역상으로는 니시하라(西原), 나카구스크(中城), 기노완(宜野灣)의 3개 시군에 캠퍼스가 걸쳐 있다. 그만큼 외진 곳이어서 갈 데라고는 정말 도서관 밖에 없다. 근년 일본에서 큰 정치문제화 하였던 후텐마 미군기지도 대학에서 가까운 위치이다.

오키나와는 오키나와 본섬을 중심으로 160개의 섬으로 구성되어 있다. 섬을 합한 면적은 제주도보다 약간 크지만, 인구는 140만으로 65만의 제주도보다 2배가 넘는다. 오키나와에 오기 며칠 전 공주에서는 홍길동 세미나가 있었다. 발표자의 1인인 설성경 교수는 일찍부터 공주의 홍길동이 조선을 탈출하여 만년에 오키나와에서 활동했다는 주장을 펴왔다. 유구왕권에 저항한 야에지마(八重島)의 영웅 '홍가와라'가 바로 홍길동이라는 것이다.

5백 년 유구왕조는 오키나와 역사의 대부분을 차지한다. 우리로 말하면 '조선'에 해당하는 유구왕국은 1609년 사츠마(薩摩, 가고시마)의 침입을 받아 그에 복속하고, 메이지유신 이후인 1879년 오키나와 현으로 완전히 일본에 합병되었다. 1945년 태평양전쟁 때는 본토를 위협하는 미군의 압박에 대한 격렬한 저항 거점이 되어 징용 한국인을 포함, 20만이 오키나와에서 목숨을 잃었다. 미군정하에 있다가 1972년 일본에 반환된 오키나와는 말하자면 '유구'라는 이름의 잃어버린 왕국인 셈이다.

• 유구로!

그 유구왕국이 건국되기 이전, 13세기에 고려 삼별초의 일단이 오키나와까지 내려갔다는 주장을 나는 한 적이 있다. 학회에 발표한 논문이 신문에 보도되고, 다시 역사스페셜에서 다루어진 적이 있다. 이 유구에서 삼별초를 만날 수 있을지, 홍길동의 흔적을 찾을 수 있을지도 그렇지만, 더 근본적으로는 잃어버린 왕조 유구와 한국 역사와의 관련성을 찾아보는 것이 3개월 간의 나의 작업 과제라고 할 수 있다.

　오키나와의 관문 나하 공항에 도착하자 제일 먼저 떠오른 것은 공주 구터미날 대로변의 '유구로', 그 표석의 글자였다. 그 표석의 지시대로 나는 움직이고 있는 것이다. '유구로!'

(〈금강뉴스〉 2011.7.12.)

오키나와 구석구석

충청북도에서는 지역의 고대 산성들을 세계문화유산에 등재하기 위하여 근년 많은 노력을 기울이고 있다. 금년 봄 충주 답사의 기회에 나는 충주대에서 열린 그 세미나에 잠깐 들른 적이 있다. 최근에 들으니 바로 옆 동네 대전에서도 성곽을 가지고 세계유산에 등재를 해보자는 논의가 '슬슬' 일고 있다고 한다. 그런데 산성을 가지고 먼저 세계문화유산에 등재한 곳이 오키나와이다.

• 오키나와의 구스크

오키나와 역사에는 풀리지 않은 수수께끼가 몇 가지 있다. 그중의 하나가 '구스크'이다. 구스크는 우리말로 하자면, 일종의 '성채'이다. 엄청난 양의 돌을 쌓아 투입된 노동력의 규모과 함께 성곽을 쌓는 건축술의 발전을 그대로 보여준다. 우리가 말하는 성(城)과는 조금 다른 의미가 있는 것은 성보다 좀 더 복합적 의미를 담고 있는 오키나와 독특의 성이기 때문이다. 그 가운데 가장 유명한 것이 뒤에 만들어진 슈리성(首里城)인데, 슈리성을 비롯하여 이들 구스크 성곽 유적은 2000년에 세계유산에 지정되었다. 나카구스크(中城城), 카츠렌구스크(勝連城), 자키미구스크(座喜味城), 나키진구스크(今歸仁城), 그리고 여기에 이 무렵의 대표적 제사처(齋場御嶽), 왕실 정원(識名園), 옥릉(玉陵, 다마우

동)이라는 이름의 왕릉 등을 포함 도합 9건을 함께 묶은 것이다. 그래서 지정 명칭은 '류큐왕국의 구스크 및 관련유산군'으로 되어 있다.

슈리성은 1429년부터 1879년까지 450년 간 류큐왕국의 왕성이다. 태평양전쟁 때 크게 파괴된 것을 다시 복원하여 자타가 인정하는 오키나와 관광 1번지가 되었다. 우리로 말하면 성채에 둘러싸인 경복궁 같은 것, 아니면 백제왕궁이 있던 공산성 같은 곳이다. 가장 이른 시기의 대형 구스크 유적인 우라소에성(浦添城) 역시 미군의 집중 포격으로 대파되어 세계유산에서 제외된 것에 비하여, 슈리성은 사진과 문헌 및 철저한 발굴조사를 토대로 복원에 성공함으로써 '유적의 진정성'을 인정받았다.

쓰시마가 왜 '쓰시마'인지는 일본 사람은 모른다. 농담을 섞어 말하면, '쓰시마'는 '저 섬'이라는 말이다. 부산 쪽에서 보면 '쓰시마'는 '저 섬'이기 때문이다. 구스크의 어원에 대해서 역시 아는 사람이 없다. 일본 사람도, 오키나와 사람도 모른다. 우스개로 말하자면, 구스크는 '구석'이라는 말이다. 구스크의 기원에 대해서는 처음부터 정치적 거점으로 출발했다는 견해와 제사처에서 시작된 것이라는 견해가 갈려 있다. 어느 쪽이든 '구석'과 관계가 있다. 성을 만드는 것은 구석을 만드는 작업이기도 하고, 제사를 지내는 곳도 흔히 적당한 구석을 찾아 자리를 잡기 때문이다.

• 오키나와 구석구석

오키나와 역사에서 구스크는 12, 3세기 경 갑자기 등장한다. 그 이전까지는 '패총시대'라고 불리는 선사시대의 단계에서 구스크의 돌연한 출현으로 새로운 시대가 개막된 것이다. 그래서 이 시대를 신라시대, 고려시대라고 하는 것처럼, 아예 '구스크시대'라 칭한다. 그러나 이 새로운 문명의 갑작스러운 개시가 어떻게 시작된 것인지, 그 외부적 요인의 정체는 무엇이고, 여기에 내부적 상황이 어떻게 결합된 것인지 제대로 된 답이 마련되어 있지 않다.

오키나와에 와 처음으로 오키나와 고고학회에 참석하였다. 주제는 '11~13세기의 취락유적'이었다. 말하자면 구스크시대 개시의 역사적 배경을 염두에 둔 주제라 할 수 있는데, 역시 듣고 나면 아는 것조차 더 모호해지는 것이 세미나이다. 앞으로 시간이 되는대로 오키나와 구석 구석, 구스크 구스크마다 돌아 볼 생각이다. 구스크가 정말 '구석'에서 나온 말인지 아닌지 확인해보기 위하여.

〈금강뉴스〉 2011.7.26.〉

무령왕을 찾아서

무령왕릉 발굴 40주년을 맞았다. 무령왕 없는 공주, 생각하면 아찔한 일이다. 이해준 교수와 나는 그때 대학 2학년, 그리고 40년 세월이 흐른 것이다. 얼마 전 '고도보존' 심화반 강의에서 '공주인물' 5인을 설문해 본 적이 있다. 그때 3명의 이름을 적어내는데, 무령왕은 아예 제외하고 시작하였다. '공주인물'이라면 우선 무령왕부터 꼽지 않을 사람이 없을 것 같아서였다.

•유구의 무령왕

오키나와에서 나의 과제 중의 하나는 무령왕을 만나는 일이다. 꼭 10년 전인 2001년 가을 나는 가카라시마에 들어가 무령왕을 만났었다. 그리고 이후 10년 째 무령왕 국제교류가 진행되고 있다. 정영일 회장의 '무령왕국제네트워크'는 그 과정에서 만들어진 것이다. 이제 다시 10년 만에 나는 또 한 분의 무령왕을 오키나와에서 만나려고 하고 있다.

유구왕국의 역사에도 무령왕(재위 1395~1405)이 있다. 백제 무령왕과 유구 무령왕은 약 9백 년의 시간적 차가 있다. 그러나 똑같이 40 나이에 즉위한데다, 한자까지도 똑같은 무령왕(武寧王)이다. 아쉬운 것은 오키나와의 무령왕은 백제 무령왕과는 달리 실패한 임금이었다는 점이다. 백제 무령왕은 쿠데타로 정권을 잡은 후 어지러운 국정을 안정시키고 백제를 중흥시키는 발판을 마련하였다. 그러나 유구의 무령왕은 반대로 쿠데타로 실권한 실패한 임금이다. 그가 무너지고 성립한 왕조가 상씨(尚氏) 왕조이다. 상씨 왕조는 우리로 치면 이씨의 조선왕조에 해당한다.

유구왕국에 대한 기록이 우리나라 역사서에 처음 등장하는 것은 고려시대 말(창왕 원년. 1389)이다. 당시 오키나와는 우리의 삼국시대처럼 중산, 북산, 남산의 세 나라로 나누어져 있었는데 중산국의 왕 삿토(察都, 재위 1350~1395)가 고려에 사신을 보냈다. 그는 왜구에 납치되어 온 유구의 고려인을 송환하면서 고려와의 통교를 희망하였다. 이 시기 삿토 왕통의 중산국(中山國)은 명(明)에 대한 조공관계를 성립시키고 해외 무역으로 발전을 이룩하였는데 그 왕통이 무령왕에 이어진 것이다. 무령왕은 처음으로 명으로부터 책봉을 받은 임금이다. 그러나 책봉도 무위로, 그로부터 2년 만에 왕조는 무너지고 말았다.

삿토 왕통에서 고려와 통교하고 명에 입공하여 책봉을 받는 이러한 대외관계의 강화는 결국 내부 경쟁자를 압도하기 위한 조치였던 것 같다. 그러나 그 의도는 성공하지 못했던 것이다. 무령왕 정권을 무너뜨린 것은 호족 쇼하시(尚巴志)였다. 유구의 상씨 왕조하에서 2백 년 후에 만들어진 역사서는 한결같이 무령왕이 '폭군'이었다는 것을 강조한다. 그가 좋아한 것은 정치 대신 여색과 사냥, 신하들은 두려워 간언조차 할 수 없는 상황이었다고 한다. 그래서 '의병'을 일으켜 무령왕을 '토벌'한 것이 쇼하시(尚巴志)였다는 것이다.

유구의 무령왕이 실패한 임금이었던 것은 분명하지만, 그러나 무령왕에 대한 평가가 그를 무너뜨린 후대 상씨 왕조의 자료 밖에 남아 있지 않다는 점에서 이를 글자그대로 믿기는 어렵다. 고려 말 우왕, 창왕에 대한 조선조 역사 편찬의 왜곡을 기억하면 이점은 쉽게 이해할 수 있을 것이다.

• 폭군 무령왕?

무령왕을 무너뜨린 쇼하시(尚巴志)는 북산과 남산을 차례로 격파하여 통일 유구왕권을 확립하고 왕도를 우라소에(浦添)에서 슈리(首里)로 옮겼다. 이 유구 왕국이 조선왕조와 교류하고 대외무역으로 성장하였던 역사상의 류큐 왕조라 할 수 있다. 무령왕을 타도하고 성립한 유구왕국의 오키나와에서, 무령왕의 실체를 찾는 것은 쉽지 않다. 무령왕의 최후 왕성이었던 우라소에성조차 1945년 4월 오키나와 전투의 치열한 포격전으로 폐허가 되었기 때문이다.

그럼에도 불구하고, 또 한분의 무령왕을 이곳 오키나와에서 만날 수는 없을까. … 혹 왕릉발굴 40주년이라는 명분이라면, 안될까?

(〈금강뉴스〉 2011.8.12.)

오키나와, 자기 이야기

'진인사 대천명'이라는 말이 있다. 우리 인생에는 자기의 영역이 있고 하나님의 영역이 있다. 자기의 노력만으로, 혹은 자기의 지혜만으로 자기 인생이 만들어지는 것이 아닌 것은 이 때문이다. 도자기를 만드는 것도 꼭 그렇다고 한다. 사람이 고심을 거듭하며 모양을 만들어 가지만, 정작 그릇이 불에서 어떤 것으로 만들어져 나올 것인지는 아무도 모른다는 것이다.

• 임란 포로, 도공 장일륙

지난 6월 무령왕 축제 답사에서는 일부러 아리타를 방문하여 이공 삼평의 묘소를 참배한 적이 있다. 마침 도예촌의 이재황 선생이 동행한 덕에 여러 가지 자기 공부를 아기 자기하게 할 수 있었다. 그를 통하여 나가사키 국제대학 이교수가 연결되고, 일요일인데도 불구하고 아리타정의 담당 공무원이 직접 나와서 현지에서 시간을 같이 하기도 하였다. 무령왕 축제 답사 때마다 거의 거르지 않고 아리타를 들르지만, 아리타는 인적 네트워크가 잘 형성되지 않았다. 그러한 징크스를 깨고 조금은 새로운 전망을 갖게 한 것이 지난 제10회 무령왕 답사였다.

오키나와에 자기 역사가 시작되는 것은 당연 임진왜란 이후이다. 그런데 그 역사는 조선의 한 도공에 의하여 시작되었다. 오키나와의 이삼평에 해당하는 인물은 장일륙(張一六)이라는 사람이다. 그는 왜장 시마즈(島津)에 의하여 사츠마(큐슈 남단. 지금의 가고시마)로 잡혀갔다가 유구왕국 상풍왕의 요청으로 오키나와에 초빙된다. 시마즈라고 하면 가고시마의 영주로서, 도공 심수관을 잡아간 인물이다. 임란 이후 시마즈는 축적된 군사력을 동원, 1609년 유구왕조를 점령하여 복속시켰다. 유구의 상풍왕자는 이때 일본으로 잡혀갔다가 1616년에 고국으로 되돌려져 왕위를 이었다. 일본에서 생활하는 동안 신기술 도자기에 대한 지식을 갖게 된 그는 귀국에 즈음하여 시마즈에게 조선 도공의 파견을 요청했던 것이다.

장헌공(張獻功)이라는 이름으로 후대에 기록된 일륙이 유구에 파견될 때 그는 일관, 삼관 등의 인물과 동행하였다. 일관, 삼관 두 사람은 곧 사츠마로 돌아갔으나, 일륙만은 돌아가지 않고 마우시(眞牛)라는 이름의 현지 여성과 결혼하여 오키나와에 그대로 눌러앉게 되었다. '나카치 레이신(仲地麗伸)', 그것이 자기를 만들다 자기를 만난 오키나와에서의 일륙의 새 이름이다. 그의 자손들은 이름에 '려(麗)'자를 대대로 붙였는데, 그것은 아마 조선 사람임을 잊지 않으려고 일부러 넣은 글자일 것이다. 장일륙이 개척한 것으로 알려져 있는 와쿠다가마(湧田窯)의 초기 도자는 퍽 소박하기는 하지만 철화분청의 기법을 보여주고 있다. 그리고 그 전통을 이어 받은 오키나와의 도자기에서는 그 후 중국, 일본의 영향에도 불구하고 여전히 조선 분청의 맥을 느낄 수 있다. 아쉬운 것은 그의 작업장이 지금은 도심으로 변하고 오키나와의 현청이 들어서 있다는 사실이다.

• 자기를 만들다 자기를 만난

처음 조선 도공들은 유구에서의 몇 년 기술지도 후에 사츠마로 돌아오는 계획이었을 것이다. 그럼에도 불구하고 장일륙은 궁벽하고 불편한 오키나와 생활을 감수하면서 섬에 그대로 남게 되었다. 그 이유는 대체 어디에 있었을까. 불편하지만 그는 자신을 필요로 하는 오키나와 사람들의 바람을 종내 저버리지 못한 것은 아닐까. 조선의 어느 고을에서 뜻하지 않은 전란을 맞고, 왜장에게 포로가 되어 사츠마로 옮겨지더니, 다시 생전 한번 들어보지도 못하였을 유구왕국으로 보내진 그는 결국 오키나와의 해풍 속에 뼈를 묻게 된 것이다. 생각하면 소설같이 파란만장한 운명이기도 하다. 어쩌면 우리 삶에도 그런 예기하지 못했던 요소들이 조금씩은 포함되어 있지 않은가.

공부 가운데 가장 좋은 공부가 '자기 공부'라고 나는 아리타에서 축제에 동행한 이들에게 농담 삼아 거들었다. 그 말대로 오키나와에서 바야흐로 나는, 자기 공부중에 있다. 그 '자기 공부'는 도자기 공부이기도 하고, 내 공부이기도 하다.

〈〈금강뉴스〉 2011.8.26.〉

고구마의 길

나는 어렸을 때 고구마를 많이 먹고 자랐다, 우리 또래가 거의 그랬던 것처럼. 그래서 어느 시인의 시구를 빌린다면, 나를 살린 것은 3, 4할이 고구마였다!

〈일동장유가(日東壯遊歌)〉의 작가 김인겸 세미나를 주관하면서, 고구마에 대하여 관심을 갖게 되었다. 고구마는 기근으로 죽음에 이르렀을 많은 사람들의 목숨을 구한 소중한 식품이었을 뿐 아니라, 쌀이 귀했던 어린 시절 추억이 담겨 있는 것이기도 하다. 그 고구마가 통신사의 일원으로 갔던 공주의 선비 김인겸(金仁謙) 등에 의하여 우리나라에 전래되었다는 것을 안 것은 작은 하나의 감동이었다.

• 나를 먹여 살린 3, 4할은

고구마는 원래는 '감자'라는 이름이었는데, 일본에서는 큐슈의 사츠마(薩摩) 지방 이름을 따서 흔히 '사츠마 이모(薩摩芋)'라고 부른다. '사츠마'라는 지명이 붙게 된 것은 에도 막부가 사츠마(지금의 가고시마)의 고구마를 가져다 전국에 보급하였기 때문이다.

어떤 오키나와 사람은 거기에 불만이다. 왜 '류큐 이모'라 하지 않고, '사츠마 이모'라고 하느냐는 것이다. 일본의 고구마는 류큐, 즉 오키나와에서 들어

갔기 때문이다. 중남미가 원산인 그 고구마는 지구를 한 바퀴 돌아 유럽을 거쳐 아시아까지 온 것이다. 그리하여 1594년에 필리핀에서 남중국으로, 그리고 10년 뒤인 1605년에 류큐의 한 총관(總管. 공물선의 사무장직)이 공무로 중국에 갔다가 항구도시 복주(福州)에서 오키나와에 가지고 들어오게 된다.

총관의 고향 마을 노구니(野國)에 심겨진 고구마는 1609년 사츠마의 류큐 침공을 계기로 오키나와에서 급속히 보급되었다. 임진왜란 직후 시마즈(島津) 씨의 사츠마(가고시마)는 재정난 타개를 위한 방편으로 류큐 왕국을 침공한다. 항복한 류큐는 매년 쌀 1만 석의 공납을 부담해야 했다. 이로 인해 야기된 식량난을 타개하기 위하여 목숨 걸고 추진한 것이 고구마의 보급이었다. 뿌리식물인 이 고구마는 태풍이나 한발과 같은 자연재해에 강했기 때문이다. 류큐의 고구마는 그 후 기관 고장으로 오키나와 나하항에 입항한 오란다(네델란드) 선박을 통하여 일본 나가사키 현의 히라토(平戶) 상관(商館)으로 유입되어 큐슈에 퍼지게 되었다고 한다. 1615년의 일인데, 정작 이 '사츠마 이모'가 사츠마에 들어간 것은 훨씬 늦은 1698년이었다.

큐슈에 유입된 고구마는 1733년 대기근을 계기로 일본전역에 빠르게 보급되었다. 1764년 통신사로 일본에 간 조엄 일행이 쓰시마에 도착했을 때, 종사관으로 함께 간 공주 선비 김인겸(金仁謙)은 이 고구마를 보고 눈이 버쩍 띄었다. 식량난을 해결할 절호의 작물이었기 때문이다. "이 씨를 얻어다가/ 우리나라 심어두고/ 가난한 백성들을/ 흉년에 먹게 하면/ 진실로 좋건마는", 한글로 지은 퇴석 김인겸의 장편 기행시 〈일동장유가〉의 한 구절이다.

• 이 씨를 얻어다가

오키나와에서 고구마를 처음 재배했던 마을은 지금은 가데나(嘉手納) 미군기지의 활주로가 되어 있다. 그러나 오키나와 사람들은 고구마를 처음 가져온 그 시골 노구니(野國) 출신 총관의 공덕을 기억하고 2005년 '고구마 전래'

400년 행사를 성대히 치렀다. 그의 무덤을 문화재로 지정하고, 고향에는 동상을 세우고, 자료집을 만들고, 오키나와 역사 교과서에 기록하여 학교에서 이것을 가르치고 있다.

〈일동장유가〉의 작자 김인겸의 시비(詩碑)는 금강변에 있지만, 그가 고구마를 가지고 온 장본인의 한 사람이라는 것을 기억하는 사람은 거의 없다. 그리고 그것이 처음 어떻게 심어지고, 어떤 경로로 전국에 보급되었는지도 잘 알지 못한다. 분명한 것은 그때 이후로 이 고구마가 오랫동안에 걸쳐 많은 사람의 목숨을 구했다는 사실이다.

공주 선비 퇴석 김인겸의 무덤은 고향 마을 무릉동의 뒷산에 있다고 한다. 몇 년 전 향토문화연구회 회원들이 그 전언을 확인하느라 무릉동의 뒷산을 헤맨 적이 있다는 사실을 덧붙여 기록해둔다.

〈금강뉴스〉 2011.9.24.)

나무꾼과 온달과 서동

유구 무령왕의 아버지 삿토왕(察都王)은 창왕 때 개경에 사신을 보내 고려와의 통교를 요청했던 임금이다. 『고려사』에 그 이야기가 상세히 기록되어 있다. 중국과도 적극적으로 통교하여 유구왕국의 존재감을 과시한 임금이다. 유구왕국의 기초를 닦은 임금이라 할 수 있다. 그는 원래 출신이 모호한 미천한 인물이었는데 왕세자를 제치고 국인들의 추대에 의하여 어느날 혜성처럼 등장하여 임금의 지위에까지 오른 인물이다. 간단히 말하면 쿠데타이지만, 그런 단어는 어디에도 비치지 않는다. 그냥 자수성가한 입지전적 인물이라 할 그에 대해서는 흥미 있는 전설이 딸려 있다.

• 천상(天上) 선녀의 아들

제1막 출생. 하늘에서 선녀가 내려와 목욕을 하고 있다. 장소는 우라소에 (浦添) 도성에서 북으로 조금 떨어져 있는 기노완(宜野灣)의 한 산골짜기, '모리노가와'라는 곳의 우물이다. '숲의 내(森の川)'라는 뜻의 지명이다. 지나가던 노총각 농부 한사람이 목욕 중에 있는 선녀의 옷을 감추어 버린다. 하늘에 오르지 못한 선녀는 결국 노총각과 부부의 연을 맺고 1남 1녀를 낳았다. 감추어 둔 옷의 소재를 알게 된 선녀는 어느 날 홀연히 하늘로 돌아갔는데, 그 1남이 바로 삿토이다. 그는 빈천한 농부의 아들이 아니라 사실은 하늘에 본적을 둔

천손의 후예라는 것이다. 듣고 보니 우리가 익히 알고 있는 나무꾼과 선녀 이야기이다.

제2막 결혼. 삿토는 공부에는 흥미가 없고 맨날 사냥이니 뭐니 해서 밖으로만 싸도는 말하자면 보잘 것 없는 집안의 백수건달이었다. 그때 세상에서의 화제는, 건너편 고을 카츠렌 왕국의 예쁜 공주였다. 내노라하는 사람들이 이 공주에게 청혼하였으나 번번히 면접도 제대로 보지 못하고 딱지였다. 건달 삿토가 어느날 공주와 결혼할 마음을 먹고 카츠렌을 찾았다. 신청서를 냈더니 궁중의 사람들이 가당치 않은 일이라 하여 모두 실소하였다. 그런데 마침 문틈으로 삿토를 보고 있던 공주가 그를 점찍었고, 결국 두 사람은 결혼에 골인하였다. 카츠렌 공주는 평강공주 같기도 하고, 선화공주 같기도 하다. 두 사람의 이름을 따서 '강화공주'라고나 할까. 카츠렌(勝連)왕국의 성채는 유네스코 세계유산으로 지정되어 있는 구스크의 하나이다.

제3막 등극. 카츠렌 공주가 궁궐의 영화를 버리고 시집을 와서 보니 건달 삿토는 생각보다도 찢어지게 가난한 집이었다. 그런데 부엌의 잿더미에는 금이 굴러다니고 있었다. 이것이 뭐냐고 했더니 삿토는 밖에 나가면 쌓여 있는 것이 이거라는 것이었다. 그것이 귀중한 황금이라는 것을 공주는 가르쳐 주었고, 그래서 이 황금을 팔아 부부는 사람들을 많이 구제하였다. 또 무역업자를 통하여 철을 구입하고 이것으로 새로운 농기구를 만들어 사람들에게 농사를 짓게 하였다. 이로 인하여 민심을 얻게 되고, 마침내 우라소에 중산왕국의 국왕에까지 이르게 되었다는 것이다. 이것도 우리가 다 알고 있는 이야기이다. 선화공주와 결혼한 후 밭에 널린 금을 팔아 부자가 된 서동이 백제 무왕으로 등극한 이야기이기 때문이다.

• 황금으로 왕위에 오르다

삿토왕이 도성으로 삼고 있던 곳은 고려기와가 많이 출토한 우라소에 구스크이다. 고려기와가 사용된 건물은 영조왕(英祖王)이라는 선대 왕이 우라소에 성 안에 자신의 능묘로서 건축한 것이다. 석회암 암벽에 동굴을 넓게 파내고 그 안에 고려기와를 사용한 건물을 세운 다음 건물 안에 목관을 두었던 것이다. 삿토왕이 즉위한 것은 1350년, 영조왕이 사망한 지 50여 년 뒤의 일이다.

1389년 삿토왕이 새삼 고려에 사신을 보내 간곡하게 수교를 요청한 것은 궁성 우라소에에 지어진 고려 건축물에 대한 지식을 그가 가지고 있었기 때문이 아닐까. 발굴 자료에 대한 근년의 과학적 분석은 이같은 가설에 더욱 힘을 실어주는 것 같다. 무령왕은 이 삿토왕의 아들이다. 그러니까 유구의 무령왕은 천상 선녀(天上仙女)의 손자였던 셈이다.

(〈금강뉴스〉 2011.9.8.)

오키나와의 여름

　강원도 동해변에 정동진(正東津)이 있지만, 우리나라에 '정남진'이라는 곳도 있다. 남쪽으로 똑바로 내려가면 장흥 남해 바닷가 정남진(正南津)에 닿게 되는 것이다. 그런데 다시 정남진에서 계속 남쪽, 정남(正南)으로 내려가면 어디가 나올까. 제주 해역을 한참 지나 닿는 곳이 바로 오키나와이다.

• 정남진 오키나와

　오키나와 류큐대학에서의 객원연구원 생활이 두 달을 넘겼다. 대학에서 금년에 받은 안식년 기간 중 한 여름 석 달을 그곳에서 지내고 있는 것이다. 3개월간 나의 연구 주제는 류큐왕조와 우리나라, 고려와의 교류 역사이다.

　오키나와는 후텐마, 가데나 등 미군기지 문제로 우리에게 알려져 있는 지역이다. 일본 전체의 0.6% 면적인 오키나와 섬에는 일본에 있는 미군기지의 75%가 집중되어 있다. 원래는 류큐(琉球)라는 독립국이었지만, 임진왜란 직후인 1609년에 일본 사츠마(薩摩)의 침략을 받고, 1879년에 완전히 일본 영토에 편입되었다. 1945년 태평양전쟁 막바지에는 미군의 상륙작전을 둘러싸고 20만의 희생자가 났던 곳이다. 그 20만의 절반은 오키나와의 민간인이었고, 군기지 건설을 위해 일제에 징용으로 끌려갔던 한국인 노동자와 군속의 희생자도 1만에 가까울 것이라는 추정이 있다. 1945년 전쟁이 끝나면서 오키나와는 미군정 하에 있다가 27년이 지난 1972년에 일본으로 '반환'되었다.

오키나와는 일본의 한 현이면서도 일본과는 정서적으로 차이가 있다. 부속 도서를 합한 오키나와 현의 면적은 2,276km²로 제주도보다 조금 크지만, 인구는 140만, 제주도의 2배를 넘는다. 일본 47개 광역행정구역 중 인구 밀도 9위라고 하는 것을 보면 생각 이상으로 인구가 밀집된 곳이다. 거기에 관광객은 연 6백 만에 달하고 있다. 돼지고기와 '아와모리(泡盛)'라는 소주를 즐기는 곳이고, 돼지 족발도 흔한 음식의 하나이다.

이 여름에 NHK에서 '템페스트'라는 극을 주 1회, 총 10회 예정으로 방영 중에 있다. 일본에 병합되기 전 19세기 류큐 왕조 말기의 역사가 그 배경이 되고 있는데, 박진감 있게 전개되는 극 중에는 류큐의 전통문화가 화려하게 묘사되고, 오키나와의 에메랄드 빛 바다, 아름다운 경관이 시선을 끈다. 그러나 오키나와의 역사에 마주하면, 오키나와의 자연을 그냥 아름답다고만 할 수가 없게 된다.

• 에메랄드 빛 여름 바다

작업 중에 있던 논문집 〈여몽전쟁과 강화도성 연구〉의 원고를 오키나와에서 마무리하여 출판사로 전송하였다. 책의 서문 중에서 나는 이렇게 적었다. "본서의 수정 원고를 보내고 오키나와에 체재하는 동안, 문득 결혼 30년이 되는 날을 맞았다. 사람에게는 각자의 길이 있는 것 같다. 그리고 그 길은 만들어진 길이 아니라 스스로가 만들어가는 길이라고 생각한다. 이러한 점에서 우리에게 소중한 것은 성취되는 그 '무엇'이 아니라, 스스로가 '만들어가는 길'이 어떤 것인가에 있는 것이 아닐까. 30년 간 고락을 같이 해준 아내에게, 평소 입으로 못한 감사의 마음을 진심으로 전하고 싶다."

어느덧 9월, 가을에 접어든 셈이지만 오키나와는 9월도 한창 여름이다. 그 여름이 다 하기 전, 나의 오키나와 생활이 먼저 끝나게 된다.

(〈무한정보〉 2011.9.5.)

사서 고생?

이런 이야기를 들은 적이 있다. 직업 중에서 제일 고생이 많은 것이 도서관의 사서(司書)라는 것이다. 오죽하면 '사서 고생'이라는 말까지 나왔겠느냐는 것이다.

• 도서관을 '투어'하다

오키나와에 있으면서 내가 많이 다닌 곳 중의 하나가 도서관이다. 대학이나 현립 도서관만이 아니고 시군읍의 도서관도 여러 군데를 들렀다. 오키나와 역사에 대한 자료를 얻기 위한 것이었는데, 어느 도서관에든지 다른 곳에 없는 유용한 자료가 조금씩은 소장되어 있었기 때문이다. 심지어는 오키나와 본섬에서 비행기로 1시간 거리인 이시가키지마(石垣島)라는 섬에 갔을 때도 시립도서관에서 자료를 복사하였다. 그렇게 '도서관 투어'를 하다 보니 지역사회에서 도서관의 역할에 대하여 자연 생각해보는 기회가 되었다.

느낀 소감을 정리하면 이렇다. 우선 건물로서의 도서관이 편하게 설계 되어 있다. 누구든 시간 여유가 있으면 와서 쉬고 싶은 여유로운 공간이어서, 장보러 가는 도중이라도 시간이 있을 때는 잠깐 들러 빌릴 책을 돌아보며 쉴수 있는 그런 공간이다. 깊이 있는 책들도 비치되어 있다. 필요한 책이 없으면 신청하여 구입해 놓기 때문에 전문적인 서적들도 많이 갖추어져 있다. 사실 개인이 책을 사서 보는 시대는 지났다. 정보의 새로운 생산이 과거와 비교되지 않는 양이기 때문에 개인이 책을 구입하고 보관한다는 것은 지금의 여건상 불가능한 일이다. 이러한 문제를 시군의 공공 도서관이 대행해주고 있는 것이다.

도서관은 남녀노소가 고루 들르는 장소이다. 아이들은 비싼 유아용 도서와 함께 시간을 보내고, 학생들은 숙제를 해결하는 정보의 공급원, 성인들은 새로운 정보의 공급, 주부들은 만남의 장소로서 여러 가지 시민들의 지적 모임들이 도서관을 거점으로 형성된다. 말하자면 도서관은 정보화시대의 유용한 지역 주민의 복지시설인 셈이다. 그리고 주민과 사서들이 함께 지역이 필요로 하는 도서관을 만들어나가는 것이다.

• 지역 정보의 서비스

이러한 여러 가지 점도 그렇지만 무엇보다 특히 나에게 인상적이었던 것은 지역 자료를 별도로 분류하여 정리해두고 있다는 점이었다. 오키나와의 모든 공공도서관의 도서 분류에서 오키나와 관련의 모든 책, 행정, 법률, 경제, 산업에 대한 것에서부터 역사, 종교, 문화예술, 문화재, 축제, 관광들을 별도로 분류하여 한 곳에서 열람할 수 있도록 하고 있는 점이다. 도서관은 지역의 관련 자료를 축적하고 공급하는 또 하나의 작은 도서관을 그 안에 운영하고 있는 셈이다. 이에 의하여 지역의 문제를 해결하는데 도움을 주고 지역의 정보를 필요로 하는 이들에게 제공하는 것이다. 이에 의하여 각 도서관 나름의 지역적 특성이 자연스럽게 형성되어지는 것은 물론이다.

현대사회는 어느 때보다 정보의 유용성이 증대되고 있다. 일종의 생활의 무기와도 같은 것이다. 인터넷에 의한 정보는 그 신속성 때문에 유용한 경우가 많지만, 그 한계점도 분명하다. 특히 정보의 질이 높지 않기 때문에 정선된 정보를 도서관에서 공급받아 정보의 균형을 유지할 필요가 있는 것이다.

좋은 도서관이 지역민의 복지 차원에서 중요한 것이고, 좋은 도서관은 전문사서와 지역민이 함께 지속적으로 만들어가는 것이라는 것을 나는 처음으로 생각하게 되었다.

(〈무한정보〉 2011.9.26.)

오키나와의 여름

홍길동은 어디에

홍길동은 정말 오키나와까지 갔을까.

지난 6월 충남향토사대회의 홍길동세미나에서는 이해준 교수와 서정석 교수가 공주의 홍길동 자료에 대하여 문헌과 유적을 중심으로 각각 발표하였다. 그 때 또 한 사람의 발표자였던 설성경 교수는 '홍길동이 오키나와에 갔다'는 한 줄 결론을 위하여 두 권의 논문집을 출판하였던 이이다. 그의 가설은 오래 전 티비의 다큐로도 방영된 적이 있다.

• 오키나와의 홍길동, 홍가와라

왕조실록의 기록에 의하면 실존인물 홍길동은 서기 1500년 의금부에 의해 체포되어 처형되었다. 그런데 오키나와의 홍길동으로 지목된 '오야케 아카하치 홍가와라'는 1500년에 민중의 지도자로서 봉기하였다. 1500년에 처형된 홍길동이 같은 해 오키나와에 등장하는 이 두 가지 사실의 연대상의 모순을 해결하기 위하여 설 교수는 '가짜 홍길동'을 등장 시킨다. 즉 1500년 처형된 홍길동은 가짜 홍길동이며, 진짜 홍길동은 그 이전 이미 오키나와로 거점을 옮겼다는 것이다. 동에 번쩍, 서에 번쩍했던 홍길동이니까, 조선에서 정남쪽에 위치한 오키나와까지, '남에 번쩍' 못할 일은 없다.

소설 홍길동전에서 길동은 '율도국'이라는 이상의 나라로 떠나는 것으로 막을 내린다. 그 '율도국(栗島國)'과 비슷한 이름의 '율국도(栗國島)'라는 섬이 오키나와 서북쪽에 있다. 오키나와의 '율국도'도 원래 밤 재배에서 지명이 유래했다고 한다. 그러나 설교수가 말하는 오키나와의 홍길동은 이 율국도가 아니고, 야에야마(八重山) 제도를 무대로 하여 활동한 인물이다. 기록상으로는 '오야케 아카하치 홍가와라'인데, 오키나와 본섬 슈리에 있는 중앙정부의 과중한 공물 요구를 거부하고 주민들을 결집하여 봉기한 일종의 민중 지도자이다. 그는 1500년 2월, 중앙 슈리정부에서 파견한 3천 군대에 의하여 죽임을 당한 비운의 인물이었다.

기록에는 '오야케 하카하치 홍가와라'가 한 사람이 아니고 '2인'의 이름이라고 되어 있다. 그러나 문헌의 기록 혹은 구전은 두 사람 중 '오야케 아카하치'에만 한정되어 있고, '홍가와라'에 대해서는 이름자 이외에는 아무런 정보가 없다. 그래서 '오야케 아카하치 홍가와라'가 원래부터 두 사람이 아니고 한 사람이라는 주장이 거세다. '아카하치'는 원래 하데르마지마(波照間島)라는 다른 섬 출신인데 야에야마(八重山) 제도의 거점인 이시가키지마(石垣島)에서 세력을 확보하여 봉기한 것이다. 홍가와라의 정체는 불명이어서, 아카하치와의 동일 인물 설에서부터, 어떤 이는 그가 아카하치의 아들, 혹은 동생이라고도 풀이한다.

• 나도 홍길동처럼

아카하치 홍가와라의 활동지 이시가키 섬은 말이 오키나와현이지 오히려 타이완에 가깝다. 이 섬은 오키나와와는 한 마디로 전혀 '딴 나라'인 것이다. 오키나와에서 항공편으로 거의 1시간, 인천에서 후쿠오카 가는 시간이 걸리고, 원래는 언어도 서로 통하지 않은 지역이었다. 결국 아카하치의 난은 오키나와 본섬 슈리정부의 중앙 집권 정책에 대하여, 지역의 독자성을 내세워 저항한 정치적 투쟁이었던 셈이다. 이시가키를 점령한 슈리정부는 그 후 100

년 뒤인 1609년에는 거꾸로 사츠마의 침공을 받아 일본에 복속되는 신세가 된다. 이때 오키나와에는 목숨 걸고 사츠마에 저항하는 아카하치 같은 인물은 없었다.

아카하치 세력이 중앙군에 저항했던 이시가키 섬에는 '오야케 아카하치'의 비석이 서있고 오하마(大浜) 해변의 공원에는 포효하는 모습의 아카하치의 상이 세워져 있다. 동상은 아키하치 5백 년을 기념하여 서기 2000년에 건립한 것인데, 이 제막식에는 홍길동의 출생지라고 말하는 장성군의 군수도 참석하였다. 홍길동과 동일인물이라는 아카하치 홍가와라, 그를 '오키나와의 홍길동'으로 생각하기로 이시가키의 호텔에서 나는 마음 먹었다.

7월에 시작한 오키나와 통신은 이제 7회로 끝을 맺는다. 홍길동 세미나 이후 오키나와에 온지 석 달이 지나고, 귀국의 날이 기다리고 있기 때문이다. 일찍이 홍길동은 율도국으로 갔는데, 생각해보니 나도 이제 홍길동처럼 율도국으로 간다. 백제문화제가 시작되는 밤(栗)의 나라, 율국(栗國)의 공주로.

(〈금강뉴스〉 2011.10.13.)

ＷＷＷ

WWW

ＷＷＷ

'태양의 나라', 류큐 · 오키나와에의 기억
2016 강남문화원 답사

강남문화원(원장 최병식)에서 주관하는 '태양의 나라' 오키나와 역사유적 답사는 4월 14일부터 3박4일 일정으로 진행되었다. 참가자 37명, 4.13 총선의 투표가 끝나자마자 바로 출발하는 일정이었다. 화제를 모았던 KBS2 TV의 드라마 '태양의 후예'가 종영될 무렵이었는데, 우리의 답사는 마침 그에 맞추어 '태양의 나라'에 대한 답사였다.

오키나와를 '태양의 나라'라고 칭하는 것은 태양이 뜨거운 아열대성 기후의 특성을 강조한 것일 수도 있지만, 류큐왕국의 왕을 '태양의 아들'로 인식한 데서 기인한다. 류큐(琉球) 중산왕조의 수도였던 우라소에시(浦添市)에서는 매년 8월 '테다코 마츠리'라는 축제가 열리는데, '테다코'는 '태양의 아들'이라는 의미이다. 요컨대, 우리는 '태양의 후예'에 빠져든 다음, 이어서 '태양의 나라' 답사에 나섰다는 이야기이다. 답사의 현장은 주로 오키나와의 세계유산이었다.

• 세이파우다키(齋場御嶽)에서 시작된 답사

오키나와 세계유산은 2000년 11월 30일 오스트레일리아의 케언즈에서 열린 유네스코 제24회 세계유산위원회에서 결정되었다. 지정 명칭은 '류큐왕국의 구스크 및 관련유산군'. 오키나와현에서 세계유산 등재를 본격 추진한

지 5년 만의 일이다. 등재된 유산은 오키나와현의 7개 지자체에 소재하는 9건의 유적이다. 나카구스크(中城城), 카츠렌구스크(勝連城), 자키미구스크(座喜味城), 나키진구스크(今歸仁城), 그리고 여기에 이 무렵의 대표적 제사처(齋場御嶽), 왕실 정원(識名園), 왕릉(玉陵) 등을 포함 도합 9건을 함께 묶은 것이다. 그래서 지정 명칭은 '류큐왕국의 구스크 및 관련유산군'으로 되어 있다. 이번 답사는 이들 유적중 구스크 2개를 제외한 대부분의 세계유산을 일거에 둘러보는 것이었다.

우리의 답사 제1일은 치넨촌(知念村)에 소재한 세이파우다키(齋場御嶽)라고 불리는 제사유적으로부터였다. 이곳은 제2 상씨왕통 3대 상진왕(尙眞王, 재위 1477~1526)에 의하여 정비된 최고의 국가적 제사처, 류큐 제일의 성지(聖地)로서, 우후구이(大庫理), 유인치(寄滿), 상구이(三庫理) 등 3개의 제사공간(拜所)으로 구성되어 있다. '큰 방'이라는 뜻의 '우후구이(大庫理)'는 세이파우다키의 첫 번째 제사공간(拜所)이다. 류큐 최고의 신녀(神女) 기코에오오키미(問得大君)의 즉위 의식이 거행되는 공간이라 한다. 다음 유인치(寄滿)는 '부엌'이라는 의미를 가진 곳으로 경제적 부를 상징하며, 다음으로 2개의 큰 바위가 서로 기대어 있는 삼각형의 어두운 공간을 통과하는데, 특이한 경관의 이 제사 장소는 상구이(三庫理)라 불린다. 삼각형의 동문(洞門)을 벗어나면 햇빛이 드는 작은 공간에 이르는데, 이곳 높은 암벽의 꼭대기에서 신녀(神女) 기코에오오키미(問得大君)가 내려온다는 것이다. 세이파우다키(齋場御嶽)는 류큐 독자의 자연관에 기초한 신앙 형태를 나타내는 중요한 사례이다. 세이파우다키 상구이(三庫理)의 마지막 지점에서 동쪽으로는 구다카지마(久高島) 섬이 정면에 들어온다. 해가 떠오르면서 강력한 햇살을 비추는 지점인데 오키나와 창세 설화의 공간이기도 하다. 세이파우다키는 오키나와의 대표적 '창세 유적'이기도 하면서 지금도 그 기능이 유지되고 있는 최고의 종교적 성소라는 점에서 특별한 분위기를 가지고 있는 공간이다.

• 마부니(摩文仁) 언덕, 오키나와 현대사의 비극

오키나와는 오키나와 본섬을 중심으로 160개의 섬으로 구성되어 있다. 섬을 합한 면적은 제주도보다 약간 크지만, 인구는 140만으로 65만의 제주도보다 2배가 넘는다. '평화의 섬'이라는 것이 강조되지만, 정작 그 역사는 평화의 역사는 아니었다.

명의 해금정책을 틈타 중계무역으로 번성했던 류큐는 1609년 사츠마(가고시마)의 침입을 받아 그에 복속하고, 메이지유신 이후인 1879년 오키나와 현으로 완전히 일본에 합병되었다. 1945년 태평양전쟁 때는 본토를 위협하는 미군의 압박에 대한 격렬한 저항 거점이 되어 징용 한국인을 포함, 25만의 인명이 오키나와에서 목숨을 잃었다. 4월 1일 개시된 미군의 '아이스버그' 작전은 함선 1400척, 병력 55만(상륙군 18만)이 동원된 태평양전쟁 최대의 작전이었다. 전쟁 이후 1972년까지 오키나와는 30년 가까운 기간 미군정 하에 놓여졌다. 오키나와의 미군기지 문제는 지금도 가장 뜨거운 논란거리로 남아 있다.

최후의 전투지였던 오키나와 남부 마부니(摩文仁) 언덕에는 전쟁의 깊은 상처를 기억하게 하는 공간으로서 '평화기념자료관(平和祈念資料館)'이 세워졌다. 전쟁에서 목숨을 잃은 이들의 이름이 수많은 '검은 비석(平和の礎)'에 빼곡히 적혀 있는데, 새겨진 이름은 24만이 넘는다. 그 한 켠에는 이때 함께 희생된 한국인들의 위령비와 기념물이 세워져 있다. 기념물은 화강석 돌을 무덤의 봉분처럼 형상화 한 것이다.

마부니 언덕은 오키나와의 푸른바다와 어울려 뛰어난 풍광을 자랑한다. 그러나 남국의 강렬한 햇살에 비추인 이 아름다운 풍광에는 표현하기 어려운 현대사의 슬픈 진면(眞面)이 그대로 남겨져 있다. 우리가 들렸던 그날도 마부니 언덕에는 본토에서 온 많은 수의 수학여행단의 방문이 이어지고 있었다. 그 학생들을 보면서, 거기에서 그들이 만나는 역사는 과연 어떤 것일까 하는 것이 갑자기 궁금해졌다. 2차대전 일본의 전쟁유적에서는 가해와 피해의 구분을 모호하게 한 채, 모두 뭉뚱그려 피해자로 만들어 놓은 느낌 때문이다. 오키나와의 비극을 안겨준 장본인이 바로 군국주의 일본이라는 사실을 결코 뭉뚱그려서는 안된다는 것이다.

• 도성, 슈리성은 지금도 수리 중

강남문화원 오키나와 답사 제2일은 슈리성(首里城)을 비롯한 나하 시내의 류큐왕국 도성유적 탐방에서 시작되어 우라소에와 자키미로 이어지는 구스크를 돌아보는 것이었다. 14세기 초 상씨(尙氏) 왕조 성립에 의하여 조성된 슈리성은 1429년부터 1879년까지 450년 간 류큐왕국의 왕성이 되었다. 조선시대 우리의 한양 도성 같은 곳이다. 태평양전쟁 때 크게 파괴된 것을 사진과 문헌 및 철저한 발굴조사를 토대로 다시 복원하여 자타가 인정하는 오키나와 관광 1번지가 되었다. 성안에는 지금도 2차대전 때 사용된 일본군 사령부의 지하 요새를 남겨두고 있다.

슈리성은 원래 '슈리모리(首里森)'라는 '우다키(御嶽)'의 하나였는데, 상씨 왕조의 성립에 의하여 왕도가 건설되고 천도가 이루어진 곳이다. 성벽의 복원은 남은 부분을 가능한 한 살림으로써 복원한 부분과 구분하였다. '복원석적(復元石積)', '유구석적(遺構石積)' 등의 표시가 이점을 나타낸다.

슈리성(首里城)은 '수리성(修理城)'이기도 하다. 1660년(尙質王 13) 9월 27일 밤 화재로 인하여 전소되었다가 11년 후인 1671년 재건되었다. 1709년 다시 화재로 인하여 정전(正殿) 등이 전소하였다. 3년 후(1712) 재건하면서 이때 지붕에 처음으로 붉은 색 기와를 사용하였다. 태평양전쟁 때 완파된 후 복원된 지금의 슈리성은 바로 이 세번 째 슈리성의 모습이라 할 수 있다. 부분적인 발굴과 복원은 지금도 진행 중이어서, '슈리성(首里城)의 수리'는 오늘도 이어지고 있다.

제2 상씨왕통 3대 상진왕(尙眞王, 재위 1477~1526)에 의하여 1501년 슈리성

중산문(中山門) 부근에 조성한 왕릉, 다마유동(玉陵)이 인근에 있다. 류큐왕국의 장례문화를 볼 수 있는 곳이다. 상진왕은 옥릉 이외에 성밖에 불교 사원 원각사(圓覺寺)를 건립하고, 역시 세계유산에 포함된 수누향우다키(園比屋武御嶽) 석문(石門)을 건축하였다.

나하에 있는 또 하나의 세계유산은 1799년에 조성된 왕실 별궁의 정원 시키나엔(識名園)이다. 중국에서 온 사신을 접대하는 장소로 사용되는 등 외교 업무에 있어서 일정 역할을 한 공간이다. 중국과 일본의 영향을 받으면서 류큐의 독자성이 반영된 전통 조경 유적이라는 점에서도 의미가 있다. 힘들지 않게 적당하게 둘러볼 수 있으며, 기념사진의 배경으로서는 딱 좋은 그림이다. 4월 15일 오전의 시간을 우리는 이들 류큐왕국의 도성 유적을 돌아보는 데 사용하였다. 4월의 중순은 한국도 그렇지만, 오키나와에 있어서도 좋은 계절이었다.

• 오키나와의 개성, 우라소에

기록으로 확인되는 오키나와의 역사는 대형 구스크가 등장하는 13세기부터라 할 수 있다. 이 시기 중산왕조의 도성이 나하시(슈리성) 조금 위쪽에 위치한 우라소에구스크(浦添城)인데, 말하자면 슈리성의 상씨 왕조 이전 2백 년 역사의 무대이다. 우리로 말하면 고려조에 속하는 시기로서, 오키나와 역사에서는 '구스크시대'라 불린다.

오키나와는 '구스크'의 나라이다. 구스크는 우리말로 하자면, 일종의 '성채'이다. 엄청난 양의 돌을 쌓아 투입된 노동력의 규모과 함께 성곽을 쌓는 건축술의 발전을 그대로 보여준다. 우리가 말하는 성과는 조금 다른 의미가 있는 것은 성보다 좀 더 복합적 의미를 담고 있는 오키나와 독특의 성이기 때문이다. '복합적'이라는 것은 단순한 군사 요새가 아니라, 정치적 치소이기도 하고, 동시에 '우다키'라는 종교적 공간을 포함하고 있기 때문이다. 말하자면 구스크는 정치공간이기도 하고, 군사적 요새이기도 하고, 종교적 성소이기도 한 복합 공간이다.

오키나와 열도에는 도합 300~400에 이르는 많은 수의 구스크가 존재한다. 13세기 이후 대형 구스크가 등장함으로써 정치권력의 집중이라는 커다란 사회적 변화가 반영되고 있다. 대형 구스크의 권력자는 보통 '아지(按司)'로 불린다. 일종의 호족이다. 이러한 변화의 흐름 속에서 사실상 최초의 통일적 정치권력이 집중된 공간이 바로 13세기 영조왕(英祖王, 재위 1260~1299)에 의하여 건설된 우라소에 구스크(浦添城)이다. 이 구스크의 중심 공간인 요도레에서 고려기와가 다수 확인되어 고려와의 관계가 이미 13세기에 성립되어 있음이 확인된 바 있다. 우라소에 요도레는 석회암 암벽에 조성한 영조왕의 왕릉이다.

우라소에(浦添) 구스크에서 출토된 기와에는 '癸酉年高麗瓦匠造(계유년고려와장조)', '大天(대천)' 등의 글자가 적혀 있어 이들 기와 제작 및 왕궁 건축에 고려 기술자가 투입된 사실을 말해준다. 문제의 '계유년'은 1273년(고려 원종 14)과 1333년, 1393년(조선 태조 2)의 세 가지 설로 압축되었는데, 근년에는 1273년과 1333년의 두 시기가 각축을 벌이는 중이라 할 수 있다. '계유년' 고려기와와 우라소에 구스크에서 함께 출토한 연화문 수막새기와 와당은 삼별초의 거점 진도 용장성에서 출토한 수막새와 매우 흡사하다. 근년 논란된 삼별초의 오키나와 진출설은 오키나와 우라소에성과 진도 용장성 출토의 이같은 수막새기와의 유사성, 그리고 1273년으로 추정할 수 있는 '계유년'명 기와에 근거한다.

우라소에를 지나 북으로 이동하면서 자키미구스크(座喜味城跡)에 들른다. 유력한 아지(按司)였던 고사마루(護佐丸)에 의하여 1422년 경 축성된 성이다. 규모는 크지 않지만 구릉에 앉혀진 구스크의 모습이 그림처럼 아름다운 곳이다. 신혼부부의 기념 사진, 혹은 광고 사진, 드라마 촬영 등에 자주 이용되는 장소이기도 하다. 북산 멸망 이후 류큐왕국 성립 초기에도 중요한 역할을 수행하였다.

• 나키진구스크, 그리고 또 다른 구스크들

이제 강남문화원 답사는 3일째로 접어든다. 나키진구스크(今歸仁城)는 지정된 세계유산 중 가장 북쪽에 위치하는 유적이다. 13세기경에 축성한 것으로 추측되며, 14세기에는 현재 규모에 이른 것으로 보인다. 규모는 약 38,000㎡로서 수리성에 버금하는 큰 규모이다. 류큐 통일왕조 수립(1429) 직전, 3산 시대(북산. 중산. 남산) 북산을 통치한 왕의 거성이었다. 말하자면 북산(北山)의 거점이었던 셈이다. 1416년 북산이 중산에 의하여 멸망된 후에는 류큐 왕부에서 파견된 관원의 거성이 되었다. 발굴조사에서는 14세기 제작의 고려 청자가 출토되기도 하였다.

나키진 구스크는 1609년 3월 사쓰마군의 침입으로 함락되었다. 그때 사쓰마군이 진입한 침입로가 운천항(運天港)이다, 운천항 부근에 고우리지마(古宇利島)라는 섬이 있다. 2005년 다리가 가설되어 버스로 출입이 가능하다. 고우리지마에는 '아담과 이브'를 연상시키는 전설이 전한다. 이 때문에 지금은 사랑이 이루어지기를 바라는, 연인들이 많이 찾는 관광지가 되었다고 한다. 그 고우리지마 대교에서 갯바람을 맞으며, 혹은 물 속에 뛰어들기 하며 우리는 잠시 휴식하였다. 이제 우리의 답사도 마무리의 단계이다.

이번 답사에서 시간관계로 들르지 못한 유명한 구스크가 2개 있다. 중부 지역의 가츠렌구스크(勝連城跡)와 나카구스크(中城)이다. 가츠렌구스크(勝連城跡)는 류큐왕국의 통일 과정에서 마지막까지 저항했던 유력한 아지(按司) 아마와리(阿麻和利)의 거성이다. 슈리왕부에 필적하는 경제적 번영을 누린 거성이었다. 아마와리는 1458년 중성의 고사마루(護佐丸)를 멸망시키고 이어 슈리성의 류큐 왕부를 공격하였으나, 도리어 상태구왕(尙泰久王)의 정부군에 의하여 참살되고 말았다. 가츠렌 구스크(勝連城) 아마와리의 처 모모토후미아가리(百度踏揚)는 상태구왕(尙泰久王)의 딸이었다. 유력한 세력인 아마와리를 회유하는 차원에서 딸을 시집보낸 것이었다. 상태구왕(尙泰久王. 1454~1460)은 불교에 귀

의하여 재위 기간 중 많은 사원과 범종을 조영하였다. 류큐왕국의 대교역시대를 상징하는 1458년 제작의 '만국진량(萬國津梁)의 종'도 상태구의 명에 의하여 만들어진 것이다.

나카구스크는 슈리성의 류큐왕부에 대항하던 가츠렌 구스크(勝連城)의 아마와리를 견제하기 위하여 자키미(座喜味) 성주였던 고사마루(護佐丸)를 1440년에 이주시킨 성이다. 고사마루는 상태구왕의 장인이기도 하다. 이때 성이 고사마루에 의하여 크게 증축되었고, 고사마루는 '축성의 명수'라는 명성을 얻게 되었다. 성곽은 6연곽 구조이고 성곽 총면적은 12,200㎡로서 자키미성의 2배에 이른다. 류큐의 통일 과정에서 일정한 역할을 담당한 중부지역의 거점이다.

강남문화원의 해외답사에서 빼놓을 수 없는 백미(百媚)는 현지에서 이루어지는 전문가 특강이다. 2일째 슈리성에서 우라소에로 이동하는 도중, 우리는 도시락으로 점심을 대신하면서 류큐대학 구내에서 고고학연구실 이케다(池田榮史) 교수의 특강을 경청하였다. 오키나와 한반도의 교류사를 선사시대부터 근대까지 한 눈에 조망하는 의미 있는 강의였다. 통역은 같은 연구실의 가미야(神谷智昭) 교수가 담당하였고, 강의 뒤에는 참가자들의 질문과 토론이 이어졌다. 그리고 제3일에는 나키진(今歸仁) 성터에서 '교류왕국 백제'를 주제로 한 이도학 교수의 특강이 이어졌다. 오키나와가 교류왕국이었던 것처럼, 우리나라에서는 백제가 교류왕국으로 일컬어진다. 백제시대 활발했던 대외교류 활동의 깊이와 범위를 간명하게 논증하고 정리하는 감동적인 시간이었다. 4월 녹음이 짙어가는 언덕, 6백 년 역사의 성채를 배경으로 전해지는 강의 시간 내내 남국의 따뜻한 훈풍이 우리를 편안하게 하였다, 그것은 또 하나의 역사였다, 그리고 추억이었다.

• 류큐대학, 나키진 성터에서의 행복

오키나와는 교역에 의한 경제 생산에 의하여 역사를 만들어간 특징이 있다. 슈리성 정전에 설치했던 '만국진량의 종'에는 당시 조선과 명과 일본, 세 나라를 의식하면서 나라를 만들어갔던 류큐왕국의 특별한 사연이 잘 적혀 있다. "류큐국은 남해의 숭지(勝地)에 위치해 삼한(三韓. 조선)의 빼어난 점을 모두 취하고, 대명(大明)과 일역(日域. 일본)을 보차순치(輔車脣齒. 불가분의 관계)로 삼아 상호 의존하고 있다. 그 중간에 불쑥 솟아오른 봉래 섬. 배를 타고 만국의 진량(津梁. 가교)으로서 이산지보(異産之寶. 이국의 산물과 보물)가 나라에 넘친다." 답사의 마지막 날 귀국 직전, 이 종을 우리는 오키나와 현립박물관에서 만나게 된다. 이번 답사에 함께 참여한 조유전(전 국립민속박물관장), 최근영(전 국편 편사실장) 두 분 선생님은 답사 내내 유익한 멘트와 안내역을 맡아주었다.

단절과 양극화가 더욱 심화되어가는 것이 오늘 우리사회의 현실이다. 나와 다른 사람들에 대한 이해와 수용, 그것이 어느 때보다 필요한 시대이다. 그렇다면 21세기 한국의 발전 방향도 교류에 의한 국제적 가교 역할에 그 키가 있지 않을까. 남과 북의 단절, 세계 여러 나라들 간의 두터운 벽들이 존재하는 현실 세계, 거기에서 한국은 '진량(津梁)'의 역할을 담당해야 하지 않을까. 분단을 넘어서, 대륙과 해양의 간격을 넘어서, 험한 세상에 우리가 그 다리가 되어야 하지 않을까. 태양의 나라 오키나와, 오키나와의 아름다운 풍광, 산호섬의 바다도 만일 우리가 그 문화적 역사적 언어들을 함께 경험하지 못한다면, 그 의미가 크지 않을 것이다. 그러나 오키나와의 아름다운 4월의 풍광은 지금도 우리에게 큰 울림이 되고 있다.

강남문화원의 이름으로 함께 하신 모든 분들에게, '느헤데비르!(감사합니다)'.

(주류성, 『계간 한국의 고고학』 31, 2016)

함께, '백제'를 걸으며

'백제를 걷는다'를 읽으며, 생각한다. 윤 교수는 참으로 부지런한 사람, 그리고 정말 '공주를 사랑하는 사람'이라고. 나는 그동안 윤 교수가 썼던 여러 글을 보면서, 교수 같지 않은 애정과 청순함으로 그동안 오만가지 깨알 같은 일들을 불평 한마디 없이 묵묵히 해내온 사람이라는 것을 느끼게 된다. 그리고 40여 년의 그 긴 연륜들이 아스라이 되짚어 지면서 참으로 대단한 친구라는 것을 다시 한 번 느낀다.

윤 교수는 고려시대, 대몽항쟁사를 평생 연구해왔다. 그러나 어떻게 시간을 내어 그 많은 공주의 일들을 해낼 수 있었을까? 공주와 일본, 무령왕릉, 공주향토문화연구회, 무령왕네트워크, 이삼평에 이르기까지. 윤용혁 교수의 일생에서 공주와의 인연은 아마도 인생의 전부라 해도 좋을 듯하다. '공주가 좋아서' 공주에 바친 그의 인생 40년과 그 정열들을 우리는 이 책을 통하여 고스란히 느낄 수 있을 것이다. 그런데 윤 교수가 처음 대학에 진학했을 때 과연 자신이 이런 인생을 공주에서 보낼 것이라고 상상 했을까? 아니다. 그렇지 않을 것이다. 지나가는 학창시절로, 그리고 고향에 돌아가 제자들을 가르치는 멋쟁이 선생을 꿈꾸었을 것이다. 혹여 저명한 역사학자가 되리라 상상을 했을까? 아니다. 아마도 수필가이자 문학가로서 글쟁이가 되고 싶었을 것 같다. 이 책에서 느껴지는 윤 교수의 필력과 감성이 말해주듯 그의 글은 다분히 문학적이다.

나는 지금도 윤 교수가 수필로 등단했던 〈청계천에 뜬 달〉이라는 글을 잊지 않고 있다. 재치와 유머도 그의 천부적인 재능이지만, 이런 글재주도 그가 가진 탁월한 능력이라고 생각한다. 나의 글에는 논리와 주장이 강하지만, 윤 교수의 글에는 감성과 애정, 삶의 진솔함이 묻어 있다. 정말로 이것이 사람들로 하여금 그를 좋아하게 만드는 요인일 것이다.

그러고 보니 윤 교수와 공주와의 인연을 만들게 된 사연과 사람들이 계속 떠오른다. 은사 안승주 교수님과의 만남, 조재훈, 윤여헌 교수님과의 인연, 그리고 최석원 총장님을 비롯한 공주 인물들의 윤 교수에 대한 사랑이 그런 평생을 살게 하였던 것이 아닐까? 어찌 보면 사람을 잘 보고 키워주고 기회를 주신 분들이라는 생각이 떠오른다. 참으로 고맙고, 그런 점에서 윤 교수는 복이 많은 사람이다.

더욱이 그는 소리 없이, 앞에 나서지 않고 옆에서 혹은 뒷켠에서, 공주와 주변의 사람들을 위하여 몸과 마음을 다 준 사람이다. 그것을 많은 사람들은 너무 잘 알고 있다. 그래서 마음 고생도 적지 않았을 것이다. 우스갯소리지만, 하얀 머리가 그것을 말해주는 건 아닐까?
이 글을 쓰는 나는 윤 교수와 평생을 함께 해온 사람이다. 대 놓고 막말도 하는 처지이지만, 머리 색깔로 보면 오해하기 십상일 것이다. 난 하고 싶은 말과 판단을 그대로 터트려 버린다. 욕을 먹을지언정, 그래야 직성이 풀리는데, 윤 교수는 친구인 내가 보아도 참 속이 넓고 심성이 좋다. 한 번 더 생각하고 상대를 이해하려고 애를 쓰니 말이다.

오늘 이 글을 쓰면서 나는 참으로 행복함을 느낀다. 윤 교수 같은 친구를 평생 곁에 두고 누린 사람이니까. 그리고 용혁이가, 윤 교수가 함께 '백제'를 걷는 내 친구라는 것이 너무나 자랑스럽고 자랑스럽다. 더구나 지현, 재각이 엄마와의 살가운 모습은 부러움과 함께 '질투(?)'까지 몰고 온다.

더 오랜 시간 변함없는 정열로 공주 사랑을 보여주길 기대한다. 정말 자랑스럽다, 친구야!

2017. 2.

공주대 사학과 교수 **이 해 준** 쓰다